江西理工大学清江学术文库

贫困治理与精准扶贫

胡建华 著

中南大学出版社
www.csupress.com.cn
·长沙·

目录

Contents

引 言

一、贫困治理是人类面临的共同课题

当今世界面临着许多重大挑战，全球性的贫困问题便是其中之一。

全球性的贫困问题在传统农业社会就已存在，当今社会的贫富差距悬殊更是全球性现象，"富人愈富，穷人愈穷"在各个国家都普遍存在。在世界和平与发展的潮流中，贫困问题一方面影响着各个国家尤其是发展中国家的发展，另一方面也导致了各个国家尤其是发展中国家和地区的矛盾和冲突，同时也始终影响着发达国家经济发展和社会政治的稳定。贫困问题恶化导致的战争和疾病越来越成为人类生存的威胁。贫困问题不仅仅是一个经济问题，还是一个涉及全球政治稳定、人类文明进步以及全球稳定和谐发展的综合性问题。联合国粮农组织 2019 年 7 月 15 日发布的《世界粮食安全和营养状况》年度报告称，2018年全球超过 8.2 亿人没有充足的食物，这个人数高于 2017 年的 8.11 亿人，世界饥饿人口数连续第三年出现增长，这表明到 2030 年实现零饥饿可持续发展目标的实现存在巨大挑战。

联合国开发计划署在 2016 年人类发展报告《人类发展为人人》中指出，过去 25 年，人类发展取得了许多令人瞩目的成就，但仍有三分之一的人口生活在低人类发展水平，也有许多无法衡量的系统性障碍有待消除。即便是发达国家也面临着解决贫困和社会排斥所带来的挑战，因为目前有超过 3 亿相对贫困人口生活在发达国家。[1] 从总体来看，全球贫困率有所下降，但非洲和部分亚洲

---

〔1〕 联合国.联合国发布 2016 年人类发展报告：确保人类发展惠及每一个人［EB/OL］.(2017 - 03 - 21)［2017 - 05 - 30］.http：//www.un.org/chinese/News/story.asp？NewsID = 27759.

地区的贫困率仍居高不下。与此同时，发达国家贫困人数的增加已经达到历史最高纪录，尤其是在欧洲。发达国家的相对贫困人数已超过 3 亿。在发展中国家，15 岁以下的儿童一半以上生活在极端贫困和中度贫困状态中。发达国家也有约 36% 的儿童生活在相对贫困线以下[1]。可见关于贫困问题在发达国家的情况也不容乐观。

　　贫困问题的全球化使得贫困问题，尤其是发展中国家的贫困问题，难以依靠各国自身力量来解决，需要全人类和所有国家共同面对，消除贫困是全人类和所有国家都不能回避的话题。联合国在 2015 年 9 月可持续发展峰会上通过的《变革我们的世界——2030 年可持续发展议程》中把"在全世界消除一切形式的贫困"作为 17 项目标之一。中国国家主席习近平在 2015 年减贫与发展高层论坛上的主旨演讲中曾指出"消除贫困是人类的共同使命"[2]。解决全球性的贫困问题任重而道远，需要全世界的政府和人民共同奋斗。消除贫困，已成为一种国际上的共识，是一项空前紧迫、必须面对的任务。

二、我国在贫困治理方面的努力及减贫成效

　　改革开放之初，在土地改革的基础上，中国政府首次建立了基本的社会保障体系，采用"五保"制度和特殊困难救济，全面建设基础设施。中华人民共和国第一次使农村贫困人口大量地减少了。根据中国 1978 年的贫困人口统计数据，贫困的农村人口约 2.5 亿，贫困率为 30.7%，是当时世界贫困人口的 25% 左右。中国农村大规模贫困的主要原因是农民不愿意为人民公社而生产，人民公社的经济制度无法适应当时日益增长的生产需求。因此，为了减少贫困人口数量、实现和经济发展，需要制定新的法规和政策。家庭联产承包责任制是改革中国自己的经济管理政策、解放农村生产力、增加农民生产积极性、减少农村贫困的举措。第十一届中央委员会第三次全体会议后，在农村土地改革运动的推动下，中国通过大规模的基础设施建设初步建立了农村供销合作和信用合作体系，以"五保"体制和特困群体救济为基础，形成了以社会保障体系作为主要内容的救助体系。这使中华人民共和国农村贫困率第一次全方位地大幅度降低。

　　自 20 世纪 80 年代初以来，中国的扶贫政策经历了从农村到城市，从农业

---

　　[1]　新浪网.全球贫困问题依旧严峻：发达国家贫困人口逆势增加[EB/OL].（2016 - 05 - 19）[2017 - 05 - 30].http：//finance.sina.com.cn/world/gjcj/2016 - 05 - 19/doc - ifxsktvr0947733.shtml.

　　[2]　新华网.习近平主席在 2015 减贫与发展高层论坛上的主旨演讲[EB/OL].（2015 - 10 - 16）[2017 - 05 - 30].http：//news.xinhuanet.com/politics/2015 - 10/16/c_1116851045.htm.

到商业的深刻转变。在此之后，农业、农村和农民问题开始出现。根据中国政府当时公布的信息，1985 年，中国农村贫困人口人均年收入不到 200 元（相当于中国农村人均纯收入的 50%），我国农村贫困人口仍然是 2.5 亿（这个数字占当时农村人口总数的 14.8%），而当时年均净收入低于 150 元的人口近 4000万，占农村人口总数的 4.4%，占世界贫困人口的 20%。1986 年，国务院贫困地区经济发展倡议组成立，倡议组决定在全国范围内开展大规模扶贫工作，通过土地控制权转让、农产品价格上涨和农村劳动力转移制度改革，农民的生产意愿再次提高，农村地区生产力进一步解放，从根本上减少了农村地区的贫困，并使农村地区的绝对贫困人口减少到 1.25 亿人。1980 年，政府建立了援助制度，以协助经济上退缩的城乡地区。1984 年，我国发布了关于尽快改变贫困地区经济衰退的通知。该通知的重点是支持 18 个贫困地区，实施"以工代赈"，农村贫困人口的大幅减少为下一阶段的发展奠定了坚实的经验基础。

经调查，我国的贫困人口主要集中在大石山西南部、黄土高原西北部等环境较为恶劣的地方。1994 年我国颁布《国家八七扶贫攻坚计划》（简称"八七计划"）并加以落实，这也标志着我国的扶贫项目的实施和发展进入了一个新的更加关键的时间节点。我国明确表示动员资源和社会的各个方面，在 1994 年之后的七年之内用尽一切方法在可承受的范围内努力解决农村贫困人口的衣食问题，这是中华人民共和国历史上第一次目标明确、措施明确和期限明确"三明确"的关于扶贫政策的扶贫计划。直至 20 世纪末到 21 世纪初，我国的"八七计划"所确立的"三明确"基本上被实现，我国艰难的扶贫计划取得了很好的成效。解决两亿多农村贫困人口的衣食问题，使没有衣食的农村人口从 2.5 亿人下降到了 0.3 亿人。生产生活环境显著改善，1986—2000 年，在这 15 年的时间里中国农村贫困地区基本农田面积、饮用水等生活生产相关的环境设施都有了大幅度的增长与改善，截至 21 世纪，贫困地区的电力、邮件和电话比例尽数超过了 65% 以上，有的甚至达到了 90% 以上。经济发展速度显著增长，农村贫困地区的收入大幅度增加，贫困地区的产值也上升显著。社会条件改善明显，办学环境得到改善，实施义务教育促使文盲率大幅下降，贫困地区的文化素养得到提高，过度增长的自然增长率也得到了遏制。

2001 年，《中国农村扶贫开发计划（2001—2010 年）》颁布实施，其目的是尽快解决少数贫困人口的温饱问题，进一步改善贫困地区的基本生活环境，改善贫困人口生产生活，加强基础设施建设，改善生态环境，为贫困地区经济、社会和文化落后的逐步变化创造财富的条件等。在此期间，我国重点关注了中西部少数民族地区、革命老区等贫困地区的扶贫发展事务，还关注了残疾人的扶贫活动，并将残疾人的贫困问题并入支持范围。令农业产业实现产业化经营并使其与市场经济挂钩,两项融合并进,消除农民贫困。同时,我国还进一步通过推进科学技术的发展以减少贫困,促进贫困地区的高科技和先进理念深入人心,这用科学的方法来支持种植业、畜牧业和加工业的进一步优化升级。在政府的努力下,低于当时低收入贫困线的贫困人口数降至 2688 万,贫困率降至 2.8%。

2011 年,我国颁布实施《中国农村扶贫开发计划(2011—2020 年)》。中国的扶贫开发工作主要内容是加快扶贫、改善生态,主要任务是解决温饱问题。在 21 世纪初的新环境下,发展能力的提高、发展范围的缩小使 21 世纪的中国扶贫之路迈向了另一个不同的阶段。与此同时,我国在计划颁布实施的情况下提出了下一阶段的总体目标:到 2020 年,贫困人口将保持稳定,义务教育、基本医疗和住房将得到基本保障。要使贫困地区人口收入发展速度高于全国收入发展速度的平均水平,贫困地区的公共服务的基本标准也要无限地接近于全国公共服务的平均水平,发展差距正在逆转。随着国际市场的新变动,我国不得不使经济发展进行更快一步的转型升级。面对越来越难以维系的国际市场、艰难的出口环境,很多在新时代海外型的国际性企业开始重视起我国的大陆市场,对于成本廉价、劳动力廉价的贫困地区进行了重点关注和产业转移,许多的技术与资金开始向贫困、落后、艰苦地区转移,这令我国的扶贫压力得到了缓解,进一步促进了我国扶贫任务的稳步前行。精准扶贫就是在这一时期面对大环境应运而生的。精准扶贫是我国进入新时代以来又一项重要的扶贫政策。在精准扶贫的推动下,我党和我国政府带领我们取得了优异的成果,捷报频传,截至 2019 年,我国已经基本实现了扶贫目标,驻村脱贫队也基本宣告自己完成了大部分工作,并且,脱贫不脱责的实施也促使了脱贫工作的不再具有反复性。

改革开放以来,数亿中国人脱掉了贫困的帽子,但中国的扶贫工作仍然任重而道远。习近平总书记指出,扶贫开发工作已进入啃硬骨头、攻坚拔寨的冲刺阶段。而新时期党和国家扶贫工作的精髓和亮点就是精准扶贫。精准扶贫是粗放扶贫的对应,是指针对不同贫困地区、不同贫困状况,运用科学有效的程序对扶贫对象实施精准识别、精准帮扶、精准管理的治贫方法。用通俗的话来说就是要"对症下药,药到病除"。长期以来扶贫低效率、低质量等一系列在扶贫公共政策执行过程中出现的问题都是我们需要解决的重点问题。我们能看到的普遍现象是贫困居民数量不清,数字弄虚作假;扶贫资金过于分散,没有针对性,以致不能更好地发挥其作用,所以年年扶贫还是年年贫;扶贫没有选对路子,没有找到相适应的模式,没有制定好对接策略,难以解决问题;扶贫项目粗放,不能有效管理、进行下去;等等。为了解决这些问题,我们必须坚持贯彻习近平总书记扶贫开发重要战略思想，进一步增强使命感、责任感、紧迫感。紧盯扶贫攻坚目标，坚持问题导向，聚焦薄弱环节，深化精准扶贫、精准脱贫。目前精准扶贫到底进行得如何？相关政策思想是否能有效贯彻？其中出现了什么问题障碍？有什么具体的问题需要解决？等等。这需要我们了解精准扶贫实施情况，抽丝剥茧，进一步理解精准扶贫政策，探索如何深入实施精准扶贫。精准扶贫是新时期党和国家扶贫工作的精髓和亮点，是现阶段我国扶贫开发战略的重大转型，必须予以贯彻。

第一章
贫困与贫困治理

第一节　对贫困认识的演进及其理论

贫困问题自古就是人类面临的一个严峻考验，在人类社会生产力不足时，整个人类都在为生存问题而战。当社会生产力低下人类普遍"贫困"的时候，人们不会太多去关注所谓的"贫困"问题，所谓"朱门酒肉臭，路有冻死骨"的现象时有发生。随着人类社会生产力的不断进步，丰富的物质使得社会上大部分人都能够得到维持自身生产生活的最基本资料，但仍有少数人因为各种原因并没有随着社会生产力的进步而得到满足自身基本生产生活需求的物质资料，这就产生了"贫困"人口或群体。基于人存在的基本生命权利，有人开始展开了对贫困问题的理论及实践探索，并一直延续至今，这说明贫困实际上是一个长期并广泛存在的社会问题。人们对贫困的认识及对解决贫困问题的探索会随着政治、文化、思想乃至社会变革的影响，在不同阶段的社会形态和不同的经济发展水平下逐渐演进。但无论如何，这些对贫困的认识的演进及其理论都丰富了人类对贫困的认识，更有助于国家贫困治理政策的完善，这对于更好地推进中国的贫困治理实践非常有价值。

一、对贫困认识的演进

在我国古汉语语境中，《说文解字》将"贫"定义为"财分少也"。在现代汉语语境下，《新华字典》将"贫"定义为"收入少，生活困难"；将"困"定义为"陷在艰难痛苦或无法摆脱的环境中，可见"困"是指一种处境，那么"贫困"主要指收入或财富过少，而使人陷在艰难痛苦或无法摆脱的环境中。

对于"贫困"一词的定义,《英国大百科全书》的定义比较学术化,它将"贫困"界定为一个人缺乏一定量的或社会可接受的物质财富或货币的状态。这个概念实质上包括两个方面的含义:一是"社会可接受的",表明贫困是一个具有时间和空间变化的概念,随着人类社会的发展,不同时期社会可接受的物质财富或货币状态的衡量标准在变化;另一个是购买一定量商品和服务的能力,体现在一定量的货币或拥有的物质财富上。

对贫困问题的专题研究,始于一百多年前英国的本杰明·西伯姆·朗特里(Benjamin Seebohm Rowntree),之后国内外众多学者和机构开始从不同的学科和角度给"贫困"一词下定义。这些定义一开始只关注贫困者的收入水平,后来还关注贫困人口的机会和发展权利被剥夺情况。

对贫困的定义看似简单,其实并不简单,贫困是一个复杂的社会现象,不同时期、不同社会发展阶段,学术界对贫困的不同理解和界定以及学者们关于贫困度量方法的不断丰富和完善,都反映出贫困这一社会问题本身的多元化表现。可见,贫困是一种现象,贫困现象是众多学者和机构关注的课题。

结合各方观点,笔者认为,贫困是指收入水平和消费水平明显低于该国家的收入和消费水平而导致正常生存困难,且因此导致人的能力差异和权利以及发展机会不平等的社会现象。学术界对贫困的认识是处于不断发展和演进中的。

(一)以"收入贫困"来理解贫困

西方早期关于贫困的定义主要是围绕"收入贫困"展开讨论的。最初,人们对于贫困的认识主要局限于物质资源缺乏和收入不足这一方面。最早系统研究和度量贫困概念的是英国经济学家本杰明·西伯姆·朗特里(Benjamin Seebohm Rowntree),他在1899年对英国约克郡的贫困问题进行了一次大型的调查研究,并写成了《贫困:城镇生活研究》一书,在著作中他第一次为个体家庭建立了一个贫困标准。他给贫困下的定义是:"如果一个家庭的总收入不足以维持家庭人口最基本的生存活动要求,那么,这个家庭就基本上陷入了贫困之中。"[1]他根据这个概念计算出最低生活支出即贫困线,并将其与家庭收入比较得出贫困的估计值。本杰明·西伯姆·朗特里(Benjamin Seebohm Rowntree)的工作可以说是开创性的,他第一次清晰地从个体的角度定义了"贫困"并将其量化,为此后对贫困的研究奠定了基础。

在《英国的贫困:家庭财产和生活标准的测量》一书中,英国的彼得·汤森

---

〔1〕 郑宝华,张兰英.中国农村反贫困词汇析义[M].北京:中国发展出版社,2004.

(Peter Townsend)从更多角度提出了对贫困理解,他认为"所有居民中那些缺乏获得各种食物、参加社会活动和最起码的生活和社交条件的资源的个人、家庭和群体"就是所谓贫困的。1981 年,世界银行开始对各国家进行收入和消费贫困测算。1984 年美国的劳埃德·雷诺兹(Loyd Roynolds)针对美国的贫困问题也提出关于收入贫困的观点,他在《微观经济学》一书中认为贫困是"许多家庭没有足够的收入可以使之有起码的生活水平"。1993 年英国的奥本海默(Oppenheim)在《贫困真相》一书中从更为全面的角度提出"贫困是指物质上的、社会上的和情感上的匮乏。它意味着在食物、保暖和衣着方面的开支要少于平均水平"。

　　20 世纪 70 年代之前学术界研究贫困问题的主流思想是收入贫困,因为用家庭收入或支出来度量是否贫困是显而易见的,这种收入是人生存、参加各种社会活动的基础,因此这种贫困通常被称为"收入贫困"。跟"收入贫困"紧密联系的还有一个"绝对贫困"的概念,因为收入贫困是人生理上的最低需要,低于这个需要,人就不能正常成长和生活,因此,收入贫困又被称作绝对贫困。当然,有学者对此也提出质疑,认为生物学意义上的绝对贫困概念成立的话,需要存在前提条件,如人的身体条件、气候条件和工作习惯等不同会引起最低支出水平的差别,而这种差别会让人对"绝对贫困"的理解更加困难。

　　经过不断质疑,有学者后来提出了"相对贫困"的概念。美国经济学国约翰·肯尼思·加尔布雷斯(John Kenneth Galbraith)提出了一个收入的比较概念,他认为判断一个人是否贫困,不应仅取决于他拥有多少收入,还取决于社会中其他人的收入水平,这种贫困与否的判断是通过比较得来的。之后,英国的鲁西曼(Runciman,1966)和汤森(Townsend,1971)正式提出了相对贫困理论,对贫困问题进行了新的阐释。汤森认为,贫困是因为穷人们缺乏资源、被剥夺了享有正常社会生活和参与社会生活的权利而导致的。他认为在现实的社会制度下,虽然穷人们和其他人一样拥有这些权利,但获得这些权利的机会是由人们所拥有的资源来决定的,由于穷人们缺少这些资源,他们拥有的现实机会和权利的可能性很小。

　　基于以上阐释,我们可以对相对贫困和绝对贫困做一个比较理解。所谓相对贫困,是指个人或家庭拥有的生产生活资料,可以满足其基本的生产生活需要但不足以使其达到社会的平均生活水平而通常只能维持远远低于平均生活水平的一种状况。而所谓绝对贫困,则是指个人或家庭缺乏最基本的用以维持其最低生产生活需要而使其生产生活难以为继甚至难以生存的一种状况。

　　收入贫困对贫困问题的反映最为直观、最易被量化也最容易被人感受和理解、也最被广泛应用,因此对收入贫困的度量直到现在仍被理论和实践领域重视,并且在各国的实践中不断发展和完善。各个国家一般用贫困线(poverty line）来度量贫困问题，也就是说，以划定满足最低生活标准所需的货币量来作为贫困线。收入水平在贫困线以下的人口就是贫困人口，收入水平在贫困线以上的人口就是非贫困人口。其实这种利用货币收入或消费额来确定和测算贫困问题的方法就是本杰明·西伯姆·朗特里（Benjamin Seebohm Rowntree）在1901年提出的，他就是采用了贫困线方法来测定当时英国的贫困问题。

用贫困线来测定贫困问题的方法沿用至今。自1990年以来，世界银行就一直在全球统计各国的收入贫困数据，它所采用的就是以消费为基础的贫困线，这一数据主要包含两个部分：一是购买最低标准的营养品和其他必需品的必要支出；二是反映参与社会日常生活费用的另一部分支出。贫困线因各国社会经济发展水平不同而不同，即便是同一个国家，也会因社会经济发展水平的变化而不断调整贫困线，因此贫困线本身常处于变化当中，当然一般是会随着人类生活水平的不断提高以及通货膨胀的影响等因素而不断升高。用贫困线的方法测定贫困也存在问题。如国家不同、生活区域不同、时间段不同、调查方法不同则所得到的信息不好比较等，这些因素都会影响贫困线的制定，从而影响人们对贫困线方法的运用。

（二）"权利贫困"和"能力贫困"论

随着社会的进步和经济的发展，在长期的反贫困实践中，人们逐渐认识到贫困不仅是表现在收入上或经济上的贫困，它还应该包括其他方面的贫困，比如能力和公民的基本权利等，这些因素的欠缺，也会导致贫困人口贫困，持有这方面观点的最著名人物就是诺贝尔经济学奖获得者印度的阿玛蒂亚·森（Amartya Sen），他发表了多部有关贫困治理方面的著作，如《贫困与饥荒》《以自由看待发展》。阿玛蒂亚·森对贫困定义的最大贡献就是提出了"能力贫困"和"权利贫困"的概念。"其实质是一种权利和能力的贫困。"阿玛蒂亚·森认为贫困本质上是一种权利和能力的贫困，贫困人口在创造收入的能力和机会方面严重欠缺，同时缺少获取和享有基本生产生活的能力。

与传统的基于收入和支出来测量贫困问题的方法不同，阿玛蒂亚·森强调用权利的视角来看待贫困及贫困问题的产生。权利视角考察的是社会不同阶层对食物的控制和支配能力，而这种能力又是基于社会权利关系而得的，社会权力关系又决定于国家的政治经济制度和权力的配置，假若国家的政治经济制度和权力配置存在不合理之处，则会导致贫困和贫困问题。阿玛蒂亚·森主要关注了个人的交换权利，他认为个人的交换权利下降是导致贫穷和饥荒的直接原因，这种个人交换权利在现实当中往往表现为个人在社会政治经济层级机构中的地位以及相应的经济地位等。

能力贫困是阿玛蒂亚·森重点关注的贫困问题的另一个视角，他在《以自由看待发展》中进一步强调了这种观点。阿玛蒂亚·森提出，对于贫困人口的理解，判断其真实的个人处境，要关注他所具备的能力，即一个人所拥有的、享受自己有理由珍视的那种对生活的实质自由。根据阿玛蒂亚·森的理论观点，对贫困的理解不能仅关注贫困人口的收入是否低下，更重要的是关注贫困人口群体扭转贫困的基本能力遭到了何种程度的剥夺，这些基本能力的剥夺可表现为严重的营养不良、慢性流行病、大量的文盲等。影响贫困人口群体基本能力被剥夺的因素可能包括收入水平、社会制度、社会政策以及经济上的各种不平等如失业等，另外还包括这个国家和地区的民主的程度等。

20 世纪七八十年代，阿玛蒂亚·森的贫困理论确实与众不同，思想深邃且令人信服，是贫困理论研究中的一座里程碑，它引起了学者们对人类发展的广泛思考。阿玛蒂亚·森将贫困的定义从起初的"收入贫困"延伸到对贫困人口"能力贫困"和"权利贫困"的探讨，又将造成贫困的原因解释扩展到国家的政治制度、法律政策、文化传统等方面，尤其是将贫困治理扩展到人的发展的更高层面，理论的思想高度令人惊叹。

根据阿玛蒂亚·森的贫困理论，贫困治理的实践领域也在不断被向前推进。联合国发展署在对 1996 年能力贫困指标进行修正的基础上，在 1997 年进一步提出了人类贫困指数（HPI）。人类贫困指数由三个指标组成，即寿命剥夺、知识剥夺和生活水平剥夺。寿命剥夺指标是以人口的最终寿命值来判断，因为社会生活水平不一致，这个指标在发达国家和发展中国家的数值是不一样的，在发展中国家指的是在 40 岁之前死亡的人口比率，而在发达国家指的是在 60 岁之前死亡的人口比率。知识剥夺主要是用各国和地区的成人文盲率来衡量的。生活水平剥夺则是用不能获得医疗服务的人口比率、不能获得安全饮用水的人口比率和 14 岁以下营养不良的儿童的比率三个子指标来衡量的。

（三）将"社会排斥"引入对贫困的理解

这一时期的主要特征是将"社会排斥"引入了对贫困概念的理解当中。其实，从某种意义上说，将"社会排斥"等引入对贫困的认识和理解，本质上可以看成是阿玛蒂亚·森的"权利贫困"论的延伸，换句话说，也就是阿玛蒂亚·森打开其他学者对贫困内涵理解的空间。因此，从 20 世纪 80 年代开始，许多学者在研究贫困问题时，便开始试图从贫困人口的角度来看待贫穷问题，即开始注重贫困人口的想法，了解贫困人口是如何看待自己的贫穷状况的。这个时期，不同学者从话语权、权势、社会排斥以及脆弱性等方面研究贫困。美国的罗伯特·坎勃（Robert Chamber）在这方面做出了开创性研究，尤其是研究贫困人口的无助和孤立方面，增加了贫困概念的新内涵。坎勃认为贫困跟人的发展能力低下息息相关，如受教育程度低、营养和健康状况差等，当然还包括脆弱性、无话语权和无权无势等方面。坎勃提出的脆弱性包括外在和内在两个方面，外在方面是指贫困人口总是受各种冲击、压力和风险的威胁，并缺少应付损失的方法和手段；内在方面是指贫困人口遇到威胁时孤立无援的状态。正是由于贫困人口面临的外在和内在的双重威胁，才使得贫困人口难以获得满足其自身需要的各种资源或者只能获得低回报的资源，从而使他们在经济和权利上被边缘化，越来越无权无势，也没有话语权，而这本身就是贫困的表现。

　　那么，什么是社会排斥呢？该理论起源于 20 世纪 70 年代，一般是指某人或某些社会群体部分地或全部被主流社会排挤，不能享受人应该享有的权利，如不能正常享有公民的政治权利、政治上不平等，不能正常参与经济和社会生活，低收入、工作不稳定、居住条件恶劣和社会疏离等。20 世纪 90 年代以来，关注社会排斥与贫困关系的学者越来越多，他们达成了一些共识，那就是如果一个人或一个群体被排斥在主流社会、政治、经济活动之外的话，即便他们有一定的能力或者暂时有足够的收入，也可能会成为贫困人口。

　　脆弱性是一个动态概念，如何理解贫困人口面临的外在威胁和孤立无援？涉及对脆弱性的测量问题，学术界一般用收入或消费的变化以及健康、住房等方面福利的变化等作为变量，然后通过标准差和变化系数来测定。近年来，学者们在不断探索新的研究方法来度量脆弱性问题。但由于脆弱性本身涉及的问题比较复杂以及各方面因素的影响，对贫困人口的脆弱性界定仍然是比较困难的，学术界现在所探讨的任何单项指标都无法完整地反映贫困人口脆弱的表现，因此对此问题的度量还需进一步探索。

　　而对话语权及其影响力的度量比脆弱性更加难，通常是通过对贫困人口参政的意愿、投票选择以及对公民权的体现等变量的调查来统计测量。可以围绕参政议政、领导人选举以及政策实施过程在国家层面进行调查，也可以让贫困人口对政府机构打分进行评级来进行测量，这些方法可为贫困人口话语权的研究提供很多有用信息，但依然不是比较完整的令人信服的测量方式。

　　贫困这一随着时代发展不断变化着的概念，人类对于它的认识从最初的食物的不足、物质的缺乏，到收入贫困，再到能力贫困、权利贫困、社会排斥等多方面不断演进。但直到现在为止，还没有一个关于贫困公认的、统一的定义。贫困是一种能够看得到的物质缺乏的生活状态，但同时贫困有包含看不到的状态。可以说贫困是一个非常复杂的现象。

二、贫困的不同类型

　　对贫困类型的理解主要集中于绝对贫困和相对贫困的划分上，但根据贫困问题研究范围或研究角度等不同划分标准，学术界也有对贫困类型的其他几种理解，下面做一个比较分析。

（一）绝对贫困和相对贫困

将贫困划分为绝对贫困和相对贫困，是基于贫困问题研究的发展而来的。绝对贫困的定义起源于英国经济学家本杰明·西伯姆·朗特里（Benjamin Seebohm Rowntree），早期关于贫困的研究一般是基于绝对贫困认识的。我国有关部门将贫困定义为"个人或家庭依靠劳动所得和其他合法收入不能维持其基本的生存需求"，这种对贫困的认识就是绝对贫困。

对相对贫困的理解来源于对相对剥夺概念的认识。相对剥夺可以理解为虽然贫困人口的收入能满足其基本的生产生活需要，但由于处于弱势地位，还不足以达到平均生产生活标准，仅能维持低于平均生产生活水平的状况。相对贫困是基于特定参照群体而言的，即同一时期，不同地区或不同阶层成员之间由于主观认定的可维持生存水准的差别而产生的贫困。

（二）客观贫困和主观贫困

客观贫困概念的发展是在"能力贫困"论出现后，基于客观环境与条件而言的贫困人口能力而产生的贫困认识，这种认识也改变了对贫困定义的早期理解，即从以收入定义贫困转变为以能力定义贫困。换言之，贫困人口的能力贫困有深刻的社会基础，正如前文分析，贫困人口的发展能力低下，除了其自身的小部分原因之外，脆弱性、无话语权和无权无势等客观的政治经济因素、制度的安排和资源的错配也会产生客观贫困。

主观贫困是基于主观判断而成的，它是指在特定社会环境和群体比较中，由个体和社会所接受的最低生活标准构成的主观判断。学者们从个体的角度来研究贫困，而不是对贫困进行严格的量化，如个体支配商品的水平、个体的环境影响等。在奢华和贫困的生活之间的隔阂不是客观的和不可改变的，而是由社会决定并不断变化的。主观贫困基于个体对最低收入的主观判断，即实际收入小于个人自己认为满足最低需要的收入时被定义为贫困者。

（三）个体贫困和群体贫困

个体贫困包含两个层面，一是指个体的人的贫困，二是指单个家庭的贫困，前者是贫困人口，后者称为贫困户。个体贫困存在于社会各阶层各个群体当中，按照社会阶层理论，个体贫困主要分布于贫困阶层。

群体是一个相对概念，群体贫困也是一个相对概念，基于对群体概念的不同理解，群体贫困是指贫困发生率相对较高的某个阶层、群体或种族。

（四）区域性贫困和非区域性贫困

区域性贫困是指贫困相对集中地发生在某些特定区域，比如非洲的落后地区、我国的"老少边穷"等集中连片贫困区域，还有经济相对落后的农村地区等。区域性贫困有两个最基本的特征：一是贫困发生相对集中，二是区域的贫困具有广泛性。非区域性贫困是相对于区域性贫困而言的，它是指贫困的发生比较分散，分布在所有可能的区域或群体之中，呈现出散点分布状态。非区域性贫困同样有两个相对基本的特征：一是贫困发生是分散的，二是区域和群体的贫困发生率比较低。这主要是从发生空间上来进行划分的。

（五）资源约束型贫困和能力约束型贫困

资源因素本质上也是一种客观因素，大多指自然客观因素，包括土地等自然资源、地理环境、基础设施等，那么资源约束型贫困就是基于以上客观因素短缺而导致的贫困，它还可细分为边际土地型贫困和资源结构不合理型贫困。

此处的能力约束型贫困跟阿玛蒂亚·森提出的"能力贫困"不完全一致，"能力贫困"更多的是由于各方面主观因素的影响而带来的贫困，如由于家庭缺乏劳动力或者人口缺乏正常智力、体力和必要劳动能力等导致的贫困，它又可细分为丧失劳动能力型贫困和缺乏专业技能型贫困。

（六）生产性贫困和社会性贫困

生产性贫困跟一个国家或地区的物质文化生产水平息息相关。它是指一个国家或地区生产力水平过低或经济发展水平不高导致的物质和文化资料缺乏而造成社会中某些个体或群体必然出现的贫困。当整个国家或地区的生产力水平过低的时候，它只能部分满足人们对物质和文化的需求，这种部分满足必然带来一些贫困的发生。因此可以这样说，一个国家或地区的生产力水平低下，是其贫困发生的最主要的甚至是决定性因素，欠发达国家的贫困问题主要是生产力水平低造成的。而社会性贫困是指由于一个国家或地区的政治、经济、社会制度所形成的决定资源分配的问题所造成的贫困，这种贫困也称制度性贫困，造成这种贫困的原因很多，比如人口制度、公民权利、社会政策、就业倾向以及思想观念等。

（七）物质贫困和精神贫困

物质贫困是基于人最基本的生存甚至生产、生活是生存考虑的在物质方面的短缺而致的贫困，维持人最基本的生产、生活或生存的物质包括食物、土地、住房、生活用品、医疗等。精神贫困是基于人最基本的思想道德、文化水平、价值观念、行为取向等精神方面的贫乏或滞后而致的贫困，它包括思想观念、受教育程度、文化知识、职业技能、价值观、主动积极的意志等方面。从特定的社会群体或个体的意义上说，物质贫困也可以理解为一种生产性贫困，而精神贫困是特定群体或个体总体行为倾向的表现，具有动态属性和社会属性，因此也可以理解为一种社会性贫困，也是一种社会贫困现象。

三、贫困治理理论

贫困理论大多源于经济学视角的研究，经济学理论中又主要有三个方面的分支。一是后凯恩斯主义经济学。美国经济学家罗格纳·纳克斯（Ragnar Nurkse）提出"恶性循环贫困"理论认为，发展中国家之所以存在着长期的贫困是因为这些国家的经济中存在着若干个互相联系、互相作用的"恶性循环系列"。二是福利经济学。印度的阿玛蒂亚·森（Amartya Sen）认为，贫困的实质是能力缺乏，社会应该为贫困人口提供拥有这种能力的机会，只要贫困人口能够拥有这种能力，那他们就拥有了脱贫致富的机会，也就不会产生贫困，而现实中大量的贫困现象之所以发生，就是因为贫困人口没有机会获得这种能力或者他们的机会被剥夺了。三是发展经济学。冈纳·缪尔达尔（Karl Gunnar Myrdal）的"循环积累因果关系"理论认为，发展中国家的贫困并不是纯粹的经济现象，资本形成不足和收入分配不平等是导致发展中国家贫困的最重要因素。社会发展是一个动态过程，包含各种各样因素的相互影响，这些因素有时也互为因果，因此呈现出"循环积累"的动态趋势，从而形成"累积性的循环"。[1] 另外西方社会学中也有贫困文化论、权利或能力贫困论等贫困治理理论的相关研究。

（一）舒尔茨的"人力资本"理论

美国经济学家西奥多·舒尔茨（Theodore W. Schultz）于1960年提出了"人力资本"理论，该理论认为一个国家经济的发展不取决于国家自然资源的丰富，也不取决于资本力量的雄厚，而是主要取决于人口的高质量。因此，提高人的质量是摆脱贫困的根本力量。换句话说，一个国家或地区贫困的根源就在于人力资本的质量。舒尔茨的人力资本理论告诉人们，对贫困的认识要从人的自身去找原因，要着力提高人口质量，增进知识技能，提高人口的综合素质。

（二）阿玛蒂亚·森的贫困理论

正如前文所述，阿玛蒂亚·森提出贫困的真正原因是贫困人口的能力欠缺或被剥夺，这种能力是实现自由的必要手段，而自由才是发展的首要和最终目的。以可行能力的视角看待贫困使得一直以来将贫困仅视为收入低下的表层理解推向深入，使得贫困的根本原因得以凸显，使得反贫困的手段与目的更加明晰，即扩展人的可行能力，实现人的实质自由。

---

〔1〕 欧阳琦.国内外贫困治理理论、政策比较研究[J].中外企业家，2015（25）：263－265.

（三）世界银行的贫困治理理论

世界银行出版的《1990年世界发展报告》中指出，当某些人不能达到社会一般人都能享受到的物质生活条件时，那么这个人就处在贫困的状态。这种对于贫困的定义仍属于狭义的范围，对于贫困的理解仍处于物质的层面。《2000/2001年世界发展报告：与贫困作斗争》提出了更为广义的贫困的定义，报告认为贫困不仅是物质上的概念和经济学领域的范畴，贫困是由物质匮乏这一结果体现出来的"福利的被剥夺的状态"。可见，世界银行将贫困定义为福利的缺失，而福利的概念除了物质还包括健康、教育、政治权利等机会的平等。世界银行根据此定义提出了"参与式"减贫理念，这一理念注重为贫困人口提供公平的福利的机会，注重为贫困人口提供基本的安全保障。《2004年世界发展报告》指出，应对贫困的措施应根据贫困阶层的不同而更具多样性。其蕴含的意思是反贫困的对策是依据不同的致贫原因而制定的，这与我国当今正在实施的精准扶贫方略相契合。

（四）联合国开发计划署反贫困理论

联合国在世界反贫困领域做出了不可磨灭的贡献。联合国开发计划署的主要任务是帮助发展中国家培训人才并提供设备，该机构的主要目标是帮助贫困的国家摆脱贫困，推动人类社会可持续发展。

人类发展指数。从1990年开始，联合国开发计划署在巴基斯坦经济学家马赫布卜·乌·哈克（Mahbub Ul Haq）的领导下每年发布一个《人类发展报告》，并在报告中发布人类发展指数（HDI）。人类发展指数由预期寿命、成人识字率和人均GDP的对数这三个指标构成，这个三个指标反映三项基础变量（长寿水平、知识水平和生活水平）。在计算时，首先设定指数的最小值和最大值，此后以指数值=（实际值－最小值）÷（最大值－最小值）的计算方法得出结果，结果被确定在0至1之间，越接近0则人类发展指数越低，反之则越大。人类发展指数旨在通过更具包容性的理念衡量各国的综合发展水平，而不只是以经济的增长作为唯一标准。

人类贫困指数。1997年联合国开发计划署提出了人类贫困指数的概念，这一概念以更为宽泛的角度理解贫困问题。人类贫困指数由五个指标综合构成，分别是人口中成人文盲比重、人口中预期寿命在40岁以下的比重、可以安全饮用水的人口比重、能够享受医疗服务的人口比重、人口中5岁以下营养不良的比重。1998年，联合国开发计划署发布的《消费模式与人类发展》报告书中加入一个新的指标，即"社会性排挤"指标（两个月以上长期失业人口的比例）。人类贫困指数是全世界贫困界定的一次重大变革，丰富了以往以收入界定贫困的经济视角，将贫困的研究引向了符合人类生存和发展的多个领域。这一概念的提出深刻地影响了中国对于贫困的理解，中国此后由国家统计局出版的《中国农村贫困监测报告》基本上包含了人类贫困指数的指标测量，为农村扶贫开发战略的决策起到了基础性的数据支撑作用。

第二节　治理及治理理论

一、治理兴起的时代背景

学界普遍认为，现代语境下的"治理"起源于公共管理领域。治理的理论与实践在 20 世纪 90 年代的兴起有着相当复杂的背景和深刻的原因。要研究治理及其理论，就不能不去探究治理兴起的背景，这样才能更好地去理解和把握治理及其理论的应用。

（一）现代国家管理模式的危机

现代国家管理模式所面临着的危机及怎样去解决为治理的兴起提供了实践背景。一方面是关于西方福利国家模式的危机。第二次世界大战之后，世界经济迅速发展，西方发达国家纷纷建立了福利制度，通过大量的政府福利支出来保障人民生活。在 20 世纪 70 年代以前的二十多年中，福利开支的增加不仅没有妨碍经济增长，反而刺激了消费，促进了经济的发展。新公共管理理论在管理主义与市场经济两大要素的作用下，强调科学管理、效率、竞争与市场导向，以第三条道路、政府重塑等运动为阵地，为治理理论提供了土壤。[1] 治理就是在西方福利国家模式转型的过程中孕育的。但这次重大变革并没有从根本上解决福利国家政府管理的问题，只是通过回归市场化的方式来削减开支、减少福利、提高效率以减轻政府的财政负担。20 世纪 80 年代中后期，新公共管理也面临新的困境，如：单一价值取向（效率）、市场化下的公益的缺失等，这些与西方社会所认同的公平与正义相违背。新公共管理在实践中显现出越来越大的局限性。与 20 世纪 70 年代令人失望的国家作用一样，20 世纪 90 年代人们对市场机制的作用也不再抱有幻想。在这样的政府改革大背景下，公共治理理论应运而生。对新公共管理模式的反思也使得福利国家越来越倾向于用治理理论来解决危机。

尽管发展中国家尤其是落后的非洲国家在二战后经济状况有所好转，但仍

---

〔1〕　佟德志. 当代西方治理理论的源流与趋势[J]. 人民论坛，2014(14)：8 - 10，23.

一直面临着"发展与和平"的难题，政府管理中存在大量腐败和低效率的问题。联合国和世界银行等国际组织以及发达国家的提供的援助也难以发挥作用。这些国家，始终存在大量极端贫困人口。

（二）传统社会科学研究范式的危机

治理理论兴起于20世纪七八十年代，与传统社会科学研究范式出现危机有紧密关系。现实世界的巨大变化和迅猛发展使得许多学科领域的原有范式越来越难以解释和描述现实世界中的问题，其理论及实践模式也就越来越显得不适应。在传统的社会科学学术观念中，国家与社会、政府与市场等二分法在20世纪后期纷纷陷入困境，追求社会科学理论的新范式，寻找国家、市场和社会的重新定位，成为实践与学术的双重迫切需求。[1] 学者所关注的协调方式不仅已经跨越公私部门泾渭分明的传统观念与制约，而且开始涉及"错综复杂的等级组织"、平行的权力网络或是其他跨越不同政府层级和功能领域的复杂而相互依存的协调形式。[2]

（三）公民社会的复兴

公民社会理论形成和广泛流行于17、18世纪。彼时的公民社会服务于反对封建专制权力、市场经济的发展。和市民资产阶级作为一股新兴政治势力崛起，希望解放社会和个人，因此要求限制国家过大的权力，争取独立自主的权利。20世纪70年代，凯恩斯主义失灵引起经济发展上的"滞胀"，福利经济学出现危机，社会主义政权的东欧国家的"斯大林模式"显现出越来越多弊端，另外，在这个阶段，西方相对集中的政权也造成社会矛盾加剧，因此，社会上不断出现要限制国家权力及其活动范围的声音，国家中心论开始式微，呼吁公民社会回归的声音越来越高。人们期待官方的、扎根于共同体的组织比国家更能解决所面临的实际问题。[3] "公民社会"一词很快成为欧洲学术和政治领域的重要话语，公民社会理论复兴并持续升温。20世纪80年代，在世界范围内涌现出的一大批民间非营利组织（非政府组织）正式对公民社会发展做出回应。公民社会的发展要求国家与社会之间进行良好合作、要求社会自治以及社会在公共治理中发挥作用。公民社会的复兴，毫无疑问为治理及其理论的产生和发展提供了现实基础。[4]

〔1〕　王诗宗.治理理论及其中国适用性[M].杭州：浙江大学出版社，2009：19.

〔2〕　吴志成.西方治理理论述评[J].教学与研究，2004(6)：60－65.

〔3〕　李熠煜.当代中国公民社会问题研究评述[J].北京行政学院学报，2004(2)：92－96.

〔4〕　张铭，陆道平.西方行政管理思想史[M].天津：南开大学出版社，2008.

(四)全球化带来的深刻影响

全球化是世界经济政治发展的基本趋势，并对世界经济面貌产生了深刻影响，带来了世界经济政治的极度复杂性。全球化影响了世界的经济结构，尤其是使全球范围内经济领域的无结构复杂性大量增加，引发不同国家不同空间层次上各类组织重构秩序的努力，在这种深刻经济与社会因素的影响下，各国各地区对治理知识的需求大大增加，甚至是非常迫切。另外，全球化也对各国的主权、政治体制、政策过程、意识形态以及价值都体系提出了严峻挑战，尤其是对传统的民族国家的政府体系形成了很大压力，这使得在全球化背景下迫切需要治理和治理理论重构公共权威和公共秩序知识体系，以公平、民主、公正为价值理念，为全世界追求建立和发展一套维护全人类安全、和平、发展、福利、平等与人权等新的国际政治经济新秩序而努力，这在客观上顺应了当代世界发展的内在要求，有利于制约大国单边主义和强权政治，也有助于国际社会在有效解决环境污染、恐怖主义、跨国犯罪等全球性问题中加强合作，维护世界正常秩序。[1] 可以说治理及其理论也是全球化的产物。

二、治理的基本界定

英文中的"治理"(governance)一词在根源上是来源于古典拉丁文和古希腊语中的"驾驶"一词，原意是指控制、引导和操纵的行动或方式。在汉语中，荀子的"明分职，序事业，材技官能，莫不治理"，孔子的"吾欲使官府治理，为之奈何？"也能体现出我国"治理"一词在词源学上的悠久历史，西汉的司马迁就提出了"礼乐刑政，综合为治"的治国理论。[2] 无论英文还是中文，这里"治理"的概念我们可以认为是与"统治"的同义。现代的语境下"治理"的概念兴起于20世纪末，西方学者赋予了"治理"新的含义，超越了传统的政治学的领域。之后关于治理的研究迅速成为学术界的热点话题，引发了延续到今天的研究热潮。治理的概念在政治学、行政学、管理学、经济学和社会学等领域得到广泛的应用，这也给"治理"概念的界定带来了相当大的困难。目前关于治理的概念有很多种。

一般认为，现代语境下的"治理"最早由世界银行提出。1989年世界银行在关于撒哈拉以南非洲发展问题的报告——《南撒哈拉非洲：从危机走向可持续增长》中提出与治理有关的观点，把非洲当时的情况称之为"治理危机"。之后不久世界银行又在1992年发表年度报告《治理与发展》中较为系统地阐述了

---

〔1〕 吴志成.西方治理理论述评[J].教学与研究，2004(6)：60 – 65.
〔2〕 余军华，袁文艺.公共治理：概念与内涵[J].中国行政管理，2013(12)：52 – 55.

关于治理的看法。较为权威的说法是由联合国全球治理委员会（CGG）1995 年在《我们的全球合作伙伴》中对治理的概念做出的界定，其认为"治理"是指"各种公共的或私人的个人和机构管理其共同事务的诸多方法的总和，是使相互冲突的或不同利益得以调和，并采取联合行动的持续过程"，这既包括有权迫使人们服从的正式制度和规则，又包括各种人们同意或符合其利益的非正式制度安排。这里"治理"的概念有四个特征：治理不是一整套规则，也不是一种活动，而是一个过程；治理过程的基础不是控制，而是协调；治理既涉及公共部门，也包括私人部门；治理不是一种正式的制度，而是持续的互动。[1] 当然联合国全球治理委员会（CGG）的界定也被人批评过于宽泛了，对于治理实际问题的价值有限。

治理理论的主要创始人之一——英国的詹姆斯·罗西瑙（James N. Rosenau）1995 年在《没有政府的治理》一书中明确将治理定义为"一系列活动领域里的管理机制，它们虽未得到正式授权，却能有效发挥作用"。他认为，"与统治不同，治理指的是一种由共同目标支持的活动，这些管理活动的主体未必是政府，也无须依靠国家的强制力量来实现。治理由共同的目标所支持，这个目标未必出自合法和正式规定的职责，也不一定需要依靠强制力量克服挑战而使别人服从。治理是一种内涵更为丰富的现象，既包括政府机制，也包含非正式、非政府的机制"，而且"治理是只有被多数人接受（或者至少被它所影响的那些最有权势的人接受）才会生效的规则体系；然而政府的政策即使受到普遍的反对，仍然能够付诸实施"，"因此，没有政府的治理是可能的，即我们可以设想这样一种规章机制：尽管它们未被赋予正式的权力，但在其活动领域内也能够有效地发挥功能"。[2]

同时期的英国学者罗伯特·罗茨（Robert Rhodes）认为，治理意味着统治的含义有了变化，意味着一种新的统治过程，意味着有序统治的条件已经不同于以前，或是以新的方法来统治社会。治理至少有六种不同定义：（1）作为最小国家的管理活动的治理，指国家削减公共开支，以最小的成本取得最大的效益。它重新界定了公共干预的范围和形式，以及利用市场或准市场的方法来提供"公共服务"。（2）作为公司管理的治理，即指导、控制和监督企业运行的组织体制。"治理的作用不是只关注经营公司的业务，而是给企业全面的指导，同时监督和控制管理层的业务活动，满足公司外部利益集团对公司的责任心和

---

〔1〕 全球治理委员会.我们的全球伙伴关系［R］.牛津大学出版社，1995.俞可平.治理与善治［M］.社会科学文献出版社，2000.

〔2〕 ［美］詹姆斯·N·罗西瑙.没有政府的治理［M］.南昌：江西人民出版社，2001.

管制的合理要求。"[1]（3）作为新公共管理的治理，指的是将市场的激励机制和私人部门的管理手段引入政府的公共服务，实行"更小的政府，更多的治理"或"更少的划桨，更多的掌舵"。（4）作为善治的治理，指强调效率、法治、责任的公共服务体系。善治涉及"一种有效率的公共服务、一种独立的司法体制以及履行合同的法律框架；对公共资金进行负责的管理；一个独立的、代议制的立法机构负责的公共审计机关；所有层次的政府都要遵守法律、尊重人权；多元化的制度结构以及出版自由"[2]（5）作为社会控制体系的治理，指政府与民间、公私部门之间的合作与互动，强调处于中心的行动者进行管理时所受的限制，声称不再有单一的主权权威。这样，治理成了互动式社会——政治管理方式的结果。（6）作为自组织网络的治理，指建立在信任与互利基础上的社会协调网络，强调声誉、信任、互惠与相互依存。

学者们对于治理的诸多定义，虽然有不同的侧重，但仍有共通之处。对于治理可以从以下几个方面来理解。

（一）治理的主体

一般而言，统治和管理是以单一主体而论的，而治理的主体通常是多元的，是"一个由来自不同领域、不同层级的公私行为体（如个人、组织，公私机构，次国家、国家、超国家，权力机关、非权力机构，社会、市场、国家等）、力量和运动构成的复杂网络结构"[3] 具体到特定领域，如在贫困治理中，政府、企业、社会组织、贫困户等都可以是治理的主体。此外，治理的各主体在地位上是平等的，没有官僚体制中明显的等级差别。

（二）治理的基础

治理理论发展的基础就是社会的多元化发展及其不可逆转的趋势。在传统的政治学和公共行政学理念中，一般是以国家权力和权威为中心的，国家权力是统治和管理的绝对力量，是"唯一"的行为主体，这也被称为单一主体，学术界的讨论总是在国家与社会、政府与市场的二元结构论中左右摇摆，随着社会的多元化发展，这种讨论已经过时了。在国家治理的过程中，政府已不再是唯一的、独占性的统治权威，尽管它仍在发挥主导作用，但政府必须和其他行为主体合作。

（三）治理的目标

正是基于社会的多元化发展，国家才从"管理"走向了"治理"，而社会多元

〔1〕 俞可平.治理与善治[M].北京：社会科学文献出版社，2000.
〔2〕 俞可平.治理与善治[M].北京：社会科学文献出版社，2000.
〔3〕 吴志成.西方治理理论述评[J].教学与研究，2004(6)：60－65.

化发展的根本推动力是社会利益的多元化，如何维护社会的多元化利益，是治理的最根本目标，这也对国家治理提出了很大的挑战，但通过利益的整合，找到多元化利益背后的公共利益，那治理的目标就能够明确了。因此，治理的最大目标就是实现社会公共利益最大化，它应该成为各参与治理主体的共同目标。各参与主体就是在互信、互利、相互依存的基础上进行持续不断的协调谈判，参与合作，求同存异，在满足各参与治理主体的自身利益的基础上去追求社会公共利益的实现。治理的目标是多样性与同一性的统一。

（四）治理的运行机制

治理在运行可以采用正式的强制管理的方式，但主要是通过治理主体之间的参与、合作、沟通，进行协商式管理。在治理过程中，政府作为参与者之一，也许不再充当领航者的角色，而是与其他伙伴构成平等的伙伴关系。治理运行需要一定的保障机制。毫无疑问，多元主义是治理的最重要特性之一。然而多元面临着合法性保障的问题。治理的过程是一个集体行动的过程，参与者必须在制度约束的框架内行事。与传统制度不同的是，治理框架下包含着大量的非正式制度。政府组织、私人部门以及半官方组织最后所达到的协议既可以是书面的，也可以是口头的；既可以是法律文件，也可以是不完全的契约；既可以是严谨的条款，也可以是松散的关系。

三、主要的治理理论

治理概念上的广泛性正是由不同治理理论所带来的。治理的广泛性意味着，治理一词通常会被更狭窄地定义，指与某类组织相联系的、一个特定"层次"的治理（包括公共治理、全球治理、非营利治理、公司治理和项目治理）；与某种活动或结果相关的一个特定"领域"的治理（包括环境治理、互联网治理和资讯科技治理）；或是治理的一种特定"模式"，通常源于一个实证或规范理论（包括监管治理、参与式治理、多层次治理、元治理和协作治理）。治理概念与其他领域的理论结合也产生一些新的治理理论。在这里我们对几种主要的治理理论进行介绍。

（一）协同治理理论

协同治理是自然科学中协同学和社会科学中治理理论的交叉理论。协同治理是提高公共危机治理体系和治理效率的关键。"协同"的一个语源来源于古希腊语"synergy"，是指"协调合作"。美国著名学者安索夫首先提出了"整体价值大于各独立部分的单纯相加的总和"的协同概念，他在著作《公司战略》一书中将协同治理理论应用于企业战略。合作理论创始人——德国物理学家德国物理学家赫尔曼·哈肯(Hermann Haken)将协同定义为系统的各构成要素相互合作产生的集体效果或整体效应[1]。联合国全球治理委员会认为,协同覆盖了个人、公共机构和民间机构的所有活动,以管理联合事务。协同作用是一种有机连续过程,在这个过程中,各种利益矛盾和由此产生的冲突得以调和,并在共同利益的基础上展开合作。

协同治理论认为,在公共事务治理的过程中,政府及其部门与非政府组织的部门之间的合作都不会自发形成,不论是部门间协作、区域协作还是公私伙伴关系,都需要构建一定的治理结构或机制,来促使合作的形成与发展。协同治理理论的产生,一方面是对传统政府公共管理的反思,另一方面是社会、市场力量的成长与公民主体意识增强的体现。治理主体之间的协商、协同,关系到治理结果的成败。尤其是发挥重要作用的政府主体,对其他主体意愿的尊重往往能促进主体间的共识、互信,进而使项目内容顺利实施。

在治理的过程中,为追求更好的治理效果,必须不断地同外界进行信息和资源的交换,这必然会涉及各社会主体的利益分配问题,为调和各方利益以及寻求更多信息和治理资源,需要各治理主体进行平等磋商合作,以期达到缓解危机、稳定社会的目标。协同治理理论下强调各治理主体之间不是互相竞争的关系,而是相互协作的平等关系。因而,以协同治理理论为指导,培育治理主体,调和各治理主体的冲突和矛盾,构建治理的利益共享机制,健全治理的权责体系和运行网络,就成为实现治理实践中各治理主体和各级政府协同治理的有效手段。

(二)整体性治理理论

整体性治理理论是一种新型的治理模式,整体性治理(holistic government)的概念是由英国的安德鲁·邓西尔(Andrew Dunsire)在 1990 年发表的 *Holistic Governance* 一文中提出的。英国政治学家克里斯托弗·波利特(Christopher Pollitt)最早提出整体性治理理论,他指出整体性治理是"指一种通过横向和纵向协调的思想与行动以实现预期利益的政府治理模式。"[2]"它包含四个方面的内容:避免相互破坏的政策情境;联合使用稀缺资源;促使不同利益主体团结协作;为公民提供无缝隙而非分离的服务。"[3]整体性治理理论的代表人物英国的佩里·希克斯(Perry Hicks)在《整体政府》一书中对整体性治理理论进

---

〔1〕 [德]哈肯.协同学:大自然成功的奥秘[M].凌复华,译.上海:上海译文出版社,2005:12.

〔2〕 Pollitt C. Joined - up Government:A Survey[J]. Political Studies Review,2003(1):34 -49.

〔3〕 刘奕,韩雪.云时代公共危机事件的跨界合作治理——基于政府与非营利组织合作的视角[J].北华大学学报(社会科学版),2014,15(6):43 -47.

行了详细论证,他将整体性治理定义为"政府机构组织间通过充分沟通与合作,形成有效的整合与协调,彼此政策目标一致且连续,政策执行手段相互强化,达到合作无间的目标的治理行动。"希克斯用来解决各种社会公共问题的制度化和经常性的合作手段,是一种政府间进行各种合作的治理方式。在整体性治理理论的另一代表性人物英国的帕特里克·邓利维(Patrick Dunleavy)看来,整体性治理必须加强信息技术的整合,实现网络简化和"一站式"服务,并将这一主张作为是对新公共管理的对立的回应。他认为数字时代治理的核心在于强调服务的重新整合,整体的、协同的决策方式以及电子行政运作广泛的数字化。其主张将信息技术和网络技术作为治理手段并将其整合,从而建立一整套统一的中央数据库,实行在线治理模式以及政府部门行政工作的高度整合、透明的无缝隙服务。[1] 就是当时的英国首相托尼·布莱尔也在政府的公开发言中首次提出了建立"整体性政府"的重要施政理念。

整体性治理理论要求政府积极整合内部各部门,同时与其他社会主体寻求合作,以保证社会公共利益的最大化。整体性治理理论对于有效利用政府间的横向组织,合作解决单一行政区域内部的各种复杂社会公共问题具有重要意义,这不仅对于政府内部有效整合具有重要的启发,而且也为政府之外的各个治理主体的有效磋商与合作形成了重要的理论支撑。

(三)参与式治理理论

参与式治理是各危机治理主体进行民主协商,达成合作治理危机的关键。参与式治理是一种新的治理模式,它是指与政策有利害关系的政府、非政府组织或公民个人参与或者共同参与公共政策的决策和执行过程,影响资源分配,从而实现对公共事务的共同治理。参与式治理是在治理过程中融入了民主的元素,是参与式民主、协商民主与治理三者的有机结合。德国联邦经济合作与发展部的学者乔安娜·斯碧尔(Johanna Speer)通过梳理,从四个维度将其概述为:"(1)去集权化,祛除精英控制和代理型的政策制定。(2)协商民主,通过民主协商方式促进政治民主化。(3)赋权,有助于弱势群体冲破现存政治权力结构。(4)自主治理,鼓励公民集体行动。"[2][3]参与式治理的特点主要有:一是注重社会团体、企业和民众等社会主体的参与,尤其是公民个人的参与。二

〔1〕 韩兆柱,张丹丹.整体性治理理论研究——历程、现状及发展趋势[J].燕山大学学报(哲学社会科学版),2017,18(1):39-48.

〔2〕 Speer J. Participatory Governance Reform:A Good Strategy for Increasing Government Responsiveness and Improving Public Services[J]. World Development,2012(12):2379-2398.

〔3〕 李波,于水.参与式治理:一种新的治理模式[J].理论与改革,2016(6):69-74.

是"强调自上而下的赋权与自下而上的积极互动"[1]。一方面，政府自上而下引导其他社会主体参与决策和监督，从而改进政府行为，促成政府职能的改革，实现多元主体协同治理；另一方面，公民积极参与公共事务的治理，提出政策建议，发出自己声音，给政府提供决策依据，促成民主决策和科学决策。

参与式治理是在治理理论中加入民主的元素，通过政府与其他社会主体的协商和决策，从而优化治理效果。"参与式治理作为一种新型的公共危机治理模式，是参与式民主在跨区域公共危机协同治理中的运用。"[2]在跨区域公共危机发生时，作为社会系统重要组成部分的非政府组织、企业、公民等其他参与主体会在一定层面上受到公共危机事件的影响，同时作为政府公共政策的受众，也必然会受到政府危机治理政策和措施的影响。跨区域公共危机的治理行为，因涉及各方利益问题，必然要求加入民主的元素，通过与公共政策有利害关系的治理主体的民主磋商，保证在政策执行的过程中，各方利益都能得到较好的保障。在跨区域公共危机治理过程中，其他社会主体发挥主体作用主要体现在两个方面：一是加速跨区域公共危机进入公众议程，在公共危机事件进入政府议程之后，在危机处理的过程中参与政府公共政策制定与决策的过程，使得其他社会主体有机会获得跨区域公共危机治理的话语权，如参与公共政策听证和民主监督等环节；二是通过平等协商合作，促成政府与其他社会主体的伙伴关系，各方相互配合，进行危机治理活动，提高跨区域公共危机的协同治理的效率。因此，在危机治理过程中，政府具有不可推卸的主体责任，而其他社会主体也应积极主动地参与到其中，积极与政府合作，实现与政府的联合共治。

第三节 贫困治理：政府的责任

在世界各国贫困治理实践中，基于自然环境、政治制度、社会结构、文化背景等方面的差异，贫困治理所需解决的问题不可能相同，也不可能是单一的。然而，无论在哪个国家和地区，无论引发贫困的原因有多么不同，贫困治理都是现代政府的一项重要职能，是政府义不容辞的责任。[3]

---

〔1〕 陈剩勇，徐珣.参与式治理：社会管理创新的一种可行性路径——基于杭州社区管理与服务创新经验的研究[J].浙江社会科学，2013(2)：62 - 72.

〔2〕 陈剩勇，赵光勇."参与式治理"研究述评[J].教学与研究，2009(8)：75 - 82.

〔3〕 孙远太.政府的贫困治理能力及其提升路径[J].开发研究，2015(3)：31 - 34.

一、从市场经济下政府职能的角度看

政府承担贫困治理责任是市场经济中各国政府的必然选择。市场机制的外部性问题解决需要政府的经济活动。市场经济运行过程中不可避免地存在"市场失灵"现象。市场机制是由追求经济效益的优胜劣汰的"效率准则"来主导，这与政府活动追求社会效益不同。市场机制会导致"损不足而奉有余"的"马太效应"，使得市场能力不足的群体最终会陷入贫困之中。20世纪八九十年代以后的全球化加剧了部分地区的贫困，全球化将贫困地区尤其是农村和不发达国家的劳动力、土地等生产要素流向发达地区和发达国家，这加剧了区域和国家之间的贫富分化。目前贫困发生率较高的地区主要是南亚、撒哈拉以南非洲、东南亚、蒙古、中美洲、巴西及中国的中西部地区。这种贫困一定程度上正是由市场经济条件下区域不均衡发展引发的后果。贫困群体由于人力资本和社会资本的双重缺失，难以在劳动力市场上就业，因而处于就业权和保障权的贫困状态。实践证明这些是市场机制难以解决的。对许多公共组织来说，效率不是所追求的唯一目的。在世界上许多国家中，政府是贫困群体的依靠对象，贫困群体要想摆脱贫困状态需要依靠政府采取措施来进行干预。

二、从贫困个体的角度看

贫困个体有免于贫困的权利。免于贫困的权利是国际人权条约规定的一项重要权利，贫困个体需要在政府的帮助下，公平享受社会发展的成果。政府承担贫困治理的责任是发展和保障人权的要求。贫困问题"在本质上是一个人权的问题，是一个涉及以人性尊严为价值基础的社会秩序构建的问题。"[1]消除贫困，在人权保障领域，是一项早已获得国际社会认识的重要事业。《世界人权宣言》第二十五条宣示："人人有权享受为维持他本人和家属的健康和福利所需的生活水准，包括食物、衣着、住房、医疗和必要的社会服务。"《经济、社会、文化权利国际公约》第十一条第一款规定："本公约缔约各国承认人人有权为他自己和家庭获得相当的生活水准，包括足够的食物、衣着和住房，并能不断改进生活条件。各缔约国将采取适当的步骤保证实现这一权利，并承认为此而实行基于自愿同意的国际合作的重要性。"第二款则接着确认了"免于饥饿的权利"。人权是一个政治概念，同时也是一个法律概念。从法律角度来看，政府有履行发展和保障人权的法律义务。政府通过尊重、保护和实施三种方式来履行相应义务，确保公民人权的实现。它通过把反贫困当作公民的一项人权，

---

〔1〕 郑智航.中国政府越发强调从人权角度看待贫困问题[N].光明日报，2016–10–18(16).

也就意味着政府通过履行尊重、保护和实施三种具体义务，来帮助贫困人群脱离贫困。一国政府要积极履行相应的义务，努力减少本国贫困人口。

三、从政府执政的角度看

贫困会导致社会不稳定，严重影响政府的执政基础。贫困治理事关国家长治久安，贫困治理的成败关乎政府执政的稳固与否。贫困问题已经是社会稳定发展中的重大隐患，也是国民经济发展的一块"短板"。政府贫困治理目标是否实现，不仅关系到贫困群体的生活问题，而且关系到整个社会的和谐与稳定。目前社会生活中的一些失范现象和越轨问题往往与贫困相关联。贫困治理在现代社会里不仅是简单的经济问题，而且是一个关乎社会安全的政治问题。鉴于世界各国数量众多的贫困人口，贫困问题不能仅靠贫困者的自发努力来解决，政府要增强贫困治理的自觉性，自上而下地整合多种贫困治理资源来消除贫困。同时贫困人口的减少、民生的改善还是提高政府合法性的途径之一。政府通过贫困治理过程来保证贫困群体从社会发展中受益，实现社会问题的源头治理，从根本上维护社会和谐稳定，才能获得民众的支持，才能使执政之基稳固。

四、从公平与效率的角度看

公平与效率是政府和公众的理想目标，但往往不能兼得。贫困是社会不平等、不公平的一种体现。贫困和两极分化的加剧，会造成经济效率和社会效率的双重损失。按照庇古原理，增加社会总福利的方法之一，就是将钱从富人手中向穷人手中转移。即使社会总收入没有增加，社会总福利也会大大增加。只有全社会成员收入均等了，单位消费对于社会全体成员效应相等了，这种财富的转移才有意义。[1] 况且予弱势、贫困人群以特殊帮助是社会公平的应有之义。世界许多国家的贫富差距越来越大，政府承担贫困治理的责任就是在减少收入分配不公，促进社会公平。另一方面，在当今全球经济低迷的新形势下，世界各国普遍面临国内需求不足的状况。政府承担贫困治理的责任，开发贫困地区，客观上可以挖掘这 8 亿多贫困人口的消费需求潜力，产生新的经济增长点。中国国际扶贫中心的研究报告指出，当人均 GDP 每提高 1 个百分点，贫困发生率下降 0.385 个百分点；当基尼系数每提高 1 个百分点，贫困发生率提高 0.906 个百分点。[2] 这个结论表明，收入分配与贫困发生率呈负相关。因此相

---

〔1〕　周立. "穷人恒穷"的逻辑[J]. 天涯，2005(6)：20 - 27.

〔2〕　中国国际扶贫中心课题组. 世界各国贫困标准研究[R]. 北京：中国国际扶贫中心，2010.（课题组组长：吴忠，副组长：黄承伟，成员：王小林、张慧东、金然）

对于注重效率来提高人均 GDP，加大收入分配的公平性对于贫困治理更加有效。这就促使政府需要通过调节收入分配差距来减少贫困人口，维护社会公平。

五、从可持续发展的角度

在 2015 年 9 月联合国发展峰会上获得通过的《变革我们的世界——2030 年可持续发展议程》将减贫作为中心议题，列出的第一个目标就是在全世界消除一切形式的贫困(议程包括 17 个可持续发展目标)。世界各国的贫困治理实践表明，不论穷国、富国，还是中等收入国家，都在努力将可持续发展目标融入各自国家发展的战略中。贫困治理与可持续发展相互依存、相互促进。一方面，可持续发展中需要解决的环境等问题是贫困问题产生的原因之一，这些问题的解决可以从源头上缓解贫困问题；另一方面，贫困治理可以消除贫困人口本身在环境污染、生态破坏方面的隐患，解决矛盾冲突。政府是推动可持续发展的中坚力量，所以应承担起贫困治理的责任就义不容辞。

第四节 我国贫困治理实践及其演进

作为世界上最大的发展中国家和人口最多的国家，我国在经济快速发展的同时也为全球的减贫事业做出了巨大贡献。联合国开发计划署 2015 年发布的《联合国千年发展目标报告》明确指出：中国的减贫为实现联合国千年发展目标做出了贡献，为其他国家提供了学习经验。我国极度贫困人口占世界贫困人口的比例从 1981 年的 43% 下降到 2010 年的 13%，30 年贫困人口减少 6.6 亿人。[1]

我国也是唯一提前实现了联合国千年发展目标中的减贫目标的国家。因此，研究我国的贫困治理对于世界反贫困有重要借鉴意义。学术上和国际上的"反贫困""贫困治理"在我国官方通常被称为"扶贫""扶贫开发"。我国的贫困治理在政府主导下呈现出阶段性特征，我国贫困治理历程的划分对于研究贫困治理的历史演进具有重要意义。

学者们对于我国贫困治理的历程划分的起点有些争议。部分学者以 1949 年中华人民共和国成立为起点，认为从中华人民共和国成立到改革开放前这个

---

〔1〕 中国政府网.坚决打赢脱贫攻坚战——国务院扶贫办党组书记、主任刘永富答学习时报记者问[R/OL].http://www.gov.cn/guowuyuan/vom/2016 - 02/18/content_5042971.htm.

时期是"计划经济体制下的广义扶贫"[1]或者是"平均主义福利模式基础上以物质投入为重点的道义性、救济性扶贫"[2]。虽然中华人民共和国成立之后，我国政府对改变中国农村贫穷落后面貌的工作一直没有停止过，如在20世纪50年代开展的全国范围的"土地改革"，以及"农业合作化运动"和"人民公社化运动"，这对于当时农村的落后面貌在一定程度上起到了改善作用，但是这个时期的做法仅局限于对贫困人口实施生活救济，对边远落后地区（主要是老、少、边、穷地区）输送物资，进行外部支援和财政补贴。再者，中华人民共和国成立之初我国经济发展非常落后，甚至可以说是一穷二白，在此基础上国家计划经济的任何发展和物质供给，都对摆脱贫困做出了卓越的贡献，但这种贡献是自然而然的，而不是作为政府的政策特意为之的，因此不应认为是实施了贫困治理的相关政策。可见，从政府的政策行为出发，我们认为我国贫困治理是一项系统性的政府政策行为，是一种有意而为之的政策组合，这些政策组合的目的就是减少贫困，降低贫困的发生率。因此，从这种意义上来说，我国有组织、有计划、有意识的扶贫工作是在1978年的改革开放之后，在这之前，我国没有设立专项扶贫资金和专门的扶贫机构对扶贫工作进行系统指导。根据我国贫困治理政策和阶段性特征，从时间维度上来讲，1978年以来我国的贫困治理的实践历程可分为以下五个阶段：

一、区域扶贫开发试点阶段（1978—1985年）

十一届三中全会肯定了小岗村"大包干"的做法，我国农村开始开展以家庭联产承包责任制为中心的经济体制改革。在农村逐步推进体制改革增加农民收入的同时，我国政府开始设立专项资金用于部分特别贫困地区的脱贫。1978年中共十一届三中全会第一次明确提出中国存在大规模贫困问题。而在此之前，我国虽然对扶贫问题进行了治理，但还没有上升到国家意志的高度。1980年设立了"支援经济不发达地区发展资金"，投向贫困地区，支持老革命根据地、少数民族地区、边远地区和贫困地区发展。1982年开始，将全部作为贫困地区的甘肃定西、河西和宁夏西海固的集中连片地区作为"三西"农业专项建设列入国家计划，进行了区域性的专项扶持工作，帮助这些极贫地区治理生态、改善环

〔1〕 余吉玲.贫困与反贫困问题研究——以平凉市少数民族贫困片带扶贫开发为例[D].兰州：兰州大学，2011.

〔2〕 郭佩霞，邓晓丽.中国贫困治理历程、特征与路径创新——基于制度变迁视角[J].贵州社会科学，2014（3）：108－113.

境和发展农业生产[1]。1984 年,划定了 18 个贫困地带进行重点扶持[2]。1984 年 9 月,国家将"老、少、边、穷"地区的贫困问题作为各级政府的工作重点,这标志着我国把减贫任务纳入国家的重点工作。此阶段,减贫工作率先从农村地区拉开帷幕,实行经济体制改革,赋予农民农业生产自主权,极大地激发了广大农民的劳动积极性,解放了农村生产力,促进农村经济快速发展,为农村创造了大规模减贫的宏观环境。由此,我国拉开了有组织、有计划进行农村开发式扶贫的序幕。但此阶段的扶贫制度具有明显的区域性和政治色彩,采用的主要是在少数极端贫困地区尝试由简单的"输血救济"向"扶贫开发"转变,这种尝试取得了巨大成功,相关研究显示,这一阶段全国农村没有解决温饱的贫困人口从 2.5 亿人减到 1.25 亿人,平均每年减少 1786 万人,贫困发生率从 33.1% 下降到 14.8%。

二、区域扶贫开发推进阶段(1986—1993 年)

随着市场化经济改革的推进,农村经济仍在不断增长,然而农村经济的迅速增长并没有带来相应的贫困人口的大幅减少。甚至在 20 世纪 80 年代中后期,经济的增长拉大了老、少、边、穷地区与其他地区的差距,农民之间也出现了较大差距。我国政府决定在全国范围内有组织、有计划地在贫困区域进行大规模扶贫开发工作。1985 年,国家将扶持老、少、边、穷地区作为一项重要内容写入国民经济"七五"计划。在"七五"(1986—1990 年)期间解决大多数贫困地区人民的温饱问题,成为党中央和国务院提出的重大历史任务。为提高减贫的效果,自 1986 年起,国家正式开始进行有计划、有组织、大规模的农村扶贫开发。大幅度增加扶贫投入,制定一系列扶持政策,对先期的扶贫工作进行了根本性的改革和调整,从救济式扶贫转向开发式扶贫[3]。我国专门成立了扶贫开发领导小组专门负责这块工作,而且还安排专项资金用于开发扶贫,同时制定优惠政策惠及贫困地区和贫困人口,并且把"老革命根据地"和"少数民族地区"作为重点关注对象,改善贫困地区的基础设施,实施"对口帮扶"和"定点帮扶",发动全社会力量加入扶贫开发当中来。1986 年,中央政府第一次确定了国定贫困县标准,将 331 个贫困县列入国家重点扶持范围,实施以县为基本单位来分配使用扶贫资源。这标志着中国开始在全国范围实施政府主导的、专门性的开发式扶贫行动。我国开始确立开发式扶贫的方针。有关数据显示,到

---

〔1〕 左常升.中国扶贫开发政策演变(2001—2015 年)〔M〕.北京:社会科学文献出版社,2016.

〔2〕 张磊.中国扶贫开发政策演变(1949—2005)〔M〕.北京:中国财政经济出版社,2007:5-6.

〔3〕 张磊.中国扶贫开发政策演变(1949—2005)〔M〕.北京:中国财政经济出版社,2007:86.

1993 年底，全国农村没有解决温饱的贫困人口由 1.25 亿人减少到近 8000 万人，并且每年减少 640 万人，贫困发生率由 14.8% 下降到 8.7%。

三、扶贫开发攻坚阶段(1994—2000 年)

1994 年 3 月，国务院制定和发布了我国第一个有明确目标、明确对象、明确措施和明确期限的扶贫开发行动纲领——《国家八七扶贫攻坚计划》，提出"从现在起到本世纪末的七年时间里，基本解决八千万人的温饱问题。"[1]这一阶段的目标正是为了达到我国"三步走"战略中"到本世纪末在中国建立一个小康社会"[2]的要求。八七扶贫攻坚计划取得了显著成效，这七年成为中国自改革开放以来贫困人口减少速度最快的时期。农村绝对贫困人口从 1994 年的 8000 万人，减少到 2000 年的 2600 万人，贫困发生率下降到3.5%。而在同一时期，世界贫困人口平均每年增加 1000 万人。全国 592 个国家重点扶持的贫困县的农民人均纯收入由 1995 年的 824 元提高到 1999 年的 1347 元[3]。到 2000 年，八七扶贫攻坚计划确定的解决全国农村贫困人口的温饱问题的目标基本实现。八七扶贫攻坚计划提出了一系列贫困治理的创举，包括：(1)建立分级负责、行政首长负责制(以省为主)和部门责任制；(2)东西部对口帮扶、机关单位定点扶贫的帮扶制；(3)鼓励国内外社会组织参与；(4)贫困瞄准到村、到户。国家八七扶贫攻坚计划的实施使我国贫困治理达到了高潮，搭建起了我国贫困治理的基本框架。八七扶贫攻坚计划中把国家贫困县的数量调整为 592 个。同时经过不懈努力，到 2000 年底，我国的贫困发生率从 1985 年的 14.8% 下降到 3.0% 左右[4]。八七扶贫攻坚计划的实施，使我国贫困地区的贫困人口和贫困发生率得到了有效的减少。2001 年，国家贫困县贫困人口占全国贫困人口的比例下降到 61.9%[5]。

四、新时期扶贫巩固阶段(2001—2012 年)

这个阶段有两份贫困治理纲领性文件：一个是 2001 年 6 月国务院出台的《中国农村扶贫开发纲要 2001—2010 年》；另一个是 2011 年颁布实施《中国农

---

〔1〕 中国改革信息库.国务院关于印发《国家八七扶贫攻坚计划》的通知[EB/OL].[2017 - 05 - 30].http://www.reformdata.org/content/19940415/5801.html.

〔2〕 邓小平.邓小平文选：第 3 卷[M].北京：人民出版社，2001：54.

〔3〕 林闽钢，陶鹏.中国贫困治理三十年回顾与前瞻[J].甘肃行政学院学报，2008(6)：51 - 56.

〔4〕 赵慧珠.走出中国农村反贫困政策的困境[J].文史哲，2007(4)：161 - 168.

〔5〕 李小云，张雪梅，唐丽霞.我国中央财政扶贫资金的瞄准分析[J].中国农业大学学报(社会科学版)，2005(3)：1 - 6.

村扶贫开发纲要(2011—2020 年)》。这一阶段也因这两份文件被分为前后两个部分。扶贫开发的重点从贫困县转向贫困村,强调群众参与,用参与式方法自下而上地制定扶贫开发规划,实施扶贫开发规划。扶贫开发工作任务从解决温饱调整为解决温饱与巩固温饱并重,工作对象从绝对贫困人口调整为绝对贫困加低收入人口。针对贫困人口分散化的特点,扶贫的区域对象从 592 个重点县进一步细化为 14.8 万个重点村,覆盖了全国 83.0% 的绝对贫困人口和 65.0% 的低收入人口,并强调以村为单位调动农民参与扶贫的积极性和主动性,形成农村扶贫综合开发。将瞄准对象由贫困县下移到贫困村,确定了以贫困村为重点的"整村推进"专项扶贫工作重点。通过制定和实施参与式村级扶贫规划启动了大规模参与式社区综合发展与扶贫的实践。因此也有学者将这一阶段称为参与式扶贫阶段。这一阶段的前部分取得了从 2000 年底到 2010 年底农村贫困人口由 9422 万减少到 2688 万的成绩。后部分在前部分取得成就的基础上,提出了符合全面小康社会要求的总体目标——"两不愁三保障",即到 2020 年,稳定实现农村贫困人口不愁吃、不愁穿,义务教育、基本医疗和住房安全有保障。同时重新将片区作为扶贫攻坚的主战场,以及将扶贫开发和农村最低生活保障两项制度要求有效衔接,在解决和巩固温饱问题上,扶贫与救济两项工作有了分工。在这个时期,我国的扶贫经验进一步得到提升,国家以贫困村整村推进扶贫规划为切入点,在全国范围开展了"整村推进"扶贫开发工作,改变了过去以贫困县为对象的分散的扶贫模式[1]。

五、新时代精准扶贫阶段(2013 年至今)

《中国农村扶贫开发纲要(2011—2020 年)》指出:"我国扶贫开发已经从解决温饱问题为主要任务的阶段转入巩固温饱成果、加快脱贫致富、改善生态平衡、提高发展能力、缩小发展差距的新阶段"。主要政策包括:(1)建立精准识别机制,逐步提高国家扶贫标准;(2)确定了 14 个连片特困区;(3)贫困退出后国家政策不减。国家对已经脱贫的农户或地区在贫困退出后的一段时间内继续给予政策支持,投资力度不减。另外,重视国家重点贫困区域扶贫的同时不能忽视非贫困地区的扶贫任务。(4)建立扶贫监测机制。通过对扶贫整个过程的监督管理,以确保扶贫目标的实现。

党的十八大以后,中央对贫困治理空前重视。习近平同志高度重视扶贫开发工作,多次深入贫困地区进行调研指导,对新时代我国扶贫开发的重大理论和实际问题进行明确阐述,提出了全面建成小康社会,最艰巨、最繁重的任务

---

〔1〕　陆汉文,黄承伟.中国精准扶贫发展报告(2016)[M].北京:社会科学出版社,2016:14 – 15.

在农村特别是在贫困地区，确立了精准扶贫战略。2012 年底以来，中央接连出台了一系列指导扶贫工作的意见、机制、改革方案与办法等。2013 年 11 月习近平总书记提出"精准扶贫"，这标志着我国扶贫开发逐渐进入了以"六个精准""五个一批"为重点的精准扶贫和精准脱贫阶段，2013 年提出了六项扎实推进农村扶贫开发工作的创新机制改革和十项重点工作，2015 年十八届五中全会之后，中央明确提出"到 2020 年，稳定实现农村贫困人口不愁吃、不愁穿，义务教育、基本医疗和住房安全有保障。实现贫困地区农民人均可支配收入增长幅度高于全国平均水平，基本公共服务主要领域指标接近全国平均水平。确保我国现行标准下农村贫困人口实现脱贫，贫困县全部摘帽，解决区域性整体贫困"[1]的新时代精准扶贫目标。这一阶段要求重点部署和建设"五个平台""三个机制""七大行动""十项工程"，贫困治理趋向系统化、综合化。

目前，我国一些地区贫困人口依然很多，贫困程度较深、贫困范围广、脱贫成本高、脱贫难度大等现实瓶颈制约着我国的扶贫开发进程，脱贫攻坚先易后难，越往后成本越高、难度越大、见效越慢；经济下行压力较大，贫困人口就业和增收难度增大，一些农民因丧失工作重新陷入贫困。当前我国的贫困治理到了"啃硬骨头、攻坚拔寨的冲刺阶段"，这是扶贫开发的又一高潮。纵观我国30 多年贫困治理的历程可以发现：我国的贫困治理是先"解决温饱"后"巩固温饱"进而达到"全面小康"、先"全国范围"以及"片区整体"规模化再到"贫困县、贫困村、贫困户"精准化的渐进式治理，按照贫困治理的具体目标与国家总体现代化目标、国民经济发展水平相契合的基本路径来进行。

---

〔1〕 新华网. 中共中央 国务院关于打赢脱贫攻坚战的决定[EB/OL]. (2015 – 12 –07)[2017 –05 –30]. http：//news. xinhuanet. com/politics/2015 – 12/07/c_1117383987. htm.

第二章

精准扶贫：我国贫困治理新模式

第一节 精准扶贫的提出

一、精准扶贫提出的时代背景

贫困问题一直是阻碍人类社会进步的主要障碍之一。长期以来，由于受到资源分布不均衡和经济发展不平衡等的影响，我国仍然有很多地区和人口处于贫困的状态，这使得消除贫困一直是党和政府努力解决的一个重要问题。自中华人民共和国成立以来，我国对贫困的治理一直没有间断过，尤其是改革开放以来，减贫工作力度的不断增加，专门的、大规模、阶段性的贫困治理，使减贫工作取得了显著的成效，扶贫成果得到全世界的认可。但人口基数大、地域范围广、地区经济发展差距悬殊等问题，使得我国的扶贫任务显得尤为艰巨。

改革开放以来，随着经济体制改革不断深入，我国逐步融入经济全球化的浪潮之中，国民经济取得了较快发展，同时也开始了专门的、大规模的贫困治理，贫困治理取得了举世瞩目的成就，贫困治理使我国部分农村贫困人口摆脱贫困，我国成为世界上减贫人口最多的国家，也是世界上率先完成联合国千年发展目标的国家，为全球减贫事业做出了重大的贡献，也探索出了一条中国特色的减贫道路。[1] 但目前，贫困问题依然是我国经济社会发展中最突出的"短板"之一，脱贫攻坚形势依然复杂严峻。

---

〔1〕 习近平.携手消除贫困 促进共同发展[N].人民日报，2015-10-17(002).

（一）打赢脱贫攻坚战是全面建成小康社会的底线任务[1]

中国共产党自成立以来，始终坚持着全心全意为人民服务、紧密联系群众、实事求是、与时俱进的"初心"。为实现第一个百年目标，在 2020 年全面建成小康社会，脱贫攻坚工作进入了一个新的时期。党中央高度重视扶贫开发工作，精准扶贫已成为全面建成小康社会的新目标、新要求。随着十九大的召开，习近平总书记再次把扶贫工作提高到新的战略高度，并对脱贫攻坚提出了新目标。习近平总书记强调："让贫困人口和贫困地区同全国一道进入全面小康社会是我们党的庄严承诺。"[2]为此，全面脱贫成了党和政府的底线目标。他还强调，"要动员全党、全国、全社会力量，坚持精准扶贫、精准脱贫"，"坚持大扶贫格局，注重扶贫同扶志、扶智相结合"，这些为我国脱贫攻坚工作的实施指引了方向，也深刻道出了精准扶贫思想的核心内涵。打赢脱贫攻坚战，消除绝对贫困，实现全面脱贫，是我国全面建成小康社会的底线任务。

（二）贫困程度深，贫困治理难度大

目前，我国的贫困人口大部分生活在自然条件恶劣、地理位置偏远、基础设施落后、社会发育程度较低的地区，其间不少贫困户甚至存在多重致贫因素，致使他们在获得技术、信息、贷款、服务等方面普遍存在困难，极易导致"一代穷、代代穷"现象。一方面囿于地理位置，与外界沟通、交流受阻，经济基础较为薄弱，交通、水利、用电、医疗等公共基础设施落后，在一些集中连片特困山区，生产、生活用水严重缺乏，加大了扶贫和脱贫的负担。另一方面，受历史和思想观念的影响，贫困人口的知识文化水平有限，对扶贫工作参与不足，积极性和主动性不够，脱贫的动力不足，"等靠要"思想严重，一味地希望政府能够直接"输血式"地救济，不愿意分担发展扶贫产业带来的风险，表现出一种既想摆脱贫困，能够发家致富，又不愿承担任何的风险和压力的矛盾心理，严重阻碍了扶贫开发工作的进展。

（三）贫困人口分布的范围广，脱贫任务艰巨

2013 年，为了更好地推进扶贫工作，我国将扶贫攻坚最难啃的"硬骨头"，划分为 14 个连片特困地区：六盘山区、秦巴山区、武陵山区、乌蒙山区、滇桂黔石漠化区、滇西边境山区、大兴安岭南麓山区、燕山—太行山区、吕梁山区、

---

〔1〕　胡建华，赖越.习近平精准扶贫思想的发展渊源、基本内涵和重大意义研究[J].广东行政学院学报，2018(3)：49-55.

〔2〕　习近平：决胜全面建成小康社会 夺取新时代中国特色社会主义伟大胜利——在中国共产党第十九次全国代表大会上的报告［EB/OL］. http：//news. cnr. cn/native/gd/20171027/t20171027_524003098. shtml，2017-10-2.

大别山区、罗霄山区和西藏、四省(青海、四川、云南、甘肃)藏族聚居区、新疆南疆三地州。到 2015 年底，我国还有 5575 万农村建档立卡贫困人口，主要分布在 832 个国家扶贫开发工作重点县、集中连片特困地区县和 12.8 万个建档立卡贫困村。2014 年我国扶贫数据显示，我国贫困区域的划分除了 14 个连片特困地区外，还包括 592 个国家重点贫困县，遍布全国各地，分布相对分散，其中云南 73 个国家级贫困县、贵州和陕西 50 个贫困县、甘肃 43 个等，从贫困人口分布的地理位置可以得出，大多数贫困人口分布在生存条件恶劣的山区，而且分布范围较大，加剧了贫困治理的难度。

(四)我国贫困人口基数仍然较大[1]

改革开放以前，我国多数农村处于深度贫困状态，贫困发生率高达 97.5%。改革开放后，开发式战略扶贫的实施使得中国农村贫困人口大幅度减少。2011 年以来，随着我国扶贫标准大幅调高，相对应的贫困人口增加到了 1.22 亿人，2012 年，我国农村的贫困发生率只有 10.2%，相比之前下降了很多，贫困人口数量却高达 9899 万人，这意味着虽然贫困发生率一直在下降，贫困人口也减少了很多，可基数依旧较大，并且呈现着局部集中、整体分散的特征，许多贫困地区的经济发展还很落后，处于深度贫困状态。随着习近平总书记 2013 年提出的精准扶贫战略的实施，贫困区域的覆盖率越来越小，贫困发生率越来越低。尽管如此，我国的脱贫攻坚任务依然艰巨，每年至少要 1000 万人口实现脱贫，才能在 2020 年达到全面建成小康社会这一目标。

(五)经济增长的减贫带动作用持续减弱[2]

自改革开放以来，我国农村经济的快速发展解决了上亿贫困人口的温饱问题，经济的快速发展成了农村持续减贫的重要推动力，我国农村的贫困人口逐年递减。随着我国社会主义市场经济的发展，贫困区域整体及贫困户个人的收入都大幅增加，贫困发生率明显下降，大大促进了我国减贫事业的发展。但我国经济进入增长新常态以后，经济增长变缓慢，按照边际效益递减规律，其带动力也已经明显不如以前。因此，完善扶贫机制，创新脱贫攻坚工作的方法已显得更为重要。习近平总书记提出的精准扶贫思想在贫困治理的关键时期起到了指引性作用，为打赢脱贫攻坚战提供了切实可行的思想指引和方法指导。

---

〔1〕　胡建华，赖越.习近平精准扶贫思想的发展渊源、基本内涵和重大意义研究[J].广东行政学院学报，2018(3)，49－55.

〔2〕　胡建华，赖越.习近平精准扶贫思想的发展渊源、基本内涵和重大意义研究[J].广东行政学院学报，2018(3)，49－55.

二、精准扶贫思想的提出[1]

精准扶贫思想的正式提出经过了一个长期发展的过程，虽在早期就有了扶贫思想与相应的政策开展，但精准扶贫思想的萌芽是在 2012 年底，习近平总书记在河北省阜平县考察贫困问题时，指出"要坚持从实际出发，因地制宜，理清思路、完善规划、找准突破口"，发挥自身优势，找准发展思路，有针对性地进行扶贫工作。

2013 年 11 月习近平总书记去湘西考察首次提出，扶贫要实事求是，因地制宜。"要精准扶贫，切忌喊口号，也不要定好高骛远的目标。全面建成小康社会，难点在农村特别是贫困地区，湘西是国家扶贫开发重点区域，党委和政府要更加重视这项工作，发挥自身优势，制定好目标，通过优化生产力布局、统筹城乡发展、加强对口帮扶等措施加快发展。"[2]这是习近平总书记第一次正式提出精准扶贫的概念。随后，2013 年 12 月 18 日，我国政府明确提出了要建立精准扶贫工作机制，并用了近一年的时间建立了建档立卡系统。2014 年 11 月初，习近平总书记在福建考察时提出"加快科学扶贫和精准扶贫"的要求，深刻表达了他对精准扶贫的重视，将精准扶贫作为新时代脱贫攻坚战的新要求。2015 年 1 月，习近平总书记在云南考察时强调，"实施精准扶贫、精准脱贫、因乡因族制宜、因村施策、因户施法，扶到点上、扶到根上"。这是习近平总书记首次提出精准扶贫的具体实施方法，并将精准扶贫与精准脱贫联系了起来，完善了精准扶贫这一理念。2015 年 6 月 18 日，习近平总书记在贵州召开部分省区市扶贫攻坚发展的座谈会上进一步提出了"六个精准"（对象精准、项目安排精准、资金使用精准、措施到户精准、因村派人精准、脱贫成效精准）、"五个一批"（发展生产脱贫一批、易地扶贫搬迁脱贫一批、生态补偿脱贫一批、发展教育脱贫一批、社会保障兜底一批）和"三位一体"（政策帮扶、因地制宜、提升贫困户思想觉悟）更为全面的精准扶贫思想。2015 年 11 月 27 日，习近平总书记在中央扶贫开发工作会议上发表长篇重要讲话，系统阐述了精准扶贫思想，标志着习近平精准扶贫思想的基本形成。两天后，中共中央国务院颁布了《关于打赢脱贫攻坚战的决定》，系统总结了精准扶贫思想，确立了精准扶贫、精准脱贫的基本方略，动员全党以及全社会共同参与扶贫工作。

在十九大报告中，习近平总书记强调："坚持大扶贫格局，注重扶贫同扶

〔1〕 胡建华, 赖越. 习近平精准扶贫思想的发展渊源、基本内涵和重大意义研究[J]. 广东行政学院学报, 2018(3), 49 – 55.

〔2〕 [ ]中共中央宣传部. 习近平总书记系列重要讲话读本[M]. 北京：人民出版社, 2016：53 – 60.

志、扶智相结合，深入实施东西部扶贫协作，重点攻克深度贫困地区脱贫任务，确保到 2020 年我国现行标准下农村贫困人口实现脱贫，贫困县全部摘帽，解决区域性整体贫困，做到脱真贫、真脱贫。"[1]他在十九大会议中代表党庄严承诺，要让贫困人口和贫困地区同全国人民一道进入全面小康社会。

三、精准扶贫的基本内涵[2]

精准扶贫思想不仅仅是一个单纯的扶贫政策，也是关于精准扶贫工作的完整观念体系，它是由习近平总书记首创并构建的扶贫治理体系。其基本内涵是解决"扶持谁""怎么扶""谁来扶""如何退"以及建立什么样的保障机制的问题，主要包含精准识别、精准施策、精准落实、精准脱贫以及精准机制等五个方面。习近平总书记自始至终都将扶贫工作贯穿于全面建设小康社会之中，全国贫困人民都是他最关怀和挂念的对象，从他 1988 年担任中共宁德地委书记期间的重要讲话和文章中就能反映他对抗贫困的决心。中国的扶贫工作仍在路上，精准扶贫思想还将在我国贫困治理实践中不断得到丰富和发展。

（一）精准扶贫的内涵

1. 精准识别

精准识别是指通过申请评议、公示公告、抽检核查、信息录入等步骤，将贫困户和贫困村有效识别出来，并建档立卡。习近平总书记强调，扶贫要实事求是，因地制宜，切忌喊口号。只有通过有效、合规的程序，把哪里是贫困区域、谁是真正的贫困人口识别并分别归类出来，才能够实现"精准"二字。总的来说，精准识别就是要解决"扶持谁"的问题，要把贫困人口或贫困区域到底有多贫困、为什么贫困了解清楚，通过将真实的情况建档立卡，给贫困户真正需要的东西，才能更好地做到因户施策、因地制宜，进行有针对性的、动态的管理，做到扶真贫、真扶贫、真脱贫。精准识别是精准扶贫的基础，只有做到精准识别，才能准确落实精准扶贫政策，从而取得精准脱贫的最大成效。

2. 精准施策

精准施策主要是解决"怎么扶"的问题。要解决"怎么扶"的问题，就要按照贫困地区和贫困人口的具体情况，实施"五个一批工程"，其核心就是因地制

---

〔1〕　习近平：决胜全面建成小康社会 夺取新时代中国特色社会主义伟大胜利——在中国共产党第十九次全国代表大会上的报告［EB/OL］. http：//news. cnr. cn/native/gd/20171027/t20171027_524003098. shtml，2017 – 10 – 27.

〔2〕　胡建华，赖越. 习近平精准扶贫思想的发展渊源、基本内涵和重大意义研究［J］. 广东行政学院学报，2018（3）：49 – 55.

宜、因人因户因村施策，只有对症下药，才能更好地将扶贫工作发挥到实处，真正促进贫困地区以及贫困户个人的发展，做到真正的脱贫不返贫。每个贫困村都要有扶贫的第一书记，由第一书记全面了解各个贫困户的情况，再与帮扶干部一起分析，为每户贫困户制定相应的脱贫计划，保证精准扶贫政策的精准性。总的来说，精准施策是精准扶贫政策落实的最关键一步，为精准脱贫打下了坚实的基础。

3. 精准落实

精准落实是要解决"谁来扶"的问题，习近平总书记强调，要解决"谁来扶"的问题必须要完善精准扶贫的工作机制，做到分工明确、责任清晰、任务到人、考核到位。要做到精准落实，就离不开加强基层党组织以及帮扶队伍的建设，把脱贫工作紧紧抓在手中，为人民群众做实事，保证政策落实到位，才能按质按量地完成精准扶贫工作。总的来说，完成脱贫攻坚这一重大任务，解决了我国一大民生难题，将全面建成小康社会这一任务向前推进一大步，同时，在国际上也将为全球的减贫事业做出重大贡献。

4. 精准脱贫

精准扶贫的最终目的就是精准脱贫，解决了精准扶贫政策里面"如何退"的问题。习近平总书记指出，"要设定时间表，实现有序退出，既要防止拖延病，又要防止急躁症。要留出缓冲期，在一定时间内实行'摘帽'不摘政策。要实行严格评估，按照'摘帽'标准验收。要实行逐户销号，做到脱贫到人，脱没脱贫要同群众一起算账，要群众认账"。一方面，精准扶贫要防止拖延病，也要防止急躁症，实际上已经脱贫了的人不能占着贫困户的名义，这会导致真正贫困户的不满，降低群众对精准扶贫政策的满意度，而正在脱贫过程中的贫困户也不能急于求成，还没有稳定其发展就想着摘帽，没有做到脱真贫；另一方面，要按照标准摘帽，实行严格的评估，了解贫困户真正的脱贫情况，并且留出缓冲期，让贫困户认可自己的脱贫，做到真脱贫。

5. 精准机制

要全面贯彻落实精准扶贫政策，就必须完善精准扶贫工作机制。2014 年中共中央办公厅、国务院办公厅颁发的《建立精准扶贫工作机制实施方案》详尽阐述了要怎样建立精准扶贫的工作机制：一是要加强建档立卡与信息化建设，明确谁是贫困户，并录入系统，进行有针对性的帮扶，促进扶贫工作的展开；二是要建立干部驻村帮扶工作制度，做到每个村都有驻村帮扶工作队，明确各个干部的职责，加强管理，建立健全帮扶制度；三是要培育扶贫开发品牌项目，在总结经验的基础上，完善政策措施，因地制宜大力培育行得通、能管用的扶贫品牌；四是要提高扶贫工作的精准性和有效性，要坚持因地制宜、分类指导、突出重点、注重实效的原则；五是要提高社会力量参与扶贫的精准性、有效性，搭建社会扶贫信息服务平台，完善社会扶贫帮扶形式，展开各种扶贫帮扶活动，并制定有效措施；六是要建立精准扶贫考核机制，重点考核地方政府扶贫责任落实情况以及扶贫成效，逐步建立以考核结果为导向的激励和问责机制，考核和评估结果改进及完善精准扶贫工作机制，实现精准扶贫、阳光扶贫、廉洁扶贫。[1] 目前，精准扶贫工作机制最重点的地方在于建立精准扶贫工作考核机制，根据考核的结果可以直接反映出扶贫工作需要改进的地方，促进精准扶贫政策的贯彻落实，实现精准扶贫政策的最终目标。

第二节　精准扶贫的理论价值和实践意义[2]

习近平精准扶贫思想有着重大的理论价值和实践意义。一方面，它是我国现阶段实施脱贫攻坚战略，实现全面建成小康社会的行动指南；另一方面，它也是新时代中国特色社会主义理论的重要组成部分，是马克思主义中国化的具体成果，是对马克思列宁主义、毛泽东思想、邓小平理论、"三个代表"重要思想、科学发展观的继承和发展，对中国特色社会主义贫困治理理论的完善及创新有重大意义。

一、精准扶贫的理论价值

（一）是习近平新时代中国特色社会主义思想的重要组成部分

中国特色社会主义进入了一个新的时代，《中国共产党章程（修正案）》将习近平新时代中国特色社会主义思想写入党章，确立为我们党必须长期坚持的指导思想。习近平新时代中国特色社会主义思想是新时代下中国特色社会主义的伟大胜利，是马克思主义中国化最新的理论成果，是把我国建设成为富强民主文明和谐美丽的社会主义现代化强国、实现中华民族伟大复兴中国梦的指导思想，必将深刻影响党的建设进程、中国特色社会主义进程、中华民族和人类社会发展进程。精准扶贫思想作为习近平新时代中国特色社会主义思想的重要组成部分，继承和发展了中国特色社会主义贫困治理理论，对解决我国重大的社会贫困问题有着重要的指导作用，推进了我国减贫事业的发展，促进了共同

〔1〕 国务院扶贫开发领导小组办公室.建立精准扶贫工作机制实施方案[EB/OL].http://www.cpad.gov.cn/art/2014/5/26/art_50_23765.html,2014-05-26.
〔2〕 胡建华,赖越.习近平精准扶贫思想的发展渊源、基本内涵和重大意义研究[J].广东行政学院学报,2018(3):49-55.

富裕的实现。精准扶贫思想无论是在实践还是在理论方面都有重大的创新，必将对推进党的事业和我国贫困治理事业发挥更大的指导作用。

（二）是对社会主义本质要求的创新

邓小平同志在南方讲话中指出："社会主义的本质是解放生产力，发展生产力，消灭剥削，消除两极分化，最终达到共同富裕。"习近平新时代中国特色社会主义思想为新时代怎样发展社会主义、实现什么样的发展提供了理论指导，必将在中国特色社会主义建设的历史长河中发挥极大的作用。习近平总书记曾指出，扶贫工作要始终以消除贫困为首要任务，以改善民生为基本目标，以实现共同富裕为根本方向，充分体现社会主义制度的优越性和本质特征。这是精准扶贫思想的重要内容，也是习近平总书记在新时代背景下对社会主义本质要求的创新，它为最终实现共同富裕开辟了新路径，为摆脱贫困、实现共同富裕提供了系统化、制度化、理论化的指导，必将对整个社会的发展产生重大意义。

（三）是社会主义核心价值观的具体体现

党的十八大提出了社会主义核心价值观（即富强、民主、文明、和谐；自由、平等、公正、法治；爱国、敬业、诚信、友善），并且要求积极培育和践行社会主义核心价值观。在社会主义核心价值观十二个要素中，有很多是对精准扶贫工作的要求。"富强"是要实现国家的富强，首先要人民群众的富强，扶贫工作的开展就是为了减少贫困人口，提高人民群众的生活水平，促进共同富裕；"平等"则是要让全体中国人民共同享有人生出彩的机会，共同享有梦想成真的机会，共同享有同祖国和时代一起成长与进步的机会，习近平总书记指出这里的"全体中国人民"也包括了生活在贫困状态的人民，他们也应该平等地享有这些机会，并且在政治、经济、文化以及社会等方面也要平等参与、平等竞争、平等发展和平等享有。这两个要素体现了精准扶贫工作目标的其中两个方面，在"和谐""文明""公正"等方面也有其体现，因此，精准扶贫思想是社会主义核心价值观具体化的表现。

二、精准扶贫的实践意义

（一）有助于消除贫困并全面建成小康社会

经过多年的减贫工作，现在我国剩下的都是"硬骨头""大难题""深水区"。因此，加快贫困地区、贫困人口脱贫致富奔小康，不仅是政治问题、经济问题，而且是重大的社会问题、民生问题，事关战略全局。精准扶贫思想在扶贫工作实施瓶颈时提供了理论指导和实践机制，创新了扶贫的方式方法，对解决减贫难题有重大的实际意义。总的来说，精准扶贫是削减贫困，实现城乡一体化、共同富裕的内在要求，也是中国全面实现小康和现代化建设的一场攻坚战役。中国扶贫工作从战略防御转变为战略进攻，加速全面小康建设，推进精准扶贫，是扶贫进入到关键阶段所进行的深层次改革，是对传统扶贫的重大突破。

（二）为我国的减贫事业提供了行动指南

当今社会，有许多因病因残致贫返贫或因缺技术、劳力和资金致贫返贫的例子，所以必须要牢固树立"看真贫、扶真贫、真扶贫"的理念。我国制定了统一的扶贫对象识别办法，以县为单位、规模控制、分级负责、精准识别、动态管理的原则，在全国建立起了扶贫系统，仅一年的时间就完成了对全国所有贫困村、贫困户进行准确识别并逐一建档立卡，建立了全国扶贫信息网络系统。不仅如此，精准扶贫还使得扶贫措施与贫困识别结果相承接，更深一步分析了致贫原因，为每村每户制定了帮扶措施，集中力量予以扶持，确保在规定时间内完成相应的脱贫攻坚任务。精准扶贫还实现了帮扶措施实施的有效性评估和帮扶效果检查考评的明确化、具体化，真正做到了工作对象的"真扶贫"。同时，精准施策可以解决贫困人口住房、医疗、教育、交通等一系列民生难题，让贫困人口不愁吃、不愁穿，能够平等享受基本医疗、基本养老、教育、住房和康复等服务。可见，精准扶贫思想为我国早日摆脱贫困，为我国的减贫事业提供了行动指南。

三、国际意义

国际上，许多发展中国家的贫困问题较为复杂且艰巨，致贫原因也存在很大差异，运用单一力量或单一减贫措施面对复杂贫困问题时很难取得突破性成绩。习近平精准扶贫思想注重扶贫的综合性与精准度相结合，为综合性扶贫脱贫提供了新思路，创新了扶贫工作的具体实施机制，阐明了如何做到实施精准扶贫和实现精准脱贫。习近平精准扶贫思想不仅具有理论指导意义，更在实践上提出了可行的机制，为国际贫困治理提供了中国思路和中国方案，对国际减贫事业有着重大贡献。除此之外，构筑多元主体参与扶贫格局，能够弥补经济增长的带动作用对减贫效果弱化这一缺陷，也能够有效促进世界性减贫事业的创新与发展。因此，精准扶贫思想不仅对我国的减贫事业有巨大贡献，对国际减贫事业也具有积极意义。

第三节　精准扶贫的基本内容及演进逻辑

一、精准扶贫的基本内容

（一）精准识别

精准识别是精准扶贫工作的重中之重，识别的准确与否不仅事关接下来精准帮扶、精准管理、精准考核工作的效果好坏，而且事关扶贫工作能否践行"扶真贫，真扶贫"的目标和宗旨。在精准识别方面，国家制定的识别标准是2013年人均纯收入低于2736元的贫困家庭和人口。根据国家统计局利用农村住户抽样调查数据的估计，2013年底全国共有8249万收入低于2736元的贫困人口[1]。由于精准统计农户的收入是一个较为复杂的问题，通常由专业机构（如统计部门）通过抽样的方式进行，而基层政府基本没有能力对所有农户的收入进行可靠的统计。在没有准确家庭收入信息的情况下，对贫困家庭和人口的识别和建档立卡工作通常只能在名额的控制下依靠基层民主评议的方法来进行。而建档立卡的名额是在统计部门利用农村住户抽样调查数据估计出的各省和县的贫困发生率的基础上分配的，同时允许各地有10%左右的上浮幅度。名额控制的目的是防止各地为了获得更多的扶贫资源而过分夸大贫困人口数量[2]。得到贫困名额以后，县级扶贫和统计部门根据县内的贫困分布状况将名额进一步分解到乡和村（乡和村两级没有可靠的住户抽样数据来计算贫困发生率），精准识别到户的工作就落到了村一级。没有可靠的收入统计，尽管有明确的贫困线标准，村两委也没有办法按收入来识别贫困人口，只能借助民主评议的方法由各村民小组推荐贫困户再由村民代表大会讨论决定，为保障民主评议的公开性与公正性，村两委会对民主评议结果进行公示。

（二）精准帮扶

在精准扶贫理念下的精准帮扶，指的是要全面而深入地考虑导致贫困村以及贫困户产生的真正原因，在明确贫困村和贫困户致贫原因的基础上，根据不同的区域及人群的特殊状况，有针对性地制定出适用性强的、具体的帮扶项目，以帮助贫困群众解决现实的发展难题。另外，在实际的帮扶工作中，在政府可以最大限度动员的人力、物力和财力的范围内，集中所有的力量，帮助更

〔1〕　国家统计局.2013年国民经济和社会发展统计公报［EB/OL］. http：//www. stats. gov. cn/tjsj/zxfb/201402/t20140224_514970. html.

〔2〕　汪三贵，吴子豪.论中国的精准扶贫［J］.贵州社会科学，2015（5）：147－150.

多的贫困村和贫困户真正实现脱贫致富。精准帮扶要求重视贫困村和贫困户所面临的现实情况，在开展具体的帮扶工作时还要针对当地的特殊情况，因地制宜，做到不仅重视区域和整体的发展，更重视对个体的帮扶。具体可以通过以下几个方面来全面实施扶贫帮扶工作：一是实施产业项目带动精准扶贫。通过龙头企业带动当地农户发展地方特色产业，通过产业的发展促进贫困地区的经济增长，实现产业带动企业扶贫，帮助贫困农民脱贫致富。二是加大对教育的投入助力精准扶贫。人才是经济增长的主要动力，加大对贫困地区教育的投入，培养能人带动扶贫，同时也避免贫困的代际传递。三是继续重视农村基础设施建设以便精准扶贫工作的顺利推进。我国农村贫困人口大部分分布在自然条件差的落后地区，生产生活设施设备落后，为保证精准扶贫工作的推进，首先应当完善落后地区的基础设施[1]。

（三）精准管理

精准管理指的是对已经识别出的贫困村和贫困户进行动态管理，依托信息化和科技化的手段进行科学有效的管理，提升扶贫开发工作的有序和科学管理。与此同时，通过对贫困户的关键指标进行对比分析和统计，找出其中制约贫困户发展能力的关键因素，制定帮扶项目，动态监督管理的进程。具体来说可以通过以下几个方面实施：一是要建立统一的扶贫信息网络系统，把每位扶贫对象的具体信息都录入系统，主要录入农户基本信息、帮扶项目的跟进信息、扶贫资金使用的跟踪管理信息、扶贫干部的对接帮扶信息及扶贫考核的相关信息，并对信息进行动态的跟踪管理。二是要做好扶贫帮扶项目的管理。扶贫工作人员要及时对帮扶项目的推进信息进行更新，实时了解扶贫项目带来的收益情况，监督项目的实施过程。三是在精准管理过程中要抓好督查，强化考核，实行奖优罚劣。四是要健全社会保障机制。提高农村公共卫生服务水平，加大农村医疗服务体系的投入，完善农村养老保险及农业保险体系，完善五保户、低保人群的最低生活保障体系，尽量避免因病返贫、因病致贫等问题的出现[2]。

（四）精准考核

为防止以往粗放式扶贫过程中出现的互相扯皮、推诿等不良问题，精准扶贫强调对各个扶贫项目和项目负责人的考核，完善精准扶贫的考核机制，保障扶贫工作的有效性。第一，精准考核强调责任明确、奖惩分明。2016 年 2 月，

〔1〕 全承相，贺丽君，全水海.产业扶贫精准化政策论析[J].湖南财政经济学院学报，2015，31 (1)：118－123.

〔2〕 张爱琼.农村精准扶贫问题研究[D].昆明：云南财经大学，2016.

中央对省级党委和政府的扶贫开发工作成效提出了四项考核内容,列出了六个方面的考核问题,对完成年度计划减贫成效显著的省份给予一定奖励,对出现问题的党委和政府主要负责人采取约谈整改措施,造成不良影响的将被追责,考核结果作为对省级党委、政府主要负责人和领导班子综合考核评价的重要依据[1]。第二,精准考核强调精细化、反馈化。扶贫工作主要经验和教训的总结对下轮扶贫工作具有反馈作用,可进一步优化精准扶贫工作。精准评估依赖于贫困人口信息系统的建立,要建立量化指标,克服以往扶贫工作考核形式化问题[2]。精准评估扶贫效果不仅要关注脱贫人数和贫困发生率等指标,而且应该考虑精准扶贫过程中产生的组织、技术、人才、管理和政治成本,综合评估扶贫效益[3]。精准考核强调系统化、整体性。精准扶贫是一个有机系统,精准考核也要渗透到每一个阶段、每一个环节,体现在全过程监管中。做好精准考核,不可忽略其中任何一项要素,否则难以保障精准实效,也不可能实现精准扶贫[4]。

二、精准扶贫的演进逻辑

(一)目标:由增加收入转向全面建成小康社会

党的十八届五中全会通过的《中共中央关于制定国民经济和社会发展第十三个五年规划的建议》中,把农村贫困人口脱贫确定为全面建成小康社会的"突出短板""最艰巨的任务",体现了中央对贫困问题的深刻认识和精准把握。由此可见,精准扶贫、精准脱贫事关我国2020年全面建成小康社会的奋斗目标的实现。精准扶贫工作针对不同的贫困户的现实状况,做到靶向瞄准、因户施策,一方面通过产业扶持、易地搬迁、转移就业、教育帮扶等一系列帮扶措施帮助贫困户制定适宜的脱贫项目,配套施策,组合发力,不仅能够帮助贫困户解决当下的贫困难题,增加收入、脱贫致富,而且有助于贫困地区经济的可持续发展,增强自身的"造血"能力。另一方面,通过医疗救助、兜底扶持等社会保障措施帮助贫困地区鳏、寡、孤、独的贫困人口解决生存问题。当下,精准扶贫工作不仅要做到增加居民收入,还要注重贫困地区生存环境、生态建设、

〔1〕 新华社.扶贫成效纳入升级党委政府考核 弄虚作假将追责[EB/OL].http://www.china.com.cn/shehui/2016-02/17/content_37807669.htm,2016-02-17.
〔2〕 葛志军,邢成举.精准扶贫:内涵、实践困境及其原因阐释——基于宁夏银川两个村庄的调查[J].贵州社会科学,2015(5):157-163.
〔3〕 唐丽霞,罗江月,李小云.精准扶贫机制实施的政策和实践困境[J].贵州社会科学,2015(5):151-156.
〔4〕 陆汉文,黄承伟.中国精准扶贫发展报告(2016)[M].北京:社会科学出版社,2016:21.

经济发展能力等制约全面建成小康社会实现的因素。

（二）理念：由"漫灌式"转向"滴入式"

与以往粗放式"大水漫灌"的扶贫方式相比，精准扶贫更强调"滴入式"扶贫模式。而扶贫理念的转变使得精准扶贫能够从根本上对以往的治理难点、治理困境进行富有生命力的阐释与解决，而实现发展理念从"漫灌式"到"滴入式"转变也同时体现了我国当下扶贫开发的迫切需求。精准扶贫在新的扶贫攻坚背景下提出的"滴入式"治理模式则是对于以往"漫灌式"治理模式所引发的问题的回应。[1]

（三）主体：由"单一"转向"多元"

以往的扶贫工作，扶贫主体是各级政府的帮扶干部。帮扶干部对贫困群众进行直接帮扶，缺乏非政府组织进行参与，导致扶贫工作过多地注重金钱、物质和项目的输送，忽视了贫困主体——贫困户和贫困村的现实脱贫需求以及其自身脱贫能力和创造财富能力的培养，从而降低了扶贫的效益。精准扶贫强调"内源扶贫"，即贫困群众自身的脱贫能力，鼓励社会其他主体参与农村精准扶贫工作，利用社会力量，结合贫困地区的资源优势，发展产业扶贫、教育扶贫、金融扶贫和健康扶贫等项目，调动社会市场主体，形成"企业＋合作社＋大户""大户＋合作社＋贫困户""政府＋企业＋贫困村"等多元共治的新格局，放宽市场准入门槛，引导民营、私营企业等市场主体参与贫困地区基础设施和公共服务领域的投资和建设，改善贫困地区的生存环境和质量，增强精准扶贫的外部性，形成内外双动发力的协同治理贫困机制。此外从"单一"政府主导到"多元"协同治理，可以缓解政府财政压力，充分发挥社会资本的作用，为社会资本投融资提供广阔且具有无限发展潜力的市场空间。

（四）重点：由资金覆盖转向科学治理

以往的扶贫过分注重"大水漫灌"和"输血式"救济，这一方面没有达到精细化扶贫的目标和要求，乱撒渔网导致扶贫资金的浪费，扶贫的效率较低。在扶贫资金的使用、管理、监督等方面出现明显不足，甚至出现腐败的现象；另一方面，在对贫困户的贫困进行考察时，浮于形式，流于程序，突出强调物质扶贫，忽视精神扶贫，造成扶贫再生能力低，效益较差。为了解决这一问题，精准扶贫从精准识别时就十分重视扶贫的科学性，从贫困人口的识别、贫困家庭收入状况、脱贫的客观能力、项目制定等进行整体、综合考量，确保扶贫项目的科学性。对贫困村的贫困状况，从长期可持续发展、生态环境保护、带动

---

〔1〕 祝慧，莫光辉. 农村精准扶贫的实践困境和路径创新探索[J]. 农业经济, 2017(1): 9-11.

就业等方面进行规划，同时对扶贫项目的进展情况和对接帮扶企业和部门进行考核，引进第三方评估，确保帮扶项目的科学性和准确性，杜绝政府部门既是掌舵者，又是划桨者的尴尬局面。

精准扶贫思想是我国扶贫开发工作实践多年的最新成果，它创新了扶贫开发的工作机制，为新时代背景下的贫困治理提供了明确的指导方略。贯彻落实精准扶贫思想，首先，要改进和创新扶贫工作的具体方法。让帮扶干部明确自己的职责，该帮谁、怎么帮，要自上而下从"贫困区域—贫困村—贫困户"逐步细化扶贫对象，划分层次、各负其责，相关部门要瞄准扶贫对象，集中力量做到因村因户施策。其次，要建立切实可行的监督机制和考核机制，加强扶贫的准确度。可以引入第三方评估，建立科学的考评体系以及反馈制度，帮助贯彻和落实精准扶贫政策。最后，要最大力度地防止返贫情况的发生。要善于发掘出适合当地的主导性产业，增加农户的产业收入，解决长远发展问题，提高贫困户自身的工作技能，转变贫困户的思想，将扶贫同扶志、扶智相结合，让贫困户在精神和物质上一起脱贫。精准扶贫政策的有效实施是消除贫困、改善民生、实现共同富裕的关键，因此，创新精准扶贫工作机制的重要性越发凸显，要实现全面建成小康社会这一目标，就离不开精准扶贫思想的实践指南和理论指导作用。

第三章

产业精准扶贫

　　产业精准扶贫是精准扶贫的重要组成部分，是从精准扶贫走向乡村振兴的重头戏。产业精准扶贫的可持续发展是确保脱贫攻坚战胜利的关键环节，产业兴则乡村兴，产业旺则乡村旺，产业精准扶贫是实现全面小康社会宏伟目标的重要基石。产业精准扶贫是一种内生式扶贫，精准扶贫就是要将原来的粗放扶贫的"输血式扶贫"转化为现在的"造血式扶贫"，产业精准扶贫就是"造血式扶贫"的关键一招。各级政府只有依托当地资源特色和优势，发展本地特色产业，打造优势品牌，增加产品附加值，延长产业链，扩大产业规模，才能促进当地经济的发展，才能更多地吸纳贫困人口就业，从而带动贫困地区经济发展和贫困人口脱贫致富。

第一节　产业精准扶贫概述

　　十八大以来，以习近平同志为核心的党中央将扶贫工作放到了前所未有的战略高度，做出了全面打赢攻坚战的战略部署，提出确保 2020 年前实现 7000 多万贫困人口全面脱贫的宏伟目标。2019 年作为实现全面脱贫的关键年，必须更加关注精准脱贫实践，并且从中总结经验。产业发展是引领和推动经济增长的重要驱动力[1]，产业的发展也更能使脱贫地区达到长效脱贫的效果。产业扶贫的具体目标是大力扶持地方特色产业，提升贫困地区群众的自身发展能力，促进贫困区域人口脱贫致富，其具备的"开放式＋造血式"的帮扶模式对于

---

　　〔1〕　胡伟斌，黄祖辉，朋文欢.产业精准扶贫的作用机理、现实困境及破解路径［J］.江淮论坛，2018（5）.

改进欠发达区域的"久扶不脱贫"困境有着非常显著的效果[1]。随着我国的扶贫到了新时代精准扶贫阶段,产业扶贫就统一概述成产业精准扶贫,强调"精准"发展产业。近年来,在党中央的强烈号召和要求下,国内很多贫困地区、贫困县、贫困村和贫困人口真正享受到了"授之以渔"的产业扶贫政策实惠,产业精准扶贫是当前让更多贫困地区民众摆脱穷苦生活,逐步走向富裕的重要抓手。

一、产业精准扶贫的内涵及其意义

(一)从开发式扶贫到产业精准扶贫

从 20 世纪 80 年代至今,我国农村的扶贫工作经历了不同的阶段,每个阶段都有不同的特征,但总体上来看,主要是从"开发式扶贫"到"保护式扶贫"再到现阶段新时代"精准扶贫",精准扶贫已上升到国家战略层面。

学术界对产业扶贫研究的兴趣骤增来自 2008 年 11 月国务院扶贫开发领导小组会议上所提出的"扶贫开发"的概念,虽然扶贫开发一直是我国扶贫的主要措施和目的,但学术界对产业扶贫的研究还不够深入。自 2008 年以来,对扶贫开发研究的深入使得许多学者慢慢过渡到了我国的产业扶贫研究,从理论研究视角来看,国内学界和社会界对产业扶贫问题逐步重视,学者们从产业扶贫的运行机理、个案分析、模式总结等方面进行了大量理论研究,并且近年的党政报刊也广泛报道了各地产业扶贫的具体实践举措等,这使得产业扶贫问题逐渐成为精准扶贫研究领域的重要理论和热点议题。

开发式扶贫是指国家扶贫部门或其他扶贫主体通过提供给扶贫客体即贫困地区或人口所缺少的技术、资金、人力、政策等要素,使其通过自身的经济发展来改善生产和生活,从而从根本上摆脱贫困的一种扶贫方式,这种方式也被称为"造血式扶贫"。而产业扶贫是以市场为导向、经济效益为中心、产业集聚为依托、资源开发为基础,对贫困地区的经济实行区域化布局、工业化生产、一体化经营、专门化服务,形成一种利益共同体的经营机制,把贫困地区产业的产前、产中、产后各个环节统一为产业链体系,通过产业链建设来推动区域扶贫的方式。[2] 尽管现有研究对产业扶贫的定义视角不同,但是从相关界定中可以明确看出,产业扶贫的主体是政府、市场和社会力量;客体是贫困区域的人口,既包括农村贫困人口也包括城市贫困人口;扶贫手段是依靠技术、资

〔1〕 梁晨.产业扶贫项目的运作机制与地方政府的角色[J].北京工业大学学报(社会科版),2015,15(5):7-15.

〔2〕 徐翔,刘尔思.产业扶贫融资模式创新研究[J].经济纵横,2011(7):85-88.

金、文化等各种资源；目标是实现区域的协调发展，提升贫困群体的生产和生活能力等。因此，从这个角度来看，目前国内学者对产业扶贫内涵要素的认识是比较一致的。产业扶贫试图以发展扶贫对象的能力来改善其生产能力和生活水平，与阿玛蒂亚·森的发展理念不谋而合。阿玛蒂亚·森在其著述中指出："贫困是一个拓展，是指实质自由和赋予贫困人群权力的问题。"他认为，所谓发展，"可以看作是扩展人们享有真实自由的一个过程"，这里的真实自由不仅指自由的权利，还有自由的能力。[1] 因此，可以说赋予贫困者所需的能力是开发式扶贫的意义所在。

产业精准扶贫是指以市场为导向，以经济效益为中心，以产业发展为杠杆的扶贫开发过程，是促进贫困地区发展、增加贫困农户收入的有效途径，是扶贫开发的战略重点和主要任务。产业扶贫是一种内生发展机制，目的在于促进贫困个体（家庭）与贫困区域协同发展，根植发展基因，激活发展动力，阻断贫困发生的动因。[2]

产业精准扶贫的发展内容为：在县域范围，培育主导产业，发展县域经济，增加资本积累能力；在村镇范围，增加公共投资，改善基础设施，培育产业环境；在贫困户层面，提供就业岗位，提升人力资本，积极参与产业价值链的各个环节。所以，从这一角度看，产业扶贫可看成是对落后区域发展的一种政策倾斜。

（二）产业精准扶贫的特点

1. 经济效益与社会效益相统一

产业是产业精准扶贫的关键因素，产业的发展壮大必然会带动当地的经济发展。但是，产业精准扶贫的目标不仅在于促进当地经济发展，还在于贫困户脱贫致富和贫困地区脱贫摘帽。产业发展是手段，脱贫致富是目的，应该让贫困户共享产业发展成果。贫困地区政府不仅注重当地经济的发展，还密切关注"脱贫攻坚"战的进展。龙头企业作为推动产业发展的重要引擎，它与一般企业不同，它身上还肩负着帮助贫困户脱贫致富的重任，为了防止企业因追求自身利益最大化而损害贫困户合法利益的现象出现，许多地区都建立了利益联结机制，将企业和贫困户、大户、合作社等的利益捆绑，呈现"一荣俱荣，一损俱损"的情况，此外，由于对违约的企业惩处力度大，企业不敢轻易侵害其他主体利益，这就有效地保障了贫困户的合法利益，实现了经济效益与社会效益相

〔1〕 阿玛蒂亚·森.以自由看待发展[M].任赜，于真，译.北京：中国人民大学出版社，2002.
〔2〕 张琦，冯丹萌，史志乐.十三五期间开展精准扶贫工作的思考[J].中国国情国力，2015（9）：18-20.

统一。

2. 协作与共赢

产业精准扶贫仅靠政府一元主体来推进是行不通的，必须要多方合力、共同推进，除了政府这个主体以外，企业、农村合作社以及农户自身等其他多元主体应积极发挥作用，构建一个各主体间相互协作的良好平台。通过这个平台，政府为龙头企业提供各种优惠政策，使得龙头企业的生产成本下降，规模扩大，增加了企业的收入；龙头企业对贫困户的技能培训，使得贫困户提升了就业能力；基层政府跟贫困户解读有关产业扶贫的最新政策以及贫困户享有的权利和义务，让贫困户加深了对产业精准扶贫的认识并懂得了一些维权的方式；企业加强与合作社的协作，为合作社提供资金、技术、管理等各方面的支持，壮大了合作社，使得合作社管理更加科学……在这个过程中，多元主体之间加强了交流和互动，增强了互信，加深了对彼此间的认识，学到了参与产业精准扶贫的相关知识和实践经验，有效地提升了多元主体参与产业精准扶贫的能力，呈现了"协作共赢"的局面。

3. 因地制宜，因户施策

因为各个贫困地区的现状有所不同，所以各地在推动产业精准扶贫项目时，会遵循"宜农则农、宜林则林、宜牧则牧、宜渔则渔、宜工则工"的原则，充分利用当地优势资源来发展产业。贫困户方面则遵循了因户施策的原则，综合考虑贫困户的家庭经济状况、人口数量、劳动力状况、健康状况等各方面因素来引导贫困户就业。例如，对于养殖技能突出的贫困户，引导其发展养殖业并为其提供资金支持；对于具有一定的电脑操作技能和电商知识的贫困户，则鼓励并大力支持其参加电商培训，走电商致富的道路；对于具有一定现代化工业技能的贫困户，则引导其到工业园区就业。

（三）实施产业精准扶贫的必要性和意义

1. 是利用资源禀赋优势发展经济的重要手段

"产业扶贫应立足于贫困地区特有的资源禀赋，从而带动农户脱贫致富。"[1]有些贫困地区山清水秀，景色独特，可以发展带有地域特色风景的旅游业，将"绿水青山"变成"金山银山"；有些地区具有深厚的历史文化底蕴，可以因地制宜地发展文化旅游产业。以湖北恩施州为例，恩施州是国家扶贫开发重点地区之一，恩施州有以土家族、苗族、侗族、白族、回族和维吾尔族为主体的多元的"民族文化"，有以民间信仰和儒释道融为一体的"宗教文化"，有以贺

---

〔1〕 李志萌，张宜红.革命老区产业扶贫模式、存在问题及破解路径——以赣南老区为例[J].江西社会科学，2016，36(7)：61 –67.

龙、周逸群、段德昌、任弼时、关向应等为代表的"红色文化"。恩施州充分利用本地的历史文化资源，努力发展文化旅游产业，有力地带动了当地经济发展，贫困户增收致富。[1] 有些地区具有丰富的矿产资源、水产资源、森林资源等，具有发展矿产加工业、水产养殖业、家具制造业等产业的优势。通过产业精准扶贫，贫困地区可以有效地利用资源来发展经济。

2.是促进贫困地区劳动力就业和增收致富的有效方式

一般来说，贫困地区基础设施不健全、人民理论水平不高、工业基础薄弱，不太适宜发展高新技术产业和重工业。"由于劳动密集型产业符合贫困地区的传统经济生活习惯，对劳动者智力素质要求不高，且劳动力资源需求量较大，存在较大的发展空间。"[2] 许多贫困地区通过产业精准扶贫项目大力引进劳动力密集型产业，给当地的贫困户提供了充足的就业岗位。贫困户地区通过产业精准扶贫项目成立了许多农村合作社，大多农村合作社都和龙头企业建立了合作互助关系，通过"公司＋农户"或者"专业合作组织＋农户"等生产经营模式，让贫困户就近就业。在产业精准扶贫的带动下和政府优惠政策的支持下，许多外出打工的贫困户都返乡就业和创业，最终增收致富。

3.有利于推进城镇化进程和统筹城乡发展

成功的产业精准扶贫项目能有效发挥"以点带面"的作用，即通过企业（点）来带动贫困地区（面）的发展。产业的发展不仅能够带动工业的发展，也有利于推进城镇化进程和统筹城乡发展。在优惠政策的吸引下，一些大型企业入驻贫困地区，它们可以在县城工业园设立基地，也可以在经济实力较强的乡镇设立工厂，还可以在贫困村设立农产品基地，随着大型企业的不断发展、规模的不断壮大以及产业链的不断延伸，对贫困县、贫困乡镇、贫困村的基础设施建设形成倒逼机制，促进贫困区域的产业配套及各方面设施的完善。而地方政府推进基础设施建设和基层公共服务配套设施的完善，对于实现城乡基本公共服务均等化，促进城乡一体化发展具有重要意义。贫困地区的农村为城市提供了大量的劳动力，城市为农民提供了大量的就业岗位。农业是工业的基础，工业能够反哺农业。在产业精准扶贫项目的带动下，城乡优势互补、统筹发展。

〔1〕　池永文.恩施州文化产业扶贫开发对策研究［J］.湖北民族学院学报：哲学社会科学版，2015，33（6）：39－43.

〔2〕　马楠.民族地区特色产业精准扶贫研究——以中药材开发产业为例［J］.中南民族大学学报：人文社会科学版，2016，36（1）：128－132.

第二节　产业精准扶贫的主要模式及实践探索

精准扶贫非常重视产业的发展，产业发展是经济发展的支柱，经济发展了，当地的贫困问题就能从根本上改善。在精准扶贫实践中，各地都大力推动产业精准扶贫，并由此形成了若干产业精准扶贫的模式，这些模式都是具有中国特色的产业精准扶贫模式。

一、产业精准扶贫的主要模式

（一）"企业 + 农户"模式

"在考察当地企业的基础上，选择合适企业作为扶贫企业，在资金、优惠政策等方面进行扶持，提高其带动当地产业发展进而帮助贫困农户脱贫的能力；扶贫企业利用其资金、技术、市场等优势带动贫困农户利用土地、劳动力等资源发展产业。"[1]农户和企业通过合同确立权利和义务关系，企业负责产品的研发、设计和销售，农户则为企业提供土地、劳动力以及生产原料。农户一方面可以从土地租金中受益，另一方面可以通过在工厂务工获利。此外，即使贫困户还是分散养殖户也都可以从养殖业中获取收益。以江西省于都县仙下乡为例，山下黑猪繁育养殖项目隶属于赣州朱师傅控股有限公司养猪事业部江西山下投资有限公司，位于赣州市于都县仙下乡邹坑村东陂组，是一家以黑猪繁育为主的养殖全产业链公司。采取"公司 + 农户"的模式，即公司生产出来的仔猪分散到农户家代养，公司提供仔猪、饲料、技术、销售，农户负责建好栏舍，与公司签订代养协议，成品肉猪由公司负责收购，公司给代养户 300 元毛利保底。按每户代养 500～1000 头规模，可带动 50～100 户规模养殖户，实现养殖利润 1500 万元以上。公司代养模式向贫困户和返乡农民工创业倾斜，可直接创造就业岗位 150～300 个。

（二）"合作社 + 农户"模式

农村专业合作社是农民"产供销"的一个重要平台，在获得政府资金、政策等多方面的支持下，农村专业合作社可以充分发挥连接市场与农户的纽带作用，能够有效地获取市场信息，减少信息不对称所带来的损失；能够加强对农户的技术指导，提高作物的产量和质量；能够极大地降低生产资料的购置成

---

〔1〕　李荣梅.精准扶贫背景下产业扶贫的实践模式及经验探索[J].青岛农业大学学报（社会科学版），2016，28（4）：1－4.

本,节约资金;能够有效地防范和抵御风险,即便是出现了风险,也是合作社共担。这种模式成立的前提是合作社与农户签订合同确定权利和义务关系,合作社为农户提供了一个更高的平台,通过"抱团"发展,有力地推动集约规模化经营,促进农业管理的科学化、现代化和可持续化,减少农户的顾虑。农户提供土地获取租赁收入,同时入股合作社参与分红。笔者考察了江西于都县仙下乡万亩高产油茶暨产业扶贫示范基地,该基地按照"五统一分"的开发原则,采取"合作社 + 贫困户"经营发展模式,以基地建设带动精准扶贫,在充分尊重贫困户意愿的基础上,把土地统一流转给大户,采取"由本地大户引领示范,群众以地用劳参与"的模式参与经营管理。贫困户以土地或资金入股、投工投劳、农户认领等方式参与基地经营管理。合作社对贫困户入股的资金只能用于基地建设、生产与经营;专业合作社实行独立核算,自负盈亏;以公历年度计算,每年分红一次;若发生经营性亏损,合作社按信用社同期贷款利息以上标准支付贫困户入股资金补偿。合作社确保入股贫困户优先参加技能培训、到基地务工和承包基地的分段劳务工程,带动当地群众积极投身产业发展。于都石陂村示范基地的建成,有效带动了贫困户稳定增收,是村民长期致富的一个重要出路。

(三)"企业 + 合作社 + 农户"模式

"企业 + 合作社 + 农户"模式是"企业 + 农户"模式和"合作社 + 农户"模式的优化升级模式,它为加强企业、合作社和农户的协作提供了良好平台,促进农村形成"共赢"的新局面。为保障各方的利益,企业、合作社和贫困户三者之间签订合同。企业为合作社的发展提供资金、技术和人才支持,优化合作社的管理模式,并为合作社和贫困户及时提供市场信息,紧跟市场状况来对生产做出调整,最大限度地减少各方的损失。通过加强与合作社的合作,能够有效地保障企业生产和发展所需的劳动力和生产原料的提供,利于企业的发展壮大,也促进了贫困户增收致富。而合作社的存在使得贫困户拥有了一个维护自身合法利益的更高平台,也规范了农户的生产,提高了生产效率,利于合作社的发展。以油茶产业为例,贫困户通过合作社就流转的方式、管理的方式、种植规模、作息时间以及利益分配等与企业进行协商,协商一致后,双方通过签订合同来保障各自的利益。在此过程中,政府通过与银行合作,让银行提供贴息或低息的"光伏贷"和"脐橙贷",解决企业和贫困户融资和资金周转的问题,给企业和贫困户吃了"定心丸"。此外,企业邀请专家开展培训班来提升贫困户有关栽培的理论知识并对贫困户的栽植进行实地指导,做到理论与实践相结合。企业还会出钱平整土地、购买苗种,出力流转土地、规划土地。贫困户则一方面提供土地,充当劳动力,对自己的"私田"进行管理,另一方面通过入股企业,可以得到分红。贫困户还可以将其作为自己的"副业"，腾出时间干其他活，只要各自管理好自己的"私田"即可。

(四)"党建 + 企业 + 合作社 + 农户"模式

"党建 + 企业 + 合作社 + 农户"模式在"企业 + 合作社 + 农户"的基础上凸显了党建的作用。基层党员、企业、合作社以及贫困户之间加强协商和合作，建立了协商合作机制和利益争端解决机制，阐明了产业精准扶贫项目给多元主体带来的好处，对于"产供销"、财政补贴、利益分配、合作模式、监测评估方式、利益协调、党建所起的作用等一系列问题进行协商，激发了多元主体参与产业精准扶贫的积极性。基层党员发挥先锋模范作用，耐心诚恳与贫困户交流互动，为贫困户提供咨询服务，解答贫困户内心的疑惑，真正做到全心全意为人民服务，让贫困户放心、舒心、暖心，让贫困户积极地参与产业精准扶贫项目。

二、于都县银坑镇产业精准扶贫实践

(一)产业精准扶贫项目——银坑镇营下大坪千亩商品蔬菜基地

银坑镇营下大坪千亩商品蔬菜基地位于银坑镇营下村，背靠天华山，紧挨营下大坪移民扶贫示范区，319 国道穿境而过，距离圩镇 3 公里，交通便利、环境优美、土质优良无污染。

该基地以蔬菜种植为重点，以绿色生态为特色，以休闲旅游、农家乐农庄为亮点，采取"公司(合作社) + 移民户(贫困户)"模式，通过"五统一分"产业帮扶方式，即：由永城合作社和银坑镇农业产业综合开发专业合作社牵头，统一流转、统一规划、统一整地、统一购苗、统一栽植、按每户移民户(贫困户)租种 2～5 亩的规模分户管理和受益，着力把基地打造成集种植、养殖、餐饮、娱乐、旅游为一体的大型绿色生态项目。该基地总规划面积 1000 亩，现已投产400 亩，其中银坑永城合作社投产 100 亩，银坑镇农业产业综合开发专业合作社投产 300 亩。

永城合作社位于基地西南，计划分三个阶段投入 300 万元资金进行商品蔬菜及花卉苗木种植、养殖、农家乐、天华山休闲观光旅游等项目开发，总规划面积为 200 亩，现正在开发第一期商品蔬菜和花卉苗木项目共计 100 亩。银坑镇农业产业综合开发专业合作社位于基地东北，以种植绿色食品蔬菜为主，总规划面积为 800 亩，现正在开发第一期蔬菜种植项目 300 亩。

(二)扶贫成效

该基地以蔬菜种植为主，采取"合作社 + 基地 + 贫困户(移民户)"模式，通过"五统一分"产业帮扶方式，即：由永诚农业专业合作社牵头，统一流转、统一规划、统一整地、统一购苗、统一栽植、每户贫困户（移民户）租种 1～1.5 亩分户经营和管理，既不让贫困户（移民户）离家太远种植蔬菜，又可以发展蔬菜产业。该基地规划面积 1000 亩第一期已种植 600 亩，目前已带动 115 户贫困户（移民户）发展蔬菜产业，贫困户年均增收可达到 1.6 万元。

"合作社＋贫困户（移民户）"五统一分产业精准帮扶模式解决了三大难题：

一是政策扶持，解决资金难题。该基地由合作社统一翻耕土地、统一提供种苗，翻耕费用和种苗费用可由蔬菜成品抵充，大大降低蔬菜种植成本。同时，缺少管理资金的农户，可享受 5 万元以下的贴息贷款，全面消除移民户（贫困户）的资金难题。

二是全程指导，解决技术难题。为提升蔬菜品质，合作社在种植、施肥、杀虫、收割等环节全程技术指导。同时，定期开展技术培训，每季蔬菜种植时，由合作社聘请县农业局农艺师举办技术培训班，并到现场观摩指导，手把手提高移民户（贫困户）种植技术。今年已举办辣椒茄子种植培训班两期，培训移民户（贫困户）200 人次。

三是统一销售，解决销路难题。移民户（贫困户）与永诚农业专业合作社签订了种植协议，由合作社确定种植品类、种植规模，避免生产盲目性。蔬菜成熟后，由合作社按合同价统一回购，让移民户（贫困户）旱涝保收，切实解决销售难题。

第三节 产业精准扶贫存在的问题

产业精准扶贫有时也是一把"双刃剑"，产业项目做得好可以从根本上解决绝大部分贫困问题，产业项目不成功也会带来负面影响。在我国精准扶贫实践中，产业精准扶贫确实出现了一些问题。

一、农村劳动力外流阻碍了扶贫产业的后续发展

产业发展不仅需要技术、人才、原料支撑，也需要大量的劳动力，尤其是身体强壮、综合素质较高的劳动力。但当前我国农村地区尤其是贫困地区就业机会和岗位并不多，工资偏低，青壮劳动力一般情况下都会选择外出务工，留守在家中的多半是老人、小孩等劳动力缺乏的群体，这导致了农村"空心化"的现象的产生。因此，农村劳动力缺乏导致入驻企业甚至需要从外地雇员，增加了企业的生产成本，使得产业难以持续发展。因此，一些贫困地区只能发展小型产业，产业的规模效应难以形成，农村劳动力的短缺制约了扶贫产业的发展。

二、农村产业合作社发育不成熟

农村合作社作为产业精准扶贫参与主体之一，是贫困户进行利益诉求的一个很好的载体。它使贫困户按照一定的规章制度，为了实现共同的目标而联结起来，增加了贫困户和政府、龙头企业博弈的资本。但是农村合作社仍然存在以下三点问题：第一，缺乏专业管理人才。在贫困地区，大多数农村合作社成员是贫困户，而许多贫困户的理论知识素养不高，管理能力弱，解决不了实际问题，使得农村合作社内部及农业基地管理方面都存在着较大的人才缺口。第二，缺乏资金支持。我国的农村尤其在合作社成立初期，政府给予的补贴并不足以维持合作社的正常运转，农村合作社更多将筹资方向转向了外围，但是由于"农业银行、农村信用社、邮政储蓄银行等，包括新兴的村镇银行，在贷款上均有着严格的抵押担保要求，对农村经济组织的信用等级考核系统几近于无，并且就农村经济组织目前的发展情况来说，财务记录不完整，抵押、担保能力不足，使得真正给农村合作社贷款的金融机构寥寥无几"[1]。资金的缺乏成为农村合作社发展的瓶颈，这致使有些农村合作社因为资金无法周转而垮台。第三，制度不规范、约束力弱。一般情况下，农村合作社是自发组成的、贫困户可以按照自己的意愿加入的协作组织。虽然这些合作社会制定一些规章制度，但约束力较弱，导致组织构成人员数量不稳定，尤其是在组织资金周转不过来，面临困境的时候，贫困户往往选择退出。一方面，"由于制度不规范，导致理事会、代表大会、监事会等机构不健全，分工不明确、不合理，许多人在执行中大都不照章办事，而是'权威'说了算"[2]。另一方面，在制度层面涉及发展规划的内容也不合理，组织过于注重近期的发展利益，而缺乏长远的发展规划，致使组织缺乏持久力。

三、资金缺口大，投融资及资金保险机制不健全

产业精准扶贫项目资金问题主要表现在三个方面：一是资金来源渠道单一与资金需求量大的矛盾。目前，产业精准扶贫项目的资金主要来自政府部门，除了中央的专项资金外，许多资金要政府自筹，但当地政府并不宽裕，有的地方本身就是贫困县，财政本就紧张，不能提供大量资金来全面推动产业精准扶贫项目，一般选择典型项目扶持，而其他各产业精准扶贫项目又需要大量资金

〔1〕 吴金忠，林令波，刘艳青.农村经济组织的金融配套次序[J].金融发展研究，2015(1)：31-36.
〔2〕 杨皓翔.关于推进中国农村合作经济组织发展的思考[J].河北学刊，2013，33(6)：253-255.

支持，这就造成了矛盾。二是资金需求呈现多层次化。产业扶贫不仅要完善基础设施，要给相关企业和合作社补贴，还要注重村级项目和贫困户的补助，各个口的开支都是很大的。三是精准扶贫资金需求周期延长。"随着农业产业结构的调整，农业产业化的发展使得经济作物产业链延伸到产、供、销各个环节，资金需求的周期也相应延长，原来单一的扶持农业生产环节的资金投入难以满足农产品的正常流通和增值。"[1]

投融资及资金保险机制不健全表现在以下三方面：第一，资金未能有效整合。产业扶贫资金有中央专项资金、省财政资金以及各部委的补贴资金等，这些资金由于来源不一，整合部门也就不同，其审核、下发、查实的步骤较多，不利于资金的快速运转。第二，多元主体参与产业扶贫投融资渠道不健全。企业、社会组织考虑到投融资的风险，而不会轻易涉足产业扶贫领域。第三，资金保险保障机制不健全。大多数产业扶贫项目资金为涉农资金，而农业因为易受天气、自然灾害等因素的影响，所以农产品价格波动大，效益易受影响。

四、重前期投入，轻后期扶持

产业精准扶贫要注重可持续性，产业发展的整个过程都要进行投入。但从目前来看，一些地区重前期投入，轻产业后期扶持；重项目引进，轻项目后期管理。这使得产业后期发展缺乏支撑，用以扶贫的产业往往难以发展壮大，最终导致产业精准扶贫半途而废。产业发展从成立初期到规模扩大、产业链延伸、产品附加值提高，再到产业生产效率的提高，是一个循序渐进的过程，不可能一蹴而就，前期需要资金、技术等投入，后期随着产业的聚集和扩张，产业更加需要政府加大扶持力度。正如某县扶贫办主任所言，"产业扶贫的项目都以前期投入为主，而没有建立起后期的产业维护等方面的机制，很多产业都想立马见到成效，往往得不偿失"[2]。

五、特殊村庄捕获项目与弱势企业申请项目

"在扶贫项目到村这一过程中，作为竞争性项目，在自下而上进行项目申请的时候并非按照同一标准进行公平竞争。"[3]竞争项目作为一种政治和经济

〔1〕 孙光慧.民族地区金融服务与特色产业精准扶贫耦合模式探索[J].西北民族大学学报（哲学社会科学版），2016（3）：154 - 159.

〔2〕 李博，左停.精准扶贫视角下农村产业化扶贫政策执行逻辑的探讨——以 Y 村大棚蔬菜产业扶贫为例[J].西南大学学报（社会科学版），2016，42（4）：66 - 73.

〔3〕 许汉泽，李小云.精准扶贫背景下农村产业扶贫的实践困境——对华北李村产业扶贫项目的考察[J].西北农林科技大学学报（社会科学版），2017，17（1）：9 - 16.

资源具有稀缺性，并不是所有的贫困村都能够获得产业项目。而产业项目到底"花落谁家"最终还是由县里的领导班子决定，由于每个贫困村都有领导挂点，那么在决定由哪个村庄来承接项目时就会考虑到这个因素。有些官员为了迎合上级以及做出政绩，很有可能将产业项目优先安排在市级领导和县级领导挂点的村庄，打造一些"政绩工程"和"亮点工程"，这就导致了条件更加艰苦的贫困村难以获取项目来谋求发展。另外，产业扶贫项目兼具经济效益和社会效益，为了切实保护各方的利益，产业扶贫项目往往实施利益联结，将企业和贫困户的利益"捆绑"在一起，实行风险共担，许多大型企业会考虑利益微薄而不太愿意承担其社会责任，导致大型企业申请产业扶贫项目的意愿大大降低，而一些资本不太雄厚、实力不是很强的企业却往往为了获得周转资金，积极地去申请产业扶贫项目，这导致我国产业精准扶贫中大企业身影较少，而小企业的带动效应并不强的不良局面。

六、产品知名度不高，品牌效应不强

产品的知名度和品牌效应对于产业的发展至关重要，知名产品和著名商标是产品的一种竞争优势，利于产业拓宽市场。一些贫困地区的产品知名度不高，品牌效应不强，存在销路难的问题，这不利于产业的发展。其主要体现在：第一，产品同质化现象明显。并不是所有的乡镇、村庄都能发展特色产业，尤其是相邻的乡镇、村庄，其各种条件都十分相似，这就可能导致产品同质化，不利于打造品牌。第二，科技投入有待提高，知名产品科技含量高、质量好、产品附加值含量高，而贫困地区的产业大多都是低端产业，科技投入低，缺乏深加工，质量不占优势。第三，缺乏有力的宣传。产品质量再好，若鲜有人知，产品难以销售，产业也难以发展导致这种结果的原因有二：一方面政府未能给企业提供较多的平台来展示和推销产品，使得企业缺乏与名优企业交流和学习的机会；另一方面，迫于企业自身的实力，其影响力不足以引起众多人的关注。

第四节 产业精准扶贫的政策建议

一、强化监督考核，健全产业扶贫准入机制

为防止地方搞"政绩工程"和"亮点工程"，政府要加强对项目申请的监督与考核，强化"回头看"。一方面，要对申报项目的村庄进行实地调查和综合考量，对于上报了却不符合具体规定和要求的村庄的相关部门，要立即责令其改正并给予通报批评和严肃处理；另一方面，要加大对特困村庄的政策倾斜力

度,引导政府官员树立正确的政绩观,积极地解决特困村庄的发展困境。另外,要健全产业精准扶贫项目参与的准入机制,防止产业扶贫项目总是被小企业或弱势企业申请而导致脱贫致富带动效应不强的现象,有些产业扶贫项目可以考虑标准和要求,积极引进大型企业,确保真正发挥企业的带动效应。政府要"打造一批经济实力雄厚,管理经验丰富,拥有一定社会责任感的组织参与产业扶贫,真正发挥好以强带弱的作用。在不具备以强带弱,缺乏有效参与主体的贫困地区,实行产业扶贫直接到户的模式,针对不同贫困户制定不同的产业发展规划,从而切实做到产业扶持到户"[1]。

二、加大资金整合力度,优化投融保资机制

为加大资金整合力度,政府要建立独立的资金整合部门,将中央、部委、省、市各级资金有效整合,资金整合要专款专户进行,以防资金被挪用;"要将土地项目整理,农田水利项目、美丽乡村项目、农发项目、精准扶贫项目等资金有机整合,统筹安排,协调投入,发挥项目资金的集聚优势,释放财政资金放大效应"[2];要简化资金的发放程序,提高资金的使用效率和周转率,确保不耽误项目进程;要大力引入社会资本参与产业精准扶贫,为PPP模式运转提供法律保障。"通过加快推进PPP项目立法,进一步明确政府和社会资本参与PPP项目建设应各自承担的法律责任和义务,进一步明确其责权关系,最终推动PPP项目单一法案的形成。"[3]通过立法明确权利和责任将有利于社会资本的引进,在一定程度上缓解政府资金投入压力。要"鼓励保险机构和贫困地区开展特色产品保险和扶贫小额贷款保证保险,加大产品创新力度,有条件的地方可以给予一定的保费补贴等支持"[4]。

三、加强产业后期扶持力度

产业扶贫项目尤其要注重发展的可持续性和长远性,产业发展是一个量变到质变的过程,在"质变"期间更需要加大投入力度,为此要建立产业后期维护机制。第一,强化产业后期管理。正确的管理方式能够极大地提高企业的生产

〔1〕 李博,左停.精准扶贫视角下农村产业化扶贫政策执行逻辑的探讨——以Y村大棚蔬菜产业扶贫为例[J].西南大学学报(社会科学版),2016,42(4):66-73.

〔2〕 刘贝,刘军,刘小燕. 湘潭市雨湖区产业扶贫现状及对策分析[J].湖南农业学,2017(3):94-96,100.

〔3〕 廉超.PPP模式助推精准扶贫、精准脱贫[J].贵州社会科学,2017(1):152-157.

〔4〕 刘北桦,詹玲.农业产业扶贫应解决好的几个问题[J].中国农业资源与区划,2016,37(3):1-5.

效率，快速地推动产业发展，企业、合作社等主体要敢于创新和进取，不断改进后期的管理方式，优化管理路径。第二，专家、技术人员定期指导工作。农业合作社、农业基地普遍缺乏专业技术人员的现象不利于及时有效地减轻病虫害、自然灾害所造成的后果。第三，加大培训力度。农户的素质普遍偏低，不能适应现代化、科技化的产业发展。通过培训来增强贫困户的综合素质，可以提升贫困户的就业能力，为产业的后续发展储备人才。第四，加强部门之间的协调沟通。扶贫办只有联合国土资源局、金融局、就业局等部门才能形成合力，共同解决土地、信贷、资金等多方面问题。

四、加强县域合作，鼓励回乡就业创业

县与县之间可以加强合作，发挥各自的产业优势，吸引贫困户回乡或就近就业创业。第一，加强县域合作。周边贫困县市要建立健全产业扶贫合作机制，一起做大做强扶贫产业，要打破县域，建立跨县的产业链，共享劳动力，集多县市的劳动力共同推动产业的发展，尽可能地将"扶贫车间"建在家门口，让农户在家门口脱贫致富。第二，鼓励农户回乡就业创业：一方面，政府要出台和实施农户回乡就业创业的优惠政策和财政补贴，大力宣传家乡的产业发展和就业创业前景，激发农户回乡就业创业的热情；另一方面，要积极鼓励能人回乡创业，激发能人的社会责任感，让能人回乡投资办厂，带领农户回乡创业就业，进而脱贫致富。

五、提高合作社的组织化程度，发挥纽带作用

"社会组织是具有合作精神的载体。一方面，它自我约束，自我管理，不受制于外力或他人；另一方面，社会组织成为一个有机共同体，使成员具有归属感和认同感。"[1]但是，由于资金缺乏、专业管理人才缺乏、制度不健全等问题，使社会组织（农村合作社）在参与产业精准扶贫治理方面表现出"心有余而力不足"的情况。为了提升农村合作社参与治理产业精准扶贫项目的能力，应该做到以下三点：一是政府应该加大对农村合作社的培育力度，加大对其的资金投入，派专业人才管理农村合作社以及为其"量身定做"制度；二是企业要加大与农村合作社的合作，在资金、技术、人才等方面对其适当支持，解决农村合作社"产供销"问题，大幅度提升农村合作社参与产业精准扶贫项目治理的能力；三是农村合作社内部成员要加强交流、分享经验，要团结和气地应对困难，

〔1〕 周庆智.论中国社区治理——从威权式治理到参与式治理的转型〔J〕.学习与探索，2016（6）：38－47.

当贫困户利益受损时，要及时与其他参与主体沟通协调解决问题，真正发挥合作社的纽带作用，增强合作社的凝聚力，增强成员的归属感和认同感。

六、提升产品知名度，打造名优品牌

产业要做大做强，必须要提升知名度，打造知名品牌。第一，做大做强龙头企业。龙头企业资本雄厚、管理先进、技术发达，在打造品牌方面更具优势。贫困地区要重点扶持龙头企业，扩大龙头企业的生产规模，贫困县要因地制宜地确立品牌数量，做到一种资源打造一个精品，而不是打造多个实力不强的品牌。第二，要以市场为导向，贫困地区加大对产品的科技投入，提高产品的附加值，注重产品质量，以质量和服务赢得顾客。第三，要加大宣传力度，提升知名度。政府要建立专门的公司网站，通过网站来推销产品；积极参与国内外产品成果展，扩大产品影响力；加强与其他企业的合作，互相学习和借鉴经验；通过天猫、京东等电商服务平台来拓展销路。

七、加强地区政府之间的合作

产业精准扶贫不仅需要政府、企业、合作社和贫困户之间的协作，也需要府际协作。笔者将这里的府际协作分为两个方面，它们分别是：贫困地区政府与发达地区政府之间的府际协作和政府内部各部门之间的协作。府际协作可以加大信息、资源、政策等的交流与共享，能够实现优势互补，有效地提高资源利用率。

第一，贫困地区政府与发达地区政府之间的协作。"产业扶贫应立足于贫困地区特有的资源禀赋，从而带动农户脱贫致富。"[1]贫困地区希望通过发展特色产业来带动贫困户脱贫致富，但贫困地区的人才、地理环境、交通、贫困户的素质等方面制约了特色产业的发展，而发达地区具有经济实力雄厚、知名企业和人才众多、生产力水平和科技水平先进等优势。两地政府通过加强协作，精准对接，贫困地区政府为对接的发达地区的企业和人才提供优惠的政策，如：贫困地区降低土地租金、提供具有较高开发价值的项目、安排好人才的住房，发达地区政府则支援对接的贫困地区，为其提供适当的财政支持、引进大型龙头企业和各种人才，并制定一些吸引贫困户到发达地区就业的优惠政策。两地政府就协作的项目、内容、方式等制定一份协作条例，并以此条例为基础，促进两地政府在产业经核准扶贫领域的协作，对于违反相关条例的任意

〔1〕 李志萌，张宜红.革命老区产业扶贫模式、存在问题及破解路径——以赣南老区为例[J].江西社会科学，2016，36（7）：61－67.

一方,按照条例和相关法律来解决纠纷。以"闽宁合作"为例,"两地加强了人员交流、劳务合作,定期开展对口协作联席会议,福建省加大了对宁夏地区的财政支持,借助资金的金融杠杆,持续发展了一批支柱性产业,极大地推动了宁夏的产业发展和扶贫进程"[1]。

第二,政府各部门之间的协作。虽然各地的"精准扶贫办公室"是推动产业精准扶贫的重要政府机构,但是由于产业精准扶贫涉及招商引资、金融贷款、土地划拨、贫困户就业等诸多方面,加强政府各部门间的协作也非常重要。一方面,在精准扶贫的大背景下,政绩考核不再唯 GDP 论,也包含了扶贫成效,这使得贫困地区政府必须倾力为之,做好精准扶贫工作。尤其是对于产业精准扶贫来说,它是一项系统的工程,产业的发展需要统一谋划、合理布局,需要多部门协作、共同推进。另一方面,各部门在协作的过程中,要明确职责、合理分工、切实履责和加强监督以确保产业精准扶贫顺利开展。

八、产业精准扶贫与参与式治理相结合

参与式治理能够对产业精准扶贫产生重大影响。参与式治理与产业精准扶贫的有效结合,为产业精准扶贫提供了一种新的理论指导,能够积极地推动多元主体共同参与产业精准扶贫,使得多元主体都能在协作中获利,从而实现共赢。参与式治理强调多元主体的参与而不再是政府"大包大揽",它使得多元主体能够独立自主、平等地参与产业精准扶贫。参与式治理注重协商与合作,多元主体在项目引进和实施、政策执行、资源分配等方面都可以通过协商与合作来推进产业精准扶贫项目,这使得多元主体的协商与合作意识得到强化,更愿意通过协商与合作来解决问题,这在一定程度上能有效减少暴力冲突的发生。

而贫困户是最弱的参与主体,因此大幅提升贫困户的参与能力也显得十分关键。贫困户理论知识普遍偏低,已经不能够适应社会时代发展,政府要加大对贫困户的理论知识培养力度,让其了解参与治理的途径、注意事项、权利和责任等。企业要加大对贫困户的实际技能培训,让贫困户掌握先进的生产作业流程,适应新的工作环境。农村合作社要给贫困户参与治理提供良好的平台,减少参与治理的阻力。

九、健全利益联结机制

多元主体参与产业精准扶贫难免产生冲突与矛盾,如果缺乏有效的矛盾冲

---

〔1〕 朱善利,梁鸿飞.产业选择与农民利益——宁夏固原扶贫与可持续发展研究[M].北京:经济科学出版社,2010:227-228.

突解决机制将会极大地阻碍产业精准扶贫的推进。企业、合作社、贫困户三者之间签订合同，确定三者间的权利义务关系，形成"风险共担，利益共享"的利益联结机制。利益联结机制能减少利益冲突的发生率并快速有效地解决争端，贫困户通过合作社搭建的就业平台、依靠集体维护利益和生产企业所需产品。合作社与企业建立合作关系，可以为企业提供充足劳动力；企业能够为合作社提供技术、资金支持，解决贫困户的产销难题。牵一发而动全身，这就促使多元主体为维护自身利益而积极地履约、遵守相关的规章制度而不会轻易损害一方的利益。对于实施损害他人利益的参与主体要给予严惩，让其承担较高的代价。利益联结机制要不断改进和深化，使三者间的利益联结更加紧密。

十、统筹推进产业发展，培育创业致富带头人

尽管每家每户贫困原因各不相同，但增收产业不外乎种植、养殖、劳务输出和发展第二、三产业，因此要想把每家每户的脱贫增收措施汇聚起来，进行分类指导，就需要做好面上的工作，而不能以家庭为单位单打独斗。在具体工作中，要把增收产业以村、乡为单位统筹起来，融入乡村产业布局中来，统一扶持政策，统一技术培训，统一提供服务，统一解决困难，形成产业发展的良好氛围，带动一家一户增收脱贫。在产业精准扶贫的政策中，按照"选准一个产业、打造一个龙头、创新一套机制、扶持一笔贷款、提供一套服务"的要求，从农业、旅游业、新能源产业等方面进行扶持，更好地推行了精准扶贫政策。围绕"能力培训、孵化创业、带动增收"的目标，培养一批创业致富能手或产业发展带头人，分类分批推选培养对象接受集中授课、专题辅导、实践操作、咨询答疑、观摩交流、技能竞赛、跟踪服务等全方位培训，建立一支创业致富的"带头人"队伍，带动贫困户增收脱贫，推动脱贫攻坚。

第四章

电商精准扶贫

在过去的 40 多年中，我国的扶贫工作取得了显著成效，成功解决了几亿贫困人口的温饱问题。我国也成为世界上减贫人口最多的国家之一。随着互联网在我国兴起及普及，我国的信息化进程得到了快速推进，电子商务在我国也逐渐扎根，并蓬勃发展，已经成为影响我国经济发展、人们购物消费的重要因素。在 2015 年 3 月 5 日召开的十二届全国人大三次会议上，李克强总理在政府工作报告中首次提出"互联网＋"行动计划，自此"互联网＋"进行大众视野，"互联网＋扶贫"作为一种新的扶贫模式随之诞生，电商精准扶贫被国务院扶贫办列入精准扶贫的十大工程之一，以期帮助贫困人口脱贫。电商精准扶贫已成为精准扶贫的重要组成部分，电子商务进农村自推行以来，取得了良好绩效。

第一节　电商精准扶贫概述

一、电商精准扶贫的内涵

电商精准扶贫作为一个新兴的概念，主要涉及电子商务与精准扶贫的交叉领域，是这两种概念结合的产物。目前学术界对电子商务的认识还未形成全面而权威的定义，本文主要整理了以下几种较被广泛认同的定义。

联合国经济和发展组织（OEDC）对电子商务的定义是：发生在开放网络上的包含企业与其他企业之间、企业和消费者之间的商业交易[1]。随着电子商务的发展，出现了一些新的电商模式，消费者和消费者（consumer to consumer，

---

〔1〕　杨顺勇.电子商务［M］.上海：复旦大学出版社，2006.

即 C2C)之间的商业交易，企业和政府(business to government，即 B2G)之间的商业交易，在线离线/线上到线下(Online To Offline，即 O2O)，特指本地服务电商化，是指将线下的商务机会与互联网结合，让互联网成为线下交易的平台。

国际商会从商业角度提出的电子商务的概念是：指实现整个贸易活动的电子化。从覆盖范围方面可以将电子商务定义为：交易各方以电子交易方式而不是通过当面交易或者直接面谈方式进行的任何形式的商业交易；从技术方面可以定义为：一种多技术的集合体，包括交换数据(如电子数据交换、电子邮件)、获得数据(如共享数据库、电子公告牌)以及自动捕获数据(如条形码)等。[1]世界贸易组织(World Trade Organization，简称 WTO)认为，电子商务是通过电子方式进行货物和服务的生产、销售、买卖和传递的一系列的活动的总称。[1]

在综合电子商务与精准扶贫这两个概念交叉内涵的基础上，笔者认为所谓电商精准扶贫，就是在精准识别贫困人口的基础上，对贫困人口采取精准帮扶的方式，即运用电子商务对其进行帮扶，在网上销售农特产品、购买生产生活用品、促使贫困人口就业创业并辐射带动经济发展的一种新型信息化扶贫形态。

二、电商精准扶贫的特征

(一)主体的多元性

电商精准扶贫的主体主要包括两方面，即帮扶者与被帮扶者。帮扶者包括政府、企业、社会团体、学校、个人等，这些帮扶主体在电商精准扶贫过程中可以分别发挥自身的作用并且相互协作配合，如政府主要发挥引导作用，为电商发展提供政策保障；企业可通过与贫困户合作，引导贫困户参与电商发展；社会团体可以为电商发展提供资金；学校为电商发展提供技术人才；个人发挥带头示范作用，这些主体都为电商精准扶贫的发展提供了帮助，对贫困户脱贫具有重要意义。被帮扶者主要指建档立卡贫困户，贫困户的致贫原因多样，如因病、因残、因灾、因学、缺技术等，帮扶者需要针对不同的人采取不同的帮扶措施，电商精准扶贫对贫困户的最低要求就是能够保证网站平台的正常运营。需要注意的是，电商精准扶贫的主体虽为贫困户，但它并不排斥非贫困户的参与。

(二)方式的创新性

电子商务自 20 世纪 80 年代在我国出现以来，取得了相当大的成果，在商

〔1〕 许丽霞、刘续.电子商务[M].北京：阳光出版社，2014.

业领域的发展呈现快速增长之势，近年来，电子商务才被应用于扶贫领域，从而产生了一种新的扶贫方式，这种扶贫方式是前所未有的。电商精准扶贫的主要帮扶方式要依托于互联网开展，即为帮助贫困人口在网上销售或购买产品，实现贫困人口与消费者的直接对接，减少中间商这一环节，这不仅使贫困人口更加了解消费者的消费倾向，减少信息不对称的现象，而且大大降低了交易成本，实现了消费者与贫困人口之间的共赢。

（三）目的的公益性

电商精准扶贫的目的从根本上来说与精准扶贫的目的相一致，都是为了帮助贫困人口脱贫，完成 2020 年全面建成小康社会的目标，最终达到共同富裕。资金是电商精准扶贫发展的重要因素，政府承担着实现社会公平的责任。从扶贫的资金来看，政府对支持电商精准扶贫发展的资金都是无偿的，加之政府对向银行贷款的贫困户实行贴息政策，同时积极引导社会其他主体参与电商精准扶贫，解决其融资困境。此外，政府在提供基础设施建设等方面发挥重要作用，如网络基础设施、道路基础设施、电商孵化基地建设，其目的就是为了促进电商精准扶贫的发展。

（四）资金的公共性

电商精准扶贫的发展需要大量资金的支持，由于个人、企业和政府在投资能力方面存在差异，个人与企业只能进行小规模的投资，而政府的公共投资具有广泛而雄厚的资金来源，可以进行大规模的投资，这些资金主要来自政府的财政收入，以税收为主，税收来源于人民，因此，电商精准扶贫的资金来源具有公共性的特点。

（五）产品的地域性

电商精准扶贫销售的产品以农产品为主，且立足于当地的特色产业，具有明显的地域性。这种地域性的特点有利于发挥当地的集聚效应，打造著名品牌，扩大产品的知名度，促进本地产业的发展。如赣南地区主要销售的是脐橙，信丰脐橙即为当地著名品牌。

三、实施电商精准扶贫的必然性

电商精准扶贫作为一种新型的信息化扶贫形态，是由众多因素影响产生的，尤其是电子商务的发展推动了电商精准扶贫的出现并发展壮大并非偶然。

（一）电子商务的发展

电子商务在发展的过程中，取得了巨大的成效。据中国电子商务研究中心（100EC. CN）监测数据显示，2019 年 1—8 月份全国网上零售额为 64393 亿元，同比增长 16.8%。其中实物商品网上零售额为 50745 亿元，增长 20.8%，占社会消费品零售总额的比重为 19.4%。[1]

　　电子商务发展迅速，出乎很多人意料，其主要原因可以概括为四个方面，第一，互联网的迅速普及，使网络使用者的数量不断增加，为电子商务的发展提供了潜在用户。CNNIC 发布的《第 44 次中国互联网络发展状况统计报告》显示截至 2019 年 6 月，我国网民规模达 8.54 亿，互联网普及率达 61.2%，较 2018 年底提升 1.6 个百分点（图 4 - 1）；我国手机网民规模达 8.47 亿，较 2018 年底增长 2984 万，网民中使用手机上网的比例由 2018 年底的 98.6% 提升至 99.1%。[2] 第二，互联网具有不受时间、空间及货架限制的优势，[3] 再加上电子商务运营的准入门槛低，投入成本低，收益高，并能通过线上交易模式有效地整合资源，使大量的人从事电子商务，推动了电子商务的发展。第三，大型电子商务运营商的出现也推动了该行业的发展，如阿里巴巴、京东、苏宁等。第四，信息技术的发展加快了电子产品如手机、电脑的普及，各类购物 App 如淘宝、唯品会、拼多多等的出现，使人们可以在任何时间、任何地点购物。再加上我国已全面进入 4G、5G 时代，网速得到快速提升，通信运营商为用户提供大量的流量套餐服务，人们生活水平也迅速提升，这些综合因素促进了电子商务的快速发展。

图 4 - 1　2010—2018 年中国网民规模和互联网普及率

〔1〕 中国电子商务研究中心. 2019 年第三季度 B2C 电商平台市场消费报告. [EB/OL]. (2019 - 10 - 29). http://www.100ec.cn/detail—6531965.html.

〔2〕 CNNIC. 第 44 次中国互联网络发展状况统计报告 [EB/OL]. (2019 - 08 - 30) http://www.cac.gov.cn/2019 - 08/30/c_1124939590.htm.

〔3〕 王飞. "互联网 +"战略背景下重庆市电商精准扶贫之路[J]. 重庆经济, 2016, (3): 22 - 23.

（二）扶贫的迫切需要

我国自 20 世纪 80 年代中期步入开放式扶贫发展阶段，采取的是区域性瞄准机制，所采取的措施针对性不强，被称为粗放扶贫。截至 2019 年初，我国尚有 1700 多万现行标准下的贫困人口，现阶段我国的主要目标是在 2020 年完成全面建成小康社会，实现第一个百年目标，可以说扶贫任务繁重、扶贫时间紧。

（三）市场的亟待扩张

电子商务的发展依托于道路、网络等方面的基础设施建设，城市在基础设施建设方面明显领先于农村，电子商务在发展初期，主要瞄准城市，而农村市场则处于未开发或开发范围小的阶段。随着我国经济的不断发展，城市市场已处于饱和状态，而农民收入在不断增加。为扩大内需，开拓新的市场势在必行，农村则是很好的选择。CNNIC 发布的《第 44 次中国互联网络发展状况统计报告》表明截至 2019 年 6 月，我国网民中农村网民占比 26.3%，规模为 2.25 亿，较 2018 年底增长 305 万，农村市场成为电子商务发展过程中的重要市场之一。

四、电商精准扶贫的发展现状

（一）政策层面

电子商务是精准扶贫的重要载体，是当前促进我国农村经济发展的重要举措，电商精准扶贫是精准扶贫的重要形态之一，对贫困人口精准脱贫具有重要意义，国家在政策层面也给予了重大支持。国家为了发展农村电子商务，在 2015 年向以中西部贫困地区为主的 26 个省份的 200 个县下拨了 37 亿元电商扶持资金，开展电商进农村的综合示范，其实施区域主要是面向革命老区和贫困地区。这些电商扶持资金重点用于支持这 200 个示范县建立完善的县、乡（镇）、村三级物流配送机制，开展农村电子商务培训，建设县域电子商务公共服务中心和村级电子商务服务站点。[1] 国家相继出台相关政策法规支持农村电商的发展，如：2015 年国务院办公厅颁发《关于促进农村电子商务加快发展的指导意见》，2016 年国务院扶贫办等 16 个部委发布《关于促进电子商务精准扶贫的指导意见》，2018 年出台了《电子商务法》。

（二）实践层面

从本质上讲，电商精准扶贫注重贫困人口的参与，是一种参与式扶贫。贫

---

〔1〕 孙昕、起建凌、谢圆元.电子商务扶贫问题及对策研究〔J〕.农业网络信息，2015（12）：27－31.

困人口参与电商精准扶贫，具有许多益处，如：能提高贫困人口收入、增加参与扶贫企业利润、改善当地交通状况、实现全面建成小康社会等。2017 年 12 月至 2019 年 6 月，国家级贫困县在阿里平台上实现网络销售 1100 亿元，其中 2019 年上半年销售额同比增长 80%，兴农扶贫业务覆盖 242 个国家级贫困县，约占国家级贫困县总数的 30%。截至 2018 年底，全国共有 3202 个淘宝村，分布在全国 330 多个县，这些县人口覆盖超过 2 亿人。网店年成交金额超过 2200 亿元，带动就业机会超过 180 万个。截至 2019 年 6 月，位于贫困县的淘宝村超过 800 个，其中国家级贫困县的淘宝村超过 60 个。

　　据《2019 年中国农产品电商发展报告》显示，2018 年我国网络零售市场规模持续扩大，全国网上零售额突破 9 万亿元。电商大数据监测显示，2018 年全国农村网络零售额达到 1.37 万亿元，同比增长 30.4%；全国农产品网络零售额达到 2305 亿元，同比增长 33.8%。电子商务成为脱贫攻坚的重要手段，由商务部指导，29 家单位成立的中国电商扶贫联盟，帮扶对象覆盖 351 个贫困县，推动企业为贫困地区农产品开展"三品一标"认证，提升品牌化、标准化水平，促进农产品取得新进展。

　　国内最大的电商平台上农产品的销售额从 2010 年的 37 亿元增加到 2014 年的超过 800 亿元，年均增速 112.15%。阿里研究院和阿里新乡村研究中心共同发布了《中国淘宝村研究报告(2019)》，报告显示截至 2019 年 9 月底，在全国范围内，淘宝村已有 4310 个，淘宝镇 1118 个，年销售额达百万的淘宝村网店达 11000 个，淘宝村广泛分布在 25 个省区市，大部分淘宝村位于东部沿海地区，浙江省的淘宝村超过 1500 个，中西部和东北地区淘宝村达到 150 个(表 4 – 1)。

表 4 – 1　全国各省、自治区、直辖市淘宝村数量　　单位：个

省区市	2019 年淘宝村数量（2019 年 9 月）	2018 年淘宝村数量（2018 年 10 月）	省区市	2019 年淘宝村数量（2019 年 6 月）	2018 年淘宝村数量（2018 年 10 月）
浙江省	1573	1172	湖南省	6	4
广东省	798	614	四川省	6	5
江苏省	615	452	吉林省	4	4
山东省	450	367	重庆市	3	3
河北省	359	229	广西壮族自治区	3	1
福建省	318	233	贵州省	2	1

续表 4 – 1

省区市	2019 年淘宝村数量（2019 年 6 月）	2018 年淘宝村数量（2018 年 10 月）	省区市	2019 年淘宝村数量（2019 年 6 月）	2018 年淘宝村数量（2018 年 10 月）
河南省	75	50	山西省	2	2
湖北省	22	10	陕西省	2	1
江西省	19	12	黑龙江省	1	0
天津市	14	11	新疆维吾尔自治区	1	1
安徽省	13	8	云南省	1	1
北京市	11	11	宁夏回族自治区	1	1
辽宁省	11	9			

2012 年以来，越来越多的贫困地区在当地政府的帮助下，依托当地的资源优势，探索出了适合当地发展的电商扶贫路径，贫困人口逐步摆脱了贫困，涌现出了一大批电商精准扶贫的实践先行者，如甘肃陇南的"陇南模式"广东揭阳的"军埔模式"等，这些地区的先行实践都为我国电商精准扶贫的发展探索提供了宝贵的经验。

第二节　电商精准扶贫的典型模式探索

陇南市地处甘陕川三省交界的秦巴山，是我国 14 个集中连片特殊困难地区之一，面积 2.79 万平方公里，辖 1 区 8 县，195 个乡镇、3201 个行政村，有汉、回、藏、满、壮、蒙等 29 个民族，283 万人，其中农业人口 245.17 万人，2013 年农民人均纯收入 3536 元。截至 2013 年底，全市还有贫困人口 83.94 万人，占全省 552 万贫困人口的 15.2%，贫困发生率 34.06%，居甘肃省第一；有建档立卡贫困村 1365 个，占全省 6220 个贫困村的 22%，是甘肃省贫困面最大、贫困人口最多、贫困程度最深的市，也是全国、全省扶贫开发的主战场。

一、甘肃"陇南模式"

陇南市抓住了信息化时代"互联网"这个重要载体来推动经济发展，通过"互联网＋农产品"增强了本地优质农特产品的知名度，并且实现了与外部市场的有效对接，促进了当地农民收入的增加和农业产业的发展，探索出了贫困地区发展农产品电商的"陇南模式"，实行这条"电商精准扶贫"的新路子的陇南市，被国务院扶贫办确定为全国电商精准扶贫试点市。截至2014年底，全市开办网店5900多家，新办和加盟网购平台26个，实现农产品网上销售7.88亿元，带动了16000余人就业，建成了西北和甘肃首家市级地方馆——淘宝网特色中国(陇南馆)。"互联网＋农产品"电商模式的快速发展有力地促进了陇南农产品的销售和旅游文化资源的宣传推介，为贫困群众增收致富开辟了新渠道。这对全国脱贫攻坚的其他贫困地区，具有重要的学习借鉴意义。

(一)"网店"带动脱贫模式

甘肃省陇南市在发展电商精准扶贫的过程中，形成了四种主要的"网店"带动脱贫模式。

1.贫困农户创业型。所谓贫困农户创业型即为贫困户在政府提供的政策、资金、技术等帮助下，开设个人网店，将生产的农产品，如核桃、蜂蜜等，在网上售卖，以达到脱贫的目的。

2.人大户引领型。所谓能人大户引领型，即为一些具有经商头脑的贫困户通过电商摆脱贫困后，吸引其他贫困户参与其事业的进一步发展，以带动其他贫困户摆脱贫困，形成"一店带多户"的网店经营模式。

3.龙头企业带动型。所谓龙头企业带动型，是指一些电商企业，如阿里巴巴、京东等在与贫困户建立利益联动机制的情况下，在贫困村建立"子公司"，由贫困户进行管理，并提供原产品，形成"企业＋网店＋贫困户"的模式。

4.乡村干部服务型。主要是指政府通过对大学生村官进行开设网店方面的培训，帮助其掌握电商发展过程中所需要的技术，为其提供资金、政策优惠，并建立网店，通过农产品网站，让大学生村官帮助贫困户销售农产品，最终收入归贫困户所有的扶贫模式。

(二)创业就业带动脱贫模式

当地政府在政策、资金等方面给予贫困户或者回乡创业的大学生支持，通过完善交通及信息网络等基础设施，支持物流业发展等措施，为创业群体营造良好的创业环境，提供更好的创业机会。

电商精准扶贫的发展必然会催生大量的电商孵化基地，加上道路基础设施、物流服务站点的建设，快递行业如产品的包装、运输等，这些环节都提供了大量的就业岗位。据统计，截至2017年初，电商企业、物流快递企业、网货供应企业等经营主体的发展为陇南市提供就业岗位5.7万多个，其中吸纳贫困户就业 1.4 万多人。[1]

(三)平台带动脱贫模式

2015 年,陇南市明确提出依托于阿里巴巴集团建设"陇南产业带",该产业带即为陇南市大宗商品网上交易核心平台,此平台是集陇南市花椒、橄榄油、核桃、小杂粮等农产品和铅锌精粉、白酒酿造、医药化工等工业品大宗货的网店。开展网上贸易对于陇南市有效发挥该产业带所依托的资源优势,拓宽陇南市大宗商品销售渠道,推动陇南市更大行业范围应用电子商务,帮助更多的人利用该平台脱贫具有重要的意义。

此外,该市还自建了"农村市集""村玩儿"等特色平台及电商孵化园、创业园和产业园,陇南已成为全省电商项目最密集的市州,有利于贫困人口拓宽销售渠道,增加产业的知名度。

(四)形成"倒逼"效应

陇南市在发展"互联网 + 农产品"电商的过程中,实现了帮助大量贫困人口脱贫的目的,同时也产生了一系列的综合效应。其中,最主要的就是"倒逼"效应,所谓"倒逼",就是因为电商发展、精准扶贫、精准脱贫的需要,很多事情需要提前去做、立即去做。[2] 电商在具体的实践过程中主要体现为五种"倒逼"效应:倒逼干部群众思想观念的转变,倒逼农村基础设施的改善,倒逼特色产业的转型升级,倒逼农民群众生活方式的改变,倒逼乡村干部作风的转变。下面对这五种效应做一下详细说明:

1. 倒逼干部群众思想观念的转变。电商精准扶贫作为新型的扶贫模式,主要通过网络平台来销售农产品,由于干部及群众对新生事物的接受能力较弱,对发展"互联网 + 农产品"电商精准扶贫存在疑虑。通过对电商精准扶贫的宣传,干部群众能够深入了解电商精准扶贫,再加上龙头企业带动、大学生创业等方式取得的成果,干部及群众的思想观念逐渐发生了转变。

2. 倒逼农村基础设施的改善。农村基础设施建设薄弱是电商精准扶贫的主要制约因素,为保障电子商务在农村的发展,陇南市积极推动贫困地区的交通及信息网络基础设施建设,出台《陇南市人民政府办公室关于加快通信网络基础设施建设支撑电子商务快速发展的意见》,努力推动陇南农村地区网络基础设施的建设。至 2017 年初,陇南市通村公路硬化率和网络覆盖率快速提升,分别达到了 66% 和 63%。此外,陇南市人民政府出台《陇南市人民政府办公室关

〔1〕 吴正楠.电商精准扶贫的甘肃名片——陇南电子商务扶贫攻坚扫描[EB/OL].(2017 – 02 –15)[2017 – 5 – 27].http://www.gscx.gov.cn/news/ssyw/2017 – 02 – 15/2807.html.

〔2〕 筑梦.电商精准扶贫 看看成县是如何做的[J].新农业,2016(8):28 – 30.

于促进快递业发展的意见》，以促进快递行业的发展。

3. 倒逼特色产业的转型升级。陇南市传统产业的销售方式主要以在当地市场售卖为主，由于同一地区具有相同的资源，出售的产品大同小异，这会造成大量产品滞留，影响产品质量。而电商精准扶贫主要以网络为依托，通过建设网店，发布产品信息，使全国各地，甚至世界范围内的人了解该产品，然后将产品销售出去，销售方式的转变，也推动陇南市特色产业的转型升级。

4. 倒逼农民群众生活方式的改变。电商精准扶贫不仅仅指将当地的农产品销售出去，还在于当地群众可以在网络购买生活用品，这是一个"买"与"卖"的过程，在这个过程中，群众不需要因为农村的生活用品匮乏而烦恼，可以通过淘宝、天猫、京东等网站购买所需物品，使农民群众的生活方式发生了改变。

5. 倒逼乡村干部作风的转变。在电商精准扶贫未发展之前，贫困地区基础设施落后，使产品难以销售，乡村干部对农产品的滞留处于"心有余而力不足"的处境，电商精准扶贫在倒逼农村基础设施改善的同时，也加快了电子商务在农村的推广，乡村干部转而将农产品的销售放在网店上，帮助贫困人口改变销售方式，涌现出了一批电商精准扶贫的先进典型，这也促使乡村干部作风的转变。

电商精准扶贫不仅仅是帮助贫困人口脱贫的一种扶贫方式，也是推动当地经济可持续发展的重要支柱。陇南市电商精准扶贫的模式探索为全国电商精准扶贫的发展做出了重要贡献，2015年陇南市荣获了国务院扶贫办颁发的消除贫困创新奖，这也是对陇南市电商精准扶贫发展的肯定，对于陇南市电商精准扶贫的进一步发展具有极大的推动作用。

二、广东揭阳"军埔模式"

军埔村位于广东省揭阳市揭东区锡场镇，是著名的"食品专业村"，主要以食品、服装等传统产业为主，然而由于交通不便、技术欠发达、管理理念落后、经营体制滞后导致整个产业落后。[1] 从2012年开始，军埔村便走上了发展电子商务的道路，这是由该村回乡创业的青年发动起来的，之后得到了政府重视，政府开始为电子商务在本村的发展提供政策、资金，改善基础设施，引导社会其他主体参与。在阿里巴巴发布的《中国淘宝村研究报告（2014）》中，以服装、不锈钢制品为主要销售产品的揭阳军埔村赫然在列，被冠以"中国淘宝村"的称号。军埔村作为较早一批发展电子商务的先行者，总结该地区的发展

〔1〕 易义斌，苏宏振，汪燕.农村电子商务扶贫模式初探——基于揭阳市军埔村电商精准扶贫的调查〔J〕.中国商贸，2015(21)：73－75.

模式对我国其他地区电商精准扶贫的发展具有积极的推动作用，军埔村发展的主要模式如下。

（一）政府明确自身职能定位，尊重当地人民主体地位

揭阳市政府在推动电子商务发展的过程中，明确自身职能定位，为当地电商发展提供相关的政策，如促进当地交通基础设施建设的发展，在《贯彻落实（中共揭阳市委、揭阳市人民政府关于新时期精准扶贫精准脱贫三年攻坚的实施意见）重要政策措施分工方案》中，明确指出由揭阳市交通运输局、市发展改革局、市财政局、市国土资源局相互协作、相互配合，大力推进贫困村道路硬化等交通基础设施建设。当地重视电商人才的培养，出台《揭阳市精准扶贫精准脱贫电商培训工作方案》，支持当地建设电商培训基地。电商人才培训计划采取的是民众自愿参与原则，这样有利于激发当地民众的学习热情，发挥人民的主人翁意识。

（二）培养应用型电商人才

军埔村采取的人才培养模式是"政府买单—企业培训—农民参与"，即政府购买服务，企业制定培训方案，农民免费参与培训，这三者分工明确，各司其职。政府的主要职责是提供资金，按照每人每次800元的标准购买培训企业的服务，加大电商培训在农民群体间的宣传力度，为农民提供学习资源、学习场地等基础设施。政府也承担着监督企业培训效果的责任，运用市场机制的原则，对于培训不能满足农民需求的企业，政府可寻求其他培训企业。企业的主要职责是以市场需求为导向，为农民提供应用性技术，帮助民众掌握网店的建立、运营、维护等必要技术，且企业在进行培训的过程中，坚持将理论学习与上机实践相结合的原则，为学习能力强的民众提供高级运营服务，并对其进行跟踪培训，以提高培训质量。在充分考虑了农民的生产生活需要的基础上，军埔村将培训时间定为半天制，时间弹性强。农民的主要职责是参与由政府和企业提供的免费培训，掌握电商运营所需的技能，军埔村的整个培训方案整体上也可以看作"以政府为主导、以农民为主体、以市场为导向、以实战为核心"的电商人才培养模式。随后，这种人才培训被不断完善，在揭阳市甚至全国范围内得到了推广。

（三）拓宽资金来源渠道

军埔村的资金主要来自四方面，一是个人自筹，二是金融机构支持，三是政府资金支持，四是社会资金。军埔村青年人最初的创业资金主要来源于个人自筹，主要表现为个人积累、向亲朋好友借款。在电子商务初具成效时，政府给予其更多的关注，随后出台相关政策支持其发展，如《广东省扶贫小额信贷

工作实施方案(2016—2018 年)》《揭阳市精准扶贫开发资金筹集使用监管细则》,此外,政府出台《关于扎实推进揭阳市金融精准扶贫工作的实施意见》的政策,该政策明确指出加强金融对电商行业的支持,积极推动银行发展小额信贷业务,对接受电商职业技能培训且经营项目具备市场拓展能力的贫困家庭或电商精准扶贫项目,金融机构应适当加大信贷投放力度,为其创业提供资金。政府还提供专项资金支持电商在当地发展,如支持建立电商产业园等。电子商务发展至后期,在自身影响力的驱使下,吸引了大量电商企业的入驻,如阿里巴巴、京东等龙头电商企业,为当地电子商务的发展注入了更多资金。

(四)打造"一镇一品"品牌工程

揭阳市 2012 年启动"一镇一品"工程,各地按照《揭阳市农业"一镇一品"工程实施意见》和"结对一个农科院所、挑选一个拳头产品、培育一个龙头企业、组织一个专业合作社、建立一个示范基地、打造一个营销模式、形成一个农业品牌""七个一"工作要求,采取有力措施,扎实推进农业"一镇一品"工程建设,有效推动了揭阳市农业发展方式转变,促进了示范镇农业增效、农民增收、农村繁荣。至 2014 年上半年,揭阳市 30 个"一镇一品"示范镇农业总产值增长至 6.1%,主导产品产值增长至 11.2%;8 月,揭阳市被省农业厅列为广东省唯一一个省市共建农业"一镇一品"示范市,农业"一镇一品"工程建设初显成效。政府各部门在打造"一镇一品"的品牌工程中发挥着重要作用。各县(市、区)政府也参照市的做法,落实"一镇一品"专项资金,出台一系列相应奖励、减免以及税收优惠政策,引导民间资本投资农业,动员社会力量参与"一镇一品"工程建设。

(五)营造电商文化氛围

政府对军埔村的软硬件环境进行全面改造升级,为电商培植一个高效、快捷、和谐、有序的营商环境:一是全面升级通信网络,实现光纤到户和无线网络全覆盖。二是建设电商主题公园,打造电商文化长廊,建立跨境、家电、皮具和玩具等电商联盟,开办各类电商沙龙活动。三是制作、推广电商协会会徽、会歌,提炼电商精神,强化合作共赢理念。四是实施智慧大街美化亮化绿化工程,增设配套路灯和花栏,按照统一风格翻新建筑围墙。五是统一制作电商户招牌,打造网店文化,营造浓烈的电商氛围。六是完善消防安全设施,配备治安视频监控和警务室,加强治安、消防安全、环境卫生等监督管理。[1]

---

〔1〕 揭阳办.揭阳实施"互联网+"五大措施打造军埔"电商第一村"做法与启示[EB/OL].(2016 - 09 - 12)[2017 - 05 - 27].http://www.gzxz.gov.cn/gzxz/yjdc/201609/dcbd4184cb6c42298e2f3bdc1de4e673.shtml.

三、江西"于都模式"

从 2014 年起，国家商务部启动了电子商务进农村工作。江西作为全国电子商务进农村首批八个试点省份之一，对电商精准扶贫工作高度重视。习近平总书记曾指出"全面建成小康社会，绝不能让一个苏区老区掉队。"于都是中央红军长征集结出发点，也是国家级贫困县，帮助贫困人口摆脱贫困最主要的措施就是促使贫困群众就业或者创业，于都县自实施电商精准扶贫以来，经过不断努力，探索出了电商精准扶贫的"于都模式"。

(一)建设电商孵化基地，培养电商人才

江西省于都县为建设电商孵化基地及其基础设施，累计投入资金 314.5 万元。电商孵化园位于该县楂林工业园区华鑫针织有限公司厂区内，占地面积4800 余平方米，可容纳 85 家企业办公。孵化园设有电子商务办公室、青年电商孵化室、培训室、洽谈室、中国特色于都馆、农产品展厅、农产品检验区等，是集办公孵化区、物流配送区、培训区、产品展示区、公共功能区等五大功能于一体的电商创业聚集园区，将为当地电商"创客"提供创业计划培训、专家指导、政策扶持等服务。为了让创业者"拎包入驻"，孵化园内还配备了光纤网络、中央空调、综合办公场所等设施设备，并提供公共物业管理、卫生保洁等服务。对入驻园区企业前 3 年实行"注册、场地、信息、培训、网络、水电"六个免费政策，并可优先享受政府出台的电商扶持政策。电子商务孵化基地建成以来，2015 年 1 至 9 月，就已免费入驻企业 40 家，还有 45 家企业正在洽谈，与杰夫电商集团合作，由该集团专门负责人才培训，实现了"万人培训计划"。

(二)建设农村服务站点

为促进乡镇电子商务的发展，于都县制定了相关政策，以期电商精准扶贫能迅速在该县扎根。1. 乡镇电商服务中心建设：给予建设运营费用 9 万元，其中建设费用一次性补助 5 万元，运营费用 2 万元/年(给予两年补助)。2. 村级电商服务站建设：2015 年 8 月 30 日以后，每开设一个贫困村电商服务站，并符合 5 项要求的给予 1 万元奖励，每符合其中一项要求的，给予不同程度的奖励。即：(1)为村民提供代购服务，无投诉问题(奖励 2000 元)；(2)各乡镇辖区内服务站在淘宝、京东、e 邮等平台开设网店，帮助农民销售本地农产品，年网销额总量达到 5 万～10 万元的奖励 3000 元，达到 10 万元及以上的奖励 5000 元；(3)各乡镇辖区内各服务站开展互联网金融服务，或与当地金融部门合作，设有 POS 机开展小额取现服务的奖励 1000 元；(4)各服务站兼有开展物流快递服务的(各电商平台物流快递合作点的除外)奖励 1000 元；(5)各服务站均与

电商企业合作，开展农业生产资料 O2O 线上线下体验服务的奖励 1000 元。3. 电商创业：乡镇网商数量年增长 30% 以上，或全乡年网销本地农特产品额达到 500 万元以上（乡镇户籍人员在县城开网店的除外），给予乡镇 5 万元奖励。

这些政策的实施促使乡村服务站点迅速发展，截至 2016 年 6 月底，于都县已开设 2 个镇级服务站、317 个村级服务站，其中 85 个淘宝村级服务站、49 个淘帮手、23 个京东村点、199 个京东推广员和 10 个农村 e 邮服务站，覆盖 123 个贫困村。所有村级服务站成交订单 28.27 万余笔，线上成交金额 3280 多万元。全县已发展个体网店 6205 家，新增工商注册电子商务企业 102 家，新增微店 7085 家，电商交易总额突破 41.22 亿元，同比增长 82.5%。通过电商平台，不仅很好地降低了园区企业成本，拓宽了销路，推动了企业转型升级，而且带动了大量贫困群众参与电商相关就业，加快了脱贫致富步伐。

（三）探索多种"互联网 + 扶贫"模式

于都县积极探索多种"互联网 + 扶贫"模式。主要有以下几种模式：

一是产业扶贫。电子商务进农村工作开展后，互联网为农产品走出于都、走向全国提供了平台。2015 年 1 至 11 月，于都新增高产油茶林 3.5 万亩、蔬菜基地 2.8 万亩，新开发溯源生态果园 1.1 万亩、标准茶园 1000 亩；新增农民合作社 47 家、家庭农场 48 户。

二是旅游扶贫。运用"互联网 +"思维，通过网站、QQ、微信等平台，加强对"红、古、绿色"资源的推介，促进了集观光、体验、娱乐等于一体的"乡村游"发展，增加了附近农民的收益。2015 年 1 至 11 月份，吸引了 42 万游客走向农村，增长 29.8%；新开办农家乐 42 家，增长 33%；通过"乡村游"直接带动 2000 余户贫困户脱贫。

三是社会扶贫。按照"企业 + 电商 + 贫困户"模式，引导农业企业发展电商。贫困户以土地、劳力为依托，企业向贫困户免费提供培训并通过电商线上销售，让贫困户通过自力更生实现了增收脱贫。[1]

第三节　电商精准扶贫的发展瓶颈

在互联网技术和物流不断发展的背景下，电商精准扶贫在帮助贫困户脱贫方面发挥了巨大作用，但也存在一些制约因素影响着电商精准扶贫的发展，其主要表现在：

---

〔1〕　陈阳山.江西于都："电商 + 扶贫"的实践与探索[J].中国财经,2016(2)：54 - 55.

一、农产品自身的制约

以互联网为依托的电商精准扶贫，销售的物品主要是当地的特色产品，由于贫困人口大多集中在农村，农产品的销售量占有相当大的比重，农产品自身容易受到自然因素和人为因素的影响。与工业品不同，农产品对降水量、光照等自然因素的依赖性强，一旦出现不稳定的现象，就会影响当季农产品的收成、质量等，给当地农产品的售卖造成损失。

此外，农产品的种植与运输需要技术水平的支持。在农产品种植方面，为了保证农产品的质量，需要投入大量的时间、人力、物力。如种植果树，需要喷洒药物，尽可能地避免虫灾。出于自身利益的考虑，一些果农对产品使用激素或催熟剂，难以保证农产品的质量，严重损害了消费者的身体健康和利益。由于电商精准扶贫是将线上获取订单与线下运输相结合的扶贫方式，因此，在农产品运输的过程中，技术的使用不可避免，农产品的运输有两种含义，一是广义的运输，指产品从生产商到消费者手中的整个过程，包括对产品的包装、装卸、运输以及仓储等环节；狭义的运输，仅指运输这一环节。这里的运输是广义上的运输。由于农产品自身具有易发霉、易腐烂、难保鲜的劣势，因此，其对包装、装卸、运输以及仓储的要求高。如：包装不能过于严密，装卸必须小心，且不能挤压，在运输的过程中，需要过硬的技术作为保障，如低温冷藏等，这些技术的运用，致使农产品价格上升，农产品在网上销售成本低的优势也随之消失。

产品同质化严重，品牌意识差。在同一区域内，贫困人口拥有相同的资源，种植或生产的产品同质性高。此外，网络销售的不足之处在于销售者与消费者之间存在信息不对称的现象，消费者主要通过图片、文字来了解产品。由于贫困人口生产销售的产品大同小异，主要在质量方面存在差异，但是网络的不可触摸性忽略了这一点。再者，贫困人口未接受过系统的教育，对有关品牌打造方面的知识了解少，品牌意识薄弱。

二、电商扶贫配套基础设施不完善

电子商务对信息传播、交通条件等基础设施要求很高，而我国的电商精准扶贫在配套基础设施方面还不完善。尤其表现在农村地区，农村基础设施建设不完善（主要包括网络基础设施、道路基础设施和服务站点三方面，网络基础设施包括宽带的覆盖率、电脑的普及率等）。

网络是消费者了解产品的重要渠道之一，网络覆盖率是进行电商精准扶贫的关键因素之一，然而，贫困地区由于经济基础薄弱，对网络的发展力度远远不如发达地区。贫困地区网络基础设施不健全的原因有三：第一，农村地区人口的收入相对偏低，大多数人的消费主要集中在生活必需品上，电脑对农村人口来说属于高档消费品，没办法保证每人拥有一台。第二，对高新技术产品的接受能力差，电脑作为一种高新技术产品，对使用人员有一定的要求，最基本的是有一定的文化程度，当前，我国农村地区的人口以中老年人为主，其学历大多在初中或小学以下，他们对新生事物的接受能力差。第三，铺设网络基础设施，特别是农村贫困地区的网络基础设施成本高。

　　道路基础设施的建设关系到物流业的发展，道路基础设施建设不完善，主要集中在偏远地区，2015 年，北京、天津、上海、江苏等东部发达地区的行政村通硬化路面已达 100%，内蒙古占 76.71%，甘肃占 78.02%，而西藏仅占 23.49%[1]，这些地区是贫困人口的集中地。出现这种情况的原因有二，第一，地形及自然灾害的影响，偏远地区大多为山区，地形崎岖，加上容易受滑坡、泥石流等自然灾害的影响，不宜修建公路。第二，道路质量存在问题，一些地区即便修建了公路，由于长时间的碾压，公路遭到破坏，加上再次修建的成本高，同时也会给当地居民带来不便，道路基础设施不能得到完善。

　　目前，各贫困地区的服务站点较少，大多集中在乡镇，还未实现村村有，这和网络基础设施与道路基础设施建设密切相关。

三、扶贫资金来源方式单一且使用不当

　　获取或提供扶贫资金的主体涉及政府、银行、贫困人口，在获取资金的过程中，会出现政府资金主要来源于财政拨款、商业银行"难发放贷款"以及贫困人口"贷款难"的现象，扶贫资金来源方式单一，政府提供的电商精准扶贫资金主要来源于中央政府的财政拨款，缺少融资平台，而贫困地区电子商务的发展涉及交通、物流等行业，电商精准扶贫若要良好发展，需对相关行业进行扶持，仅靠财政拨款显然不够。

　　从事电商行业的贫困人口难以获取资金。其主要原因：一是从贫困人口的角度看，贷款相当于无形的压力，一些人不愿承担太多的心理负担，再者银行对贷款人的审核条件严格，能够获得贷款的人口很少。二是由于农产品自身的制约，从事该行业存在很大的风险，增收机会少，贫困人口对生产性贷款的有

〔1〕　综合规划局.2015 年公路密度及通达率.［EB/OL］.（2017－04－07）［2017－5－27］.http：//zizhan.mot.gov.cn/zfxxgk/bnssj/zhghs/201704/t20170419_2192765.html.

效需求不足(指贫困户能够使用并且按期偿还的贷款需求)。[1] 三是贫困人口对小额信贷的了解程度低,愿意贷款的意愿小。这些因素致使贫困人口自身缺乏资金,无法生产,转而依赖政府,不利于发挥其自身的积极性。

商业银行"贷款难"。这种现象产生的原因主要是商业银行作为营利性机构,拥有选取申请贷款人贷款的权力,由国务院扶贫办、财政部、中国人民银行、银监会、保监会制定的《关于创新发展扶贫小额信贷的指导意见》明确指出小额信贷的扶持对象是有贷款意愿、有就业创业潜质、有技能素质和一定还款能力的建档立卡贫困户。因此,在选择贷款人时,银行会考虑建档立卡贫困户的还款能力、信用条件、个人资产、技术能力等因素,对于无能力还清贷款的人不会发放贷款。尽管政府对贫困人口贷款有贴息政策,综合各方面因素,商业银行也可能会对一般贫困户发放贷款,但对于极度贫困的人来说,想要获得贷款就显得异常艰难。

此外,在资金使用方面也存在问题。扶贫专项资金可能出现滥用的情况,电商企业作为营利性组织,在电商精准扶贫的过程中承担着社会责任,但仍需注意政府在利用财政资金扶持电商发展、改善基础设施过程中,出现扶持资金成为个别电商企业平台建设和网络企业流量购买的"专项资金"现象。[2] 同时,也可能出现挪用电商精准扶贫资金至其他扶贫项目上的现象。

四、电商队伍人才匮乏及从业人员信誉低

电商精准扶贫队伍人才缺乏。主要原因有四:一是电子商务的运营需要较高的技术作支撑,产品标准化、网店页面的设计、信息资源的获取与维护、物流成本高等因素直接制约了农村电商的开展。贫困人口的文化水平偏低,对电子商务的接受能力弱,这就导致了人才的缺乏。二是人才的外流,拥有高知识、高学历的人才以在外工作为主,反哺意识弱。此外,对互联网接受能力强的当地青年人大多外出打工,致使电商精准扶贫的开展存在困难。三是由于需要进行扶贫的贫困地区各方面条件都很艰苦,电子商务相关领域人才很少愿意到这些地区。四是由于贫困人口对电商的了解程度低,对"互联网 + 农产品"电商模式的具体操作技能不熟,加上培训条件有限,这也导致了人才的缺乏。[3]

---

〔1〕 谢玉梅、徐玮、程恩江等.基于精准扶贫视角的小额信贷创新模式比较研究[J].中国农业大学学报(社会科学版),2016(5):54 – 63.

〔2〕 郑瑞强,张哲萌,张哲铭.电商精准扶贫的作用机理、关键问题与政策走向[J].理论导刊,2016,(10):76 – 79.

〔3〕 李丹青."互联网 +"战略下的电商精准扶贫:瓶颈、优势、导向——基于农村电商精准扶贫的现实考察[J].当代经济,2016(12):27 – 28.

从业人员的信誉低。从业人员主要包括从事物流行业和电商行业的工作人员，电商精准扶贫销售的产品主要为农产品，物流配送相对比较困难，加上某些工作人员不遵守职业道德，对运输中农产品"偷工减料"，致使顾客对商户不信任，此外，为提高产品销量，出现刷好评现象，而评价是消费者了解产品的重要渠道之一，如此一来必然导致商户信誉度降低。

五、物流服务体系不健全

电子商务与物流行业都是新生行业，然而物流行业与电商精准扶贫却不能同步发展，主要原因有三点：第一，电商精准扶贫的发展依托于物流业，但绝大部分贫困地区的交通基础设施都不完善，导致物流速度慢、物流成本增加。但电子商务在运行的过程中，物流速度占据相当大比重，对于最终用户来说，物流速度一天到达为"快速"，二至四天为"正常"，五天以后为"慢速"，因此物流速度慢影响电商精准扶贫的发展。第二，物流管理不完善。目前我国缺乏一个跨地区的组织机构对其进行统一管理，各快递企业之间信息不流畅，沟通不及时，因此，对农产品的物流配送还未形成统一的标准与体系。物流配送管理不够科学有效，在一定程度上影响到农产品的流通，阻碍电商精准扶贫的发展。第三，贫困地区物流服务体系缺乏专业人才的管理，不利于物流服务的长远发展。

六、传统思想的影响

一是产品配送不便。受我国传统小农经济的影响，电商精准扶贫在贫困地区的发展以小规模、分散性的家庭生产模式为主，无法实现统一化、规模化的生产管理，致使产品的配送在交通不便的偏远地区无法统一进行，影响产品的销售。

二是发展动力不足。贫困人口的主要目标就是脱贫，当贫困人口的净收入达到一定程度，能帮助其摆脱贫困时，便会产生满足现状、安于现状的思想，忽视长远利益的现象，这主要是受我国传统小农思想的影响。对电商精准扶贫认识不足，致使在实施过程中，电商精准扶贫成为自上而下的、单向的政府行为，不仅不利于调动贫困户的积极性，而且使电商精准扶贫项目所得收益不能公平分配至每个贫困人口，容易出现不能精准惠及贫困人口的场面。[1]　此外，一些贫困人口存在"等靠要"的思想，精准扶贫中存在兜底保障扶贫，即使贫困人口未劳动，也能得到生活保障金。此时，即使政府为其创造发展电商的环

---

〔1〕　王文艳，余茂辉.电商精准扶贫面临的问题与对策[J].农业与技术，2016(11)：160－162.

境，贫困人口也会产生惰性思维，造成其自身发展动力不足。

七、网络安全问题突出

网络是电商精准扶贫发展的主要依托，订货、发货、物流信息更新、付款与退款等程序都在网上进行，且电商拥有用户个人信息，大多数人在进行网络消费时，首先考虑的就是网络安全问题，因此，维护网络安全、防止个人信息泄露相当重要。据国家计算机病毒应急处理中心发布的《第十五次全国信息网络安全状况暨计算机和移动终端病毒疫情调查分析报告》显示，2015 年64.22%的用户发生过网络安全事件，79.39%的用户使用过网络支付，其中36.99%的用户在使用网络支付服务时出现了安全问题，使用网络支付服务时遭受到经济损失的用户比例为50.58%[1]。网络环境的不安全是电商精准扶贫顺利发展的一大瓶颈。网络安全事件在电子商领域主要表现在网页篡改、网络仿冒、拒绝服务，恶意程序或计算机病毒入侵等一系列层面上。这些网络安全事件的发生会给销售者带来损失，对于贫困人口来说，这样的打击甚至更严重，影响贫困人口对脱贫的信心，进而对电商精准扶贫事业造成一定程度的冲击。对消费者来说，网络购物的风险使其更加谨慎地使用网络购物，这也不利于电商精准扶贫的发展。

第四节　电商精准扶贫的应对策略

做好电商精准扶贫具有非常重要的意义，电商精准扶贫既可以短时间内帮助贫困户脱贫，又可以更好地衔接脱贫攻坚与乡村振兴，同时也可以推动贫困地区电商产业的发展，发挥长效扶贫作用。

一、改变生产经营方式，建设电子商务产业园区模式

为改变分散经营以及产品配送不方便的困境，可以在当地政府的引导与支持下建设电商产业园区，产业园区可以一村或一镇为单位建设，选择拥有电商领域专业知识且诚实可靠、具有商业头脑的人经营，同时完善该产业园内的基础设施建设，这不仅能够帮助贫困人口获得收入，也有利于发挥地方特色，打

---

〔1〕　国家计算机病毒应急处理中心.第十五次全国信息网络安全状况暨计算机和移动终端病毒疫情调查分析报告〔EB/OL〕.（2016 – 12 – 27）〔2017 – 04 – 16〕.http：//www.cverc.org.cn/head/diaocha2015/report2015.pdf

造特色品牌。[1]

在打造地方特色品牌的过程中，一是可以制作宣传片的方式，利用网络宣传的方式，使更多人了解该地区的特色产业，扩大特色产品的影响力，增强产品的吸引力。需要注意的是，宣传片的播放时间不能过长，且应该包含产品的生产流程，物流运输中的各个流程，应尽可能详细地展现该过程，以赢得消费者的信任与青睐。二是充分利用当地大学的作用，大学生作为网络购物的主体之一，对网络的接受能力强，再加上来自全国各地，当地的特色产品对其有很强的吸引力。在熟人效应的影响下，特色产品被推荐或介绍给亲朋好友，这也在一定程度上扩大产品的影响力。三是与大型电商企业合作，提高产品的知名度，增强可信度，打造特色品牌。四是地方政府也应该积极宣传本地的特色产品，设立考察示范点，吸引商业企业在本地区投资，或者政府积极与社会企业合作，销售本地区的特色产品。

二、发挥政府主导作用，加快基础设施建设

基础设施的建设关系到电商精准扶贫的发展，其中，道路基础设施是电商精准扶贫中物流运输的关键因素之一，而网络必定是当地特色农产品全面快速面向消费者的重要渠道，因此，网络基础设施建设的完善有一定的必然性。政府是电商精准扶贫的引领者、实践者，具有统领全局的作用，在这个过程中，政府必须发挥主导作用，且不能过于武断，应该积极与其他扶贫主体合作，以便达到多赢的局面。

对于无法建设电子商务产业园的贫困地区，当地政府可有针对性地对该地区的基础设施进行改善，通过此种方法，发展当地的电子商务。首先，可通过上级政府拨款、与电商企业及物流企业合作、民间筹集资金相结合的方式，对交通建设进行规划，使道路硬化，加快物流速度，最大限度地发挥当地资源优势。其次，网络基础设施的建设需要政府部门的工作人员、销售与网络相关产品的公司进行下乡宣传，或者对具有较强接受能力的人员普及网络知识，使其成为宣传主体，对于需要网络基础设施的贫困人口给予优惠政策，提高当地网络基础设施建设的普及率。再者，加快贫困地区服务站点的建设，在完善道路基础设施与网络基础设施的同时，当地政府还应积极寻求与电商、物流企业合作，如中通、圆通、申通等快递企业，尽快在大部分贫困地区设立物流服务站点，为开展电商精准扶贫做准备。最后，保证贫困人口最基本的用电问题，最

---

[1]　王嘉伟."十三五"时期特困地区电商精准扶贫现状与模式创新研究[J].农业网络信息，2016（4）：17－21.

佳的方式就是采用精准扶贫十大工程之一的移民搬迁方式，帮助偏远山区的贫困人口搬离大山，解决用电问题，确保贫困人口最基本的上网条件，同时也改善了交通状况。

三、引导多方主体参与，拓宽资金来源渠道

电商精准扶贫的资金来源主要是政府的财政拨款，仅靠财政拨款显然不能满足电商精准扶贫的需要。电商精准扶贫是一个多方协作、共同参与的工程，其主要参与者有贫困人口、政府、物流企业、技术企业、运营商等。因此，资金可以从电子商务运营商、物流企业等企业获取。资金供给形式并非是直接的，也可转化为间接的物质。如：政府可以与电子商务运营商签订相关合同，由政府选定经营人员，电商企业承担贫困地区服务站点的建设以及人员的培训等工作，减少政府的压力。再者，政府也可以作为第三方引导物流企业进驻贫困地区，方便物流运输。最后，也可加强对电商精准扶贫的宣传力度，吸引各界人士参与扶贫，融入更多资金。需要注意的是，政府在拓展融资渠道的过程中，也要加大对与电商相关行业的扶持力度，为电商精准扶贫营造良好的发展环境。

对于贫困人口出现的"贷款难"问题，首先要加强小额信贷的宣传力度，向贫困人口详细介绍该政策，为贫困人口贷款提供思想认知基础；其次，对贫困人口进行思想开导，向其讲明小额信贷的益处，引导贫困人口参与贷款政策；最后，政府可邀请专家，教授贫困人口种植技术，保证产品的质量及产量。

对于商业银行的"难贷款"问题，一是对于极度贫困、无偿还能力的贫困人口，政府可充当其担保人，以解决商业银行的后顾之忧；二是政府给予商业银行优惠政策，在保证商业银行尽可能少出现损失的前提下，鼓励商业银行加大对贫困人口的贷款力度；三是对商业银行小额信贷方面的行为进行监督，以便出现贷款资金、贷款优惠政策滥用的现象。

四、引进与培育电商人才，构建人才队伍体系

人才是电商精准扶贫得以长期发展的关键因素，人才的引进与培育可以通过以下途径进行：第一，以优渥的条件吸引电商行业人员以及在外工作者（包括在外大学生以及在外工作者）回乡创业，优渥的条件不仅包括物质条件，还应该包括精神条件，如社会地位、个人声誉等。第二，对基层工作人员进行定期的培训，提高其在电商方面的知识技能，为贫困人口学习电商提供现有资源。分管电商精准扶贫领域的各级领导，应该是具备一定的农业知识以及懂得

经营管理的人才。[1] 第三，对不同学历层次的电商从业者分类培训，提高培训效率，同时，培训应该是持续性的，培训的内容至少应该涉及网站的基本运营，尤其是与互联网及电商相关的基础性法律知识等方面，以保证在发生矛盾时，贫困人口可以用理性的方式解决问题，保证销售者与消费者的利益。第四，与城市相比，贫困地区多集中在农村，农村的邻里关系、亲友关系往来更加密切，因此，可以充分发挥当地"领头羊"的示范效应及贫困地区的熟人社会特点，减少电商精准扶贫的阻力。第五，地方政府可与当地高校开展相关合作，为本地区电商精准扶贫的发展培育并提供人才，同时，当地高校在培养电商人才时，要保证人才的质量，多设计一些实践课程，鼓励学生利用互联网创业，使学生积累经验，以便更好地为电商精准扶贫服务。

五、注重个人及公司信誉，完善诚信体系建设

诚信制度的完善包括销售者以及物流从业者两方面的完善，对电商销售者需完善电商准入注册、资信评估、差评追踪和品牌经营机制，发展线上线下供产销监控系统，通过网络数据挖掘技术形成交易主体信用记录，强化社会、政府、公众等全方位监管体系建设，严格电商信息披露制度。同时，对参与电商精准扶贫的企业或个人进行等级认证，提高扶贫企业和个人对电子商务的信赖，且积极推动与电商精准扶贫相适应的社会信用制度建设[2]。制度条件只是保障，个人伦理建设才是关键。应该对销售者个人进行教育，通过事先培训，对其说明信誉的重要性，加强个人伦理道德的建设。对物流从业者，物流公司可提高雇员准入门槛，更加注重雇佣人员的信誉，也可完善公司规章制度，激励与惩罚并行，对在物流服务过程中表现良好的人员进行奖励，对出现信誉问题的人员严格处分。此外，个人伦理建设的主体还应该包含消费者，网络消费者是最广泛的社会群体，消费者个人伦理建设涉及我国的教育水平，教育水平的提高能够保障消费者在遇到矛盾或者难题时可以理性思考，保证电商精准扶贫的顺利开展。

六、规范网络运营环境，加强法律制度建设

我国电子商务起步晚，在电商领域易出现诈骗行为，因此，在电商精准扶

---

〔1〕　黄云平，冯秋婷，张作兴，等.发展农村电子商务 推动精准扶贫[J].理论视野，2016(10)：73－77.

〔2〕　谢圆元，起建凌，孙昕.农村电子商务——基于 SWOT 分析[J].农业网络信息，2016(5)：37－40.

贫实践过程中，也要加强顶层设计的建设，使法律法规紧跟时代的步伐。由于各地扶贫情况存在差异，因此中央政府可出台电商领域的基本法律法规，地方政府在结合当地实际的前提下，聘请专业法律顾问，制定适合本地区发展的地方性法规，以此建设法治化营商环境，规范网络运营环境，减少网络不安全事件的发生，使电商精准扶贫在发展过程中出现的矛盾纠纷在解决时有法可依。此外，加强计算机的系统维护，尽量减少系统漏洞，保证计算机安全，为电商精准扶贫的发展营造良好的发展的环境。

　　电商精准扶贫作为产业扶贫的一种，在短时间内取得的成效是极大的，在实践过程中，遇到一些障碍是不可避免的，只有采取适当的措施，才能取得良好效果。目前来看，电商精准扶贫不仅能帮助一部分贫困人口摆脱贫困，帮助有志青年实现自身价值，还可以扩大电子商务的影响力。随着信息技术的不断发展，电商精准扶贫在今后不可能仅仅是一种扶贫方式，它会为日后电子商务的发展提供宝贵的经验，使电子商务能真正地惠及每一个人。

第五章

教育精准扶贫

　　教育扶贫是精准扶贫的最重要组成部分，习近平总书记历来重视教育在扶贫中的重要作用，早在 20 世纪 80 年代，他在《摆脱贫困》一书中特别强调："越穷的地方越需要办教育，越不办教育就越穷。"2013 年 12 月，习近平总书记在河北阜平考察扶贫工作时特别指出：治贫先治愚，要把下一代的教育工作做好，特别是要注重山区贫困地区下一代的成长。把贫困地区孩子培养出来，这才是根本的扶贫之策。2015 年 11 月，习近平总书记在中央扶贫开发工作会议上特别强调：教育是阻断贫困代际传递的治本之策。贫困地区教育事业是管长远的，必须下大力气抓好。扶贫既要富口袋，也要富脑袋。教育精准扶贫是精准扶贫的最基本实现途径，教育作为脱贫攻坚的五大举措之一，被赋予了重大使命。

第一节　教育精准扶贫概述

　　教育是解决贫困代际传递的关键。美国人类学教授、美国人文与科学学院院士奥斯卡·刘易斯（Oscar Lewis）认为"贫困文化一经形成便趋向于永久化"[1]，而长期处于贫困文化中的儿童自幼便深深打上了自己文化的烙印，并通过代际传递，形成封闭的循环，从而无法摆脱自身的困境。因此，通过教育手段，提升贫困人口的生存和发展能力，从思想上突破"贫困文化"藩篱，是解决贫困问题的基础和关键环节，也是学者致力于研究的重要问题。可见教育精准扶贫的重大意义。

---

〔1〕　Oscar Lewis. The Culture of Poverty[J]. Scientific American，1966，(4).

一、教育精准扶贫的内涵

精准扶贫、精准脱贫是全面建成小康社会的关键。所谓精准扶贫，是指根据一系列科学合理的标准和程序，精准识别贫困村、贫困户，坚持因村因户施策、实事求是的原则，建立自上而下的精准扶贫体制，同时需要对政策落实和扶贫资源分配进行考核，确保如期实现精准脱贫的目标，带动人民群众发家致富。"治贫先治愚"，要治理贫困，先要治理贫困人口的知识欠缺问题，治理贫困人口的落伍的思想及落后的认知，因此可以说，教育扶贫是精准扶贫的最基本实现途径。另外，教育精准扶贫也是"脱贫防返贫"的长久大计和可持续力量，只有通过良好的教育，通过实施精准的教育扶贫，才能帮助贫困人口真正掌握有用的文化知识，提高他们的各种认知，提升他们的就业技能，强化他们脱贫致富的能力。

教育扶贫就是指把教育放在治理贫困地区落后现状的制高点，通过提供对贫困地区各种教育教学资源的投入以及资金支持，让贫困人口掌握能够跟得上时代的知识和技能，提升贫困人口的思维意识和自主能力去摆脱贫困，也为国家各行各业培养就业人才。在国家实施精准扶贫的战略思想中，教育扶贫应处于突出位置，党和政府都高度重视教育对国家社会发展的作用，尤其是对于贫困治理的根本作用。教育扶贫的重点就是要调整传统粗放式的扶贫政策和扶贫思路，要着重关注贫困地区人口素质的提高，并将其作为治理贫困的突出工作来精准施策。只有打好教育扶贫和产业扶贫的"组合拳"，推进教育强民、就业安民，才能帮助贫困户彻底摆脱贫穷，力拔穷根。

结合对精准扶贫与教育扶贫内涵的理解，笔者认为所谓教育精准扶贫就是政府和社会各组织通过制定行之有效的教育政策、帮扶机制等并提供教育资源和扶贫资金等方式帮扶贫困人口接受教育和技能培训，以提高其基本素养和知识技能的过程和行为。教育精准扶贫的内涵可以从以下几个方面理解：一是教育精准扶贫的根本目的就是提高贫困人口的教育素质，提升其脱贫致富的思想动力和基本技能；二是教育扶贫的过程必须强调精准，精准识别扶贫对象，分析扶贫对象的教育情况，有针对性对扶贫对象问题设计相应的学习和培训项目，做到真正帮扶贫困人口提升其就业技能，而对于贫困家庭的小孩，则制定一系列政策帮助其完成学业并最终就业；三是教育精准扶贫的本质就是"真扶贫、扶真贫"，并且保持可持续性行为，通过教育来阻断代际贫困问题，从而达到真正意义上的贫困治理的最大效果。

精准扶贫的重点在于精准，而扶贫的重点在于教育扶贫，对于整个国家甚至社会，尤其是对于贫困地区而言，教育都是国家和社会发展的根本大计，是贫困地区提高人口素质、摆脱贫困的根本途径。教育精准扶贫已成为社会关注的焦点，从长远来看，要实现脱贫攻坚的伟大目标，要保持精准扶贫政策的实施效果，保证贫困人口长久脱贫，教育精准扶贫都是最基本的着力点和最根本性的解决策略。依靠教育精准扶贫，才能真正拔穷根，实现从"输血式"扶贫向"造血式"扶贫转换。教育精准脱贫需要创新扶贫方式，统筹规划好教育精准扶贫专项政策，采取特殊措施、精准聚焦，着力丰富教育教学资源，实现区域、城乡之间资源均衡和教育公平，吸纳来自社会、行业、专项等各项资金，形成合力，改善教学培养方式，提高教师人才素质，重点在于提升贫困地区人口科学文化水平，尽快摆脱贫困的现状。

二、实施教育精准扶贫的意义

实施教育精准扶贫具有强烈的现实意识和价值，既可以帮助贫困家庭贫困人口提升教育素质，加强就业技能，阻断代际贫困，又可以通过实施教育精准扶贫，为全社会培养优秀人才，为企业培养合格的就业人员，促进区域贫困地区经济的发展，推动社会不断进步。当然，最重要的是能够促进社会均衡发展，并为贫困人口脱贫致富提供最有效的路径。

（一）是促进社会均衡发展的重要举措

教育是国家发展大计，教育也是贫困区域的发展大计，由于各方面的原因，我国的教育发展极不平衡，对于贫困地区而言，由于经济基础差、发展底子薄，又可能存在教育不便、教育资源紧张等因素，使得贫困地区教育的发展受到极大的制约，教育发展缺乏动力，造成贫困地区的教育现状长期得不到较大改善，远远落后于发达地区，教育资源配置的不合理和教育发展不均衡所带来的社会发展不均衡问题非常突出，发达地区和欠发达地区尤其是贫困地区的教育投入差距很大，这不但使地方经济发展不均衡，也影响了社会的均衡发展。实施教育精准扶贫政策，能够通过专门的途径针对贫困地区贫困家庭开展有效的关注和针对性帮扶，对贫困地区给予政策倾斜和教育资金支持，有效整合配置教育资源，缩小城乡差距，对于贫困家庭给予政策关爱和专项资金帮扶，帮助其开展就业技能培训或完成学业，实现教育的公正公平，促进全社会的均衡发展。

（二）有助于全面促进人才的培养与发展

贫困地区的经济发展离不开优秀人才的支撑，优秀人才是地方经济社会发展的根本保障。但是，由于长期以来我国贫困地区教育发展一直比较落后，缺乏完善的教育资源，在农村贫困地区存在大量的文盲，其整体素质还有很大提升的空间，这严重地制约着我国当地经济的发展。通过有效而精准的教育扶贫，能够全面提升贫困人口的教育素养和基本技能，为区域经济的发展注入优秀的人力资本，推动经济的发展。重点要关注贫困家庭的孩子，帮助他们有效完成学业，无论是高等教育还是职业化教育，都能够不断保证贫困家庭的成才效率，为家庭摆脱贫困提供最基本的动能。通过对贫困地区给予资金投入以及优惠的政策支持，改变贫困人口的思想观念，提升其科学文化素质，改善家庭贫困的局面，长效脱贫。总之，充分发挥教育精准扶贫的优势，根据当地发展实际，为贫困人口提供专门的教育技能培训，培育出新一代农民，可为当地培育出大量的优秀人才，为当地经济发展提供强有力的人才保障，可以在根本上保证区域经济发展效率提升，实现经济的长远进步。

（三）是贫困人口实现脱贫致富的内生动力

相对于产业精准扶贫、电商精准扶贫等精准扶贫的其他形态，教育精准扶贫直指导致贫困地区和贫困人口贫穷落后的根源，最根本的还是贫困地区缺乏人才，而贫困人口缺乏教育，思想观念陈旧。教育事业与社会经济发展密切相关，提高贫困地区贫困人口的素质需要教育精准扶持。教育能从根本上改变一个国家、一个民族、一个地区的精神面貌和文化水平。专业化的教育有助于提升贫困人口的综合素质和职业素养，有效的教育精准扶贫可以让贫困家庭的孩子通过接受良好教育更好地认知社会甚至成为社会的栋梁之材，从根本上让贫困家庭摆脱贫困，阻隔代际贫困，另外，有效的教育精准扶贫能够提升农村劳动力的综合素质和职业素养，为今后的就业创业奠定良好的基础，实现富余劳动力向产业化方面发展。通过各种教育渠道引导贫困人口穷则思变，引领贫困区域内的有能力的人去研究自身所处资源特色与优势，加快脱贫致富。

三、实施教育精准扶贫的着力点

教育精准扶贫强调因地施策、因户施教和因人施教，要根据贫困地区的特点和情况给予特殊的教育资源配置和政策支持，根据贫困家庭的具体情况采取特定的教育项目和资金帮扶，根据贫困人口特定的教育薄弱点有针对性地进行教育方面的措施，以此来提高教育扶贫的有效性和针对性，努力基于"扶智""治愚""防返贫"三大着力点，帮助贫困地区、贫困家庭和贫困人口摆脱贫困。

（一）"扶智"

"扶智"是教育精准扶贫的最基本着力点。教育的目的就是要"开学明智"，国家投入各种资源，普及各层次的教育，就是为了提升整个国家和民族的智力和综合素质，为国家现代化培养优秀的各类各层次人才，以推动国家经济社会、政治文化的发展。对于贫困家庭和贫困人口而言，他们往往因为各种因素如家庭贫穷、思想观念落后等在接受教育方面明显不足，教育精准扶贫就是要在教育上发挥其巨大作用，要在"智力开发"上精准帮扶贫困家庭和贫困人口，找准原因，创新教育培养方式，转变教育方法，常做技能培训，有针对性地帮扶贫困家庭和贫困人口提升其综合"能力"，从而提升其基本素养和教育素质，以便更好地适应社会、认知社会，努力创造自身的价值。因此，扶贫的关键在于"扶智"。

（二）"治愚"

"治愚"是教育精准扶贫的最基础目标。摆脱贫困要先摆脱"愚昧"，摆脱落后的思想、陈旧的观念以及封建迷信等对人的侵扰和影响。我国出台了一系列教育政策和项目来"治愚"，以促进贫困地区教育的发展和贫困家庭贫困人口破除旧思想的影响。1988 年开始实施"燎原计划"，1989 年发起了"希望工程"，1995 年启动了"贫困地区义务教育工程"，同时增拨专项资金帮助贫困地区推行义务教育，另外还有一系列的扶贫计划和扶贫发展纲要都将提高贫困地区贫困人口的综合素质作为促进贫困地区贫困人口摆脱"愚昧"的根本途径。实施教育精准扶贫，如果"治愚"的最低目标都不能实现，那么教育的扶贫功能就没有发挥，更不要说做到了"精准"。教育精准扶贫要在"治愚"上多下功夫，要努力改变贫困家庭和贫困人口的落后的思想观念，实施"新两基"工程，帮助贫困人口融入社会，提升贫困人口的基本素质和就业技能。

（三）"防返贫"

脱贫防返贫决定了教育精准扶贫作用需要具有长久性和持续性。为了保证教育精准脱贫工作的实效，我们要在"防返贫"上下足功夫，彻底阻断贫困代际传递。一方面要扎实做好农村贫困地区的教育工作。完善学前教育，系统谋划，充分发挥农村普惠性学前教育资源的作用，确保义务教育全覆盖，保障农村义务教育经费，保障优秀师资，推进农村校舍标准化建设，普及高中教育，分类推进中等职业教育，免除建档立卡家庭经济困难学生的学杂费；另一方面是要加强新型职业教育培训。着力于抓好职业教育，做好农民职业教育培训规划，尤其是要把贫困人口的职业教育培训作为常态性的工作来抓，将其纳入地方政府教育培训发展规划中，形成职业农民教育培训体系，从整体上提升贫困人口的就业技能和就业能力，这是"防返贫"最直接也是最根本的措施。

第二节　教育精准扶贫典型案例

一、天祝县的教育精准扶贫实践

(一)基本情况

天祝县是国家扶贫开发重点县,是甘肃省 58 个集中连片特困县之一,也是藏区集中连片特困片区县之一。天祝县全县现有各级各类学校 160 所,其中职教中心 1 所,高级中学 1 所,完全中学 2 所,独立初中 10 所,九年制学校 6 所,完全小学 64 所,小学教学点 40 个,幼儿园 36 所;寄宿制学校 59 所;双语学校 23 所;教学班 1081 个。这些学校拥有在校学生 26097 名,其中职中生 242 名,高中生 5145 名,初中生 6219 名,小学生 10660 名,学前班有 687 名,在园幼儿 3143 名,特教班学生 1 名,学习双语学生 1200 名;寄宿生 10365 名。教职工 3322 名,其中专任教师 3021 名,从事双语教学的专任教师 110 名。截至 2016 年 2 月,精准扶贫数据大平台中全县各乡镇各学段建档立卡贫困户子女 8509 名,其中学前教育幼儿 891 名,义务教育阶段学生 4150 名,高中学生 1366 名,中职生 218 名,高职专科生 749 名,普通本科生 901 名。

(二)主要措施及成效

天祝县为如期实现脱贫致富的目标,在教育精准扶贫工作过程中主要采取下列措施。

1. 扩大贫困家庭子女接受学前教育、义务教育和职业教育的机会。一是加快发展学前教育,不断满足贫困家庭适龄幼儿入园需求。充分利用中小学布局调整后的富余资源及其他安全、优质的可利用资源,在贫困村新改建幼儿园。2015 年,该县共投入资金 340 万元,新改建松山镇阿岗湾村、松山镇鞍子山村、哈溪镇西滩村、华藏寺镇周家窑村 4 所幼儿园,建筑面积 1010 平方米,同时投入设备配备资金 20 万元,为 4 所幼儿园购置了教具、玩具和图书。其中,周家窑村幼儿园被列入了天祝县 2015 年精准扶贫贫困村幼儿园建设,建筑面积 340 平方米。招聘农村幼儿园教师 53 名,有效解决了学前专业教师短缺的问题。加大学前教育师资培训力度,举办了学前教育新教师岗前培训,选派 12 名骨干教师赴北京、兰州参加了学前教育教师培训。目前,全县学前一年、两年、三年幼儿毛入园率分别为 99.65%、84.89%、66.41%,比上年分别提高了 0.02、1.22、0.64 个百分点。

2. 全力实施标准化学校建设工程,改善义务教育学校办学条件。按照就近、方便的原则，科学布局学校，优先办好贫困村教学点，保障农村儿童就近入学。根据《天祝县关于精准扶贫教育支持计划的实施方案》安排，该县 2015 年精准扶贫义务教育阶段建设项目为 9 个贫困村校舍建设工程，其中：校舍建设项目 3 项，建筑面积 2574 平方米；操场建设项目 6 项，建筑面积 20590 平方米。实施"全面改薄"项目 105 项，新建、改扩建中小学教学及辅助用房、生活用房 27176 平方米，运动场 10.71 万平方米；为 116 所中小学和教学点配置了学生用床、课桌凳、食堂设备、安保设备及音体美术器材和图书。全县为农村学生宿舍全部实现水暖供暖，使冬季取暖更加温暖、卫生、安全。

3. 加快教育信息化进程，实现优质数字教育资源共享。以实施"全面改薄"项目为契机，加快中小学教育信息化"三通两平台"建设。县政府落实教育为民办实事项目，投资约 2173 万元，为中小学配置了"班班通"设备 712 套，计算机 2246 台，录播教室 10 个，实现了农村中小学"班班通"和计算机教室全覆盖。组织全县教师参加全国"一师一优课，一课一名师"活动，评选县级"优课"。

4. 建立精准的教育资助体系，保障贫困生就学。完善贫困家庭学生建档立卡，督促、指导各乡镇完成了精准扶贫大数据管理平台和教育精准扶贫信息的采集和系统录入工作。构建起了从学前教育到大学教育到户、到人的教育精准资助体系，进一步明确资助项目及标准，确保所有贫困家庭子女不因经济困难而失学。将义务教育学生营养改善计划专项补助标准从每日 3 元提高到 4 元，落实义务教育学生营养改善计划专项补助、家庭经济困难寄宿生生活补助、学校公用经费等政策。为 3028 名高校家庭经济困难学生发放助学贷款 1686.74 万元，为 1117 名各类家庭经济困难学生提供资助金 78.53 万元，其中，为 234 名高校家庭经济困难学生落实资助金 36.4 万元，为 57 名普通高中学生落实资助金 8.2 万元，为 2 名中职生落实资助金 0.6 万元，为 381 名义务教育阶段学生落实资助金 18.15 万元，为 506 名学前一年教育幼儿落实资助金 15.18 万元。免除贫困家庭幼儿学前教育的保教费，为进入省内高职（专科）院校的建档立卡贫困家庭学生免除学费和书本费。

精准对接贫困家庭脱贫需要开展招生扶贫，它的具体举措有：一是进一步完善"政策公开、群众监督"的招生工作制度，充分利用新闻媒体、网站、致家长的公开信、招生工作咨询电话等渠道，积极宣传各项招生政策规定。在高考前组织召开招生工作会议，对相关人员进行培训，深入解读各项招生政策，安排部署招生工作，使各项招生政策深入人心。二是落实各项招生扶贫政策，认真做好招生工作。2015 年，该县贫困地区专项招生计划、地方高校农村生源专项招生计划共录取考生 64 人，精准扶贫专项计划录取农村考生 8 人，省内高职（专科）院校单独招生和推荐直升招生计划录取考生 352 人。藏区"9＋3"中职免费教育项目录取初中毕业生 16 人。在中职生"单考单招"中 106 名学生被高职院校录取。中职生对口升学考试中 44 名被省内外高等院校录取，3 名艺术生被对口院校录取。职教中心招生中职生 100 名。

加大贫困乡村教师队伍建设力度。一是在教师职称晋升、荣誉奖励和绩效工资分配上向贫困村小学和教学点专任教师倾斜。今年有 81 名教师被评为中高级职称，725 名教师晋升中级、初级岗位等级，其中农村教师占 80%。二是实施农村学校教师周转宿舍建设项目，累计投入 1865 万元，修建教师周转宿舍 322 套，进行简单装修并配备了基本生活用具，有效改善了农村教师工作和生活环境。三是落实乡村教师岗位津贴，为 1778 名乡村教师发放生活补助资金 175.913 万元，为 331 名县聘 60 周岁以上代课人员落实工龄补助资金 80.9 万元。四是扎实开展教师培训工作，选派 291 名教师参加市级以上各类培训，举办县级教师培训班 8 期，培训教师 853 名，其中贫困村教师 425 名；选派 17 名城区学校骨干教师到农村学校进行为期一年的支教，选派 2 名城区学校骨干教师到农村学校挂职担任副校长。五是着力打造骨干教师队伍，认真实施以培养选拔名教师、名校长和创建名学校为主要内容的"三名"工程。[1]

3. 问题与建议

天祝县在响应党中央和国务院的号召下，认真贯彻落实教育精准扶贫政策，为提高当地教育教学质量采取了一系列有效的措施。但在教育精准扶贫开发过程中仍存在下列问题亟待解决：一是营养改善计划保障经费不足。天祝县由于财政经费有限，仅仅为学校食堂炊事员每人每年落实了 1 万元的工资补助，加工营养餐产生的费用仍占用大量公用经费，造成学校经费严重不足，影响学校发展。二是学前教育资源相对不足。由于农牧民居住分散，部分农牧民居住地距离乡镇中心幼儿园较远，致使贫困村学前教育三年毛入园率仍然偏低。随着移民搬迁以及进城务工人员的增加，城区人口逐年增加，城区学前教育资源不足，入园难问题突出。三是农村幼儿园附属工程建设资金缺口较大。为解决上述问题，实实在在地提高当地教育水平，天祝县有了进一步的打算：一是精准宣传教育资助政策。二是精准兑现教育资助经费。按照相关资助条件和规定，精准、全面、及时地向建卡贫困户子女兑现资助资金，保障学生享有助学经费的获得权。三是精准培训生产生活技能。着力办好汽车运用与维修、焊接技术、学前教育三个重点专业，进一步与全省五年一贯制、"2+2+1"对口贯通分段培养试点院校对接。四是精准实施学校建设项目。认真、科学制定

〔1〕 2015 年天祝县精准扶贫教育扶贫工作汇报［EB/OL］. https：//wenku. baidu. com/view/6a590dab1711cc7930b71624. html.

"十三五"教育发展规划，继续实施标准化学校建设工程。五是全力推进义务教育均衡发展。组织迎接义务教育发展基本均衡县国家评估认定百日冲刺活动，合理配置师资，提高农村教师待遇，提升教师专业化水平，保障学生公平享有优质教育权利。

二、宁都县的教育精准扶贫实践

（一）宁都县教育工作现状

江西省赣州市宁都县共有各级各类学校 346 所，其中高级中学 2 所、完全中学 1 所、初级中学 21 所，九年一贯制学校 17 所、十二年一贯制民办学校 2 所，完全小学 104 所，教学点 56 个，职业技校 2 所，教师进修学校 1 所，特殊教育学校 1 所，公办幼儿园 7 所。全县共有中小学生 14.6 万人，在职公办教职工 5593 人。全县有贫困村 134 个，建档立卡贫困户 39378 户，贫困人 122657 人。据调查，全县贫困村的校舍建设经过这两年半得到全面改善，几乎都新建或改建。但教育资源比较匮乏，教学设备落后，教师大部分都是本地民办教师转编为公办教师，也有少部分为代课教师，教师素质较差，教育水平较低。教学内容单一，以教语文、数学为主。贫困户父母从事农村耕作为主，几乎没有接受过职业教育培训，其子女大部分在初中毕业或辍学后直接打工，很少有接受职业教育。

（二）教育扶贫的做法和成效

宁都县通过上级有关政策，通过"抓硬件、强软件、输血液、壮底气、建片区"等途径，对贫困村、贫困户实施教育扶贫，主要开展了以下几项工作。

一是抓硬件，全面推进义务教育学校薄弱学校建设。有 134 所村级小学占村级完小已完成薄改工作，消除了学校危房，同时在教学仪器配备和图书供给实行政策倾斜，确保农村学生全部进入宽敞明亮的教室，有图书、杂志看。

二是强软件，不断鼓励年轻教师到村级小学任教。鼓励新招教师到农村边远地区任教，并规定新招农村青年教师必须在村完小工作一年才能有资格报考县城学校招收农村教师考试；对在教学点从教的教师，规定边远山区津贴享受最高档，有的学校还给予相关政策配套，如大沽中心小学，对去村小及教学点工作的青年教师免费赠送生活用具一套，并且教师用电不交费；肖田中小学则在中心小学给青年教师预留房间，免费提供给青年教师周末吃住。

三是输血液，加大贫困学生困难补助力度。不断改进贫困学生困难补助力度，实行（学生自己申请，乡村出具证明，学校核定名单，教育局进行抽查，学校张榜公示）等方式进行贫困学生补助，对特殊困难学生还进行专项补助。为保证贫困大学生不失学，宁都县教育局还主动到高中学校进行贫困困难学生补助政策宣传，并印发宣传单发到学生家长手中，让贫困学生家长知晓党的政策，掌握补助要求，充分享受国家贫困学生补助政策。为最大限度满足贫困学生需求，宁都县教育局还主动与县妇联、县团委联系，通过"春蕾计划"救助更多贫困学生。黄石小学还主动与广州蓝天狮子会建立联系，每年蓝天狮子会通过捐款、捐物等形式帮助村小学贫困学生完成学业。

根据《赣州市教育精准扶贫工作实施方案》，宁都县精准扶贫办制定出台了《宁都县教育精准扶贫工作实施方案》，积极落实义务教育家庭经济困难寄宿生生活补助，足额落实精准扶贫学生资助提高配套资金标准。

四是强底气，免费开展劳动力职业技术培训。为让贫困户和贫困学生出门务工有底气，县教育局与县人劳局的就业局沟通，通过就业局的培训基地，为农村贫困户和初中毕业生进行免费就业培训，培训内容包括厨师、计算机、车床、木模、服装设计等，为加快我县农村实用型电商人才，组织农村初中毕业生通过县电协会、县就业局进行电商人才培训，共培训电商人才4000余名，其中贫困劳动力占1/3，学生占1/5。此外，通过开展第二课堂活动，让贫困学生在活动中学到一技之长。东韶漳贯小学地处宁都最北面山区，与宜黄县交界，该校在课外活动时间，由留守教师组织学生学习编织技术，目前在学学生有近20名学生会单独编织提篮和一些小工艺作品，此举受到北京西部人才开发基金会的高度赞扬。

五是建片区，通过教育共同体促进义务教育均衡发展。打破原有管理模式，将全县24个乡镇公办学校和民办学校进行重组，分成7个教育片区共同体，将县城学校与农村学校捆绑组成一个教育片区，实行"片区教职工人员管理一体化、教育教学常规管理一体化、教研帮扶一体化"，做到"片区内教师相互交流、骨干教师片区内交流、行政人员片区内相互挂职锻炼；片区内教学进度统一，集体备课统一，教研活动相互观摩，教育质量统一评估；片区内定期集体备课，定期进行教学交流"，教育片区共同体的建立，有力地促进了全县义务教育均衡发展，提高了贫困学生学习积极性，满足贫困学生享受优质资源的需求。

第三节　教育精准扶贫过程中存在的问题

由于有国家政策的优惠和关爱，我国教育精准扶贫工作取得了较大的成绩，在师资力量、教学设施、教育教学水平等方面有一定的改善，但还存在一些问题亟待解决。

一、教育扶贫法律保障机制不够完善

教育精准扶贫需要国家法律法规的保障，要建立长效的教育精准扶贫制度和机制，必须让教育精准扶贫走上法治化轨道，这也是依法治国的基本要求，是保障"扶智""治愚""防返贫"成效的必要之举。根据党和国务院下达的文件和发布的政策，各个省份在确定受助人数和资金的时候，都是按照一定的比例得以确定的，这并没有考虑到每个家庭收入情况存在差异，没有做到因户施策，违背了精准扶贫的基本原则。在教育精准扶贫工作过程中，贫困户的界定标准偏于定性，缺少定量标准，无法确切地把握贫困对象的家庭收入水平，导致存在一些贫困户虽然得到了国家的教育资助，但也不能彻底解决农村尤其是贫困地区学生受教育的问题，此外由于对受资助的扶贫对象的信息进行网络动态监测的系统和机制不够完善，无法实时地掌控当地人民群众的生产生活情况，一些贫困户接受国家资助后生活情况得到一定的改善，仍在继续享受资助。各个地区的每个学校的内部情况存在较大的差异，需求也不尽相同，但在实施教育精准扶贫工作过程中缺乏针对性，往往都是统一施策，由此造成教育精准扶贫对象不够精准。

二、教育精准扶贫制度体系不健全

教育精准扶贫是一个系统工程，它涉及教育行政部门和扶贫部门的协作，理应从整体和宏观层面来制定全面的政策体系，在这个方面我国一直在努力，但由于各方面的原因，我国尚未建立起非常完备的教育精准扶贫制度体系。很多地方的教育精准扶贫还尚未完全做到对贫困家庭和贫困人口的精准识别，更谈不上精准识别其教育的途径和方法，尤其是对贫困的留守儿童，识别和帮扶机制还应更为完善。边远地区人口少的贫困区域，也存在学校建设久拖不决的情况，在政策配套设计等制度供给上显得不足。对很多农村地区出现的"空心化"倾向所带来的人口减少，从而使得学校就读学生锐减等问题，相关部门识别也不够精准，没有形成良好的体制机制去有效应对办学成本、师资不足以及学生"逃离"等问题。同时，教育主管部门和扶贫业务主管部门有时存在协同不够，沟通的体制和机制不顺畅，部门之间有时职责不清、条块分割比较明显，每个部门更关心的是本部门对国家脱贫攻坚战略的响应，而不是如何统筹好本地区的教育精准扶贫的成效。这些问题可以归结到一点上，即教育精准扶贫的体制机制不完善，教育精准扶贫的制度体系不健全，协调和分工不精细，影响了教育精准扶贫的实施效果。

三、经费保障不足，难以满足教育持续发展的需要

教育经费的投入是教育发展的根本推动因素，对于贫困地区而言，这点就显得更为重要。一是政府对农村教育的扶持资助难以满足当前农村学校的需要，虽然每年我国教育投入仍在不断地增加，但是农村地区经济发展落后，财政收入水平低，农村整体发展情况仍面临较大问题，政府的教育经费投入与农村学校实际所需有较大差距。二是贫困家庭经济困难阻碍了其对于子女教育的投资。他们收入少，本身综合素质不高，生产社会水平较低，家庭食物支出占消费总支出比重较高，完成九年义务教育之后，父母便没有多余的资金来供子女继续读书以提升素质和培养技能，如果孩子本身又存在厌学或学习不好的情况，则家庭一般不愿在教育上进行投入，长此以往，形成恶性循环，易造成贫困代际传播。三是在贫困地区的政府财政紧张时，没有很好地利用民间和社会资本来促进教育的发展。教育精准扶贫需要资金投入，需要经费作为保障，但是投入的主体不一定总是当地政府或上级政府，充分利用好社会资本，对于实施好教育精准扶贫政策也是非常重要的。现实情况是我国的社会、行业等外来力量对农村教育投入不足，无法形成整体合力。部分社会人员由于对教育的重要性认识程度不够，观念上存在问题，不愿花心思、精力在教育事业上。

四、教育精准扶贫专项规划不完善，管理考核机制缺乏

现阶段我国农村尤其是贫困地区的学校出现萎缩，学生移民激增，单纯的"输血式"扶贫规划难以解决当地教育精准扶贫问题。国家通过加大各地方学校的资金投入，改善了学校的硬件设施，但是农村的"空心化"日益严重，导致部分农村学校学生数量不增反减，造出了更多的"空巢"学校。此外在落实教育精准扶贫工作的过程中，缺乏严格的考核措施保证政策实施的效率，缺乏相应的监管模式来保证计划实施过程中不会出现偏差或者在偏差出现时得到及时的纠正。没有定量化的考核标准难以对开展扶贫工作的人员进行定期的考核，严重影响了扶贫工作的效果，另外教育精准扶贫项目过程中存在不少非法挪用扶贫资金的相关部门、人员，如不严惩则会助长腐败风气，不能切实保证教育精准扶贫工作的实效。

同时，制定了好的教育精准扶贫政策，要真正发挥其作用，最关键还是要在现实中落实下去，但因为各种原因，好的政策无法执行也时有发生。一方面是因为贫困家庭及贫困人口自身的不配合，没有转变观念；另一方面也可能是扶贫工作人员对政策解释不到位、工作能力和水平不一，产生了政策执行偏差。另外，很多教育精准扶贫政策本身就是全国范围普遍规定，对有些地区的

具体施策时会水土不服。而对于这些政策落实不到位的问题，还缺乏绩效考核机制和责任追究机制。

五、教育资源积累不足，教学质量有待提高

党和国务院对教育事业的高度重视以及政策支持推动了各地区教育精准扶贫工作的开展，农村尤其是贫困地区教育落后的局面在一定程度上得到了改善，但众所周知，农村地区长年来经济发展水平有限，当地财政水平低，农村教育发展仍然面临经费投入等困难。虽然教育脱贫取得了很大进展，但我们也清醒地看到，农村地区教育发展仍比较滞后，面临不少困难和问题。国家财政对农村教育事业投入加大，但贫困村的教育仍是短板。一是学校硬件设施落后。大多数农村薄弱学校的图书陈旧，教学仪器不完备，缺乏多媒体设备，教学设施陈旧，课余休闲活动场所建设不完备。二是师资力量薄弱。国家虽有相关政策激励教师到贫困地区工作，但效果并不明显，师资仍是教育精准扶贫中最薄弱的环节，教师队伍不够壮大，师资力量不够强大，教师整体素质偏低，教师结构不合理，教师角色过载现象严重，这些都影响了农村教育教学质量的提高，减弱了农村教育精准扶贫的效果。三是教育培养方式不够科学有效，缺乏创新。在一些地理位置偏远、交通不便、资源困乏、有语言文化障碍等缺陷的农村及贫困山区，教师队伍综合素质不高，教育教学方式过于传统，学校教学质量存在严重问题。

六、教育精准扶贫督促推进力度不大

贫困人口的教育资料规范确实重要，存档文件规范也很重要，但是要求所有归档的文件都一样，否则打回来重做，这无疑加大了村干部的工作量，再加上已经脱贫的退档、重新判定贫困的归档、不断变化的标准、各个部门资料不共享等等，都加重了基层干部的工作，浪费了大量的时间和精力在文件上，违背了教育精准扶贫的初衷。国务院、省级人民政府、市一级人民政府还有县级人民政府领导隔三岔五地去视察，村支书和陪同人员花费了大量的时间在陪同上，甚至有些村为了年终业绩被评为优秀，不如实反映情况，反而在几天内做足表面功夫，不实实在在为人民服务，由此引发的不仅仅是金钱的浪费，更多的是对基层政府的信任危机。国家下发政策不到三年就要让基层政府在教育精准扶贫上做出成绩，"十年树木，百年树人"，在多方舆论监督下，基层政府和干部不能沉下心来，细致地把工作做到位，反而每天担心着领导和舆论抓住只言片语来问罪，急功近利的态度导致教育精准扶贫只是表面化，并未沉下心深层次去探究。为了应付领导视察，把较多财力花费在外部建设上，使得钱没有

花在刀刃上，没有根本改善贫困人口的教育素质。

七、职业学校教育未能发挥最大潜力

在教育精准扶贫整个工作的开展过程中，职业教育未受到足够的重视。当前我国农村尤其是贫困地区职业学校基本设施不够完善，职业技能培训水平不高，职业技术学校中老师自身的能力水平有待提高，职业学校的开展没有做到从当地实际需要出发，课程设置、教学内容和方法不够科学合理，偏重于理论知识，无法使贫困人口通过职业技术培训掌握与生产技术相关的技能和实际操作，职业教育的规模、层次、结构和质量不能满足当地的教育发展需要。当前影响职业学校教育发展潜力因素主要存在以下几点：一是思想观念陈旧，大多数自身受教育水平不高的群众认为读职业学校对之后的工作没什么帮助，想尽早出去打工赚钱，积累经验。二是职教培养方式和社会企业所需之间没有达到良好的衔接，贫困人口通过在当地接受职教获得的知识和技能不能较好地适应企业的需求，使得企业与当地职业学校合作项目大大减少。三是贫困地区的职教管理不科学，职业学校内部规章制度不健全，各校之间存在较大的竞争压力，影响了规模化进程，影响了职教的综合效果。应发挥职业教育精准扶贫优势，着力提升职业教育服务水平，根据当地的自然资源、历史和社会等条件，大力发展职业技术教育，促进优质职教资源流向贫困地区和贫困学生。

第四节 教育精准扶贫的政策建议

教育对于贫困治理而言能够发挥长效作用，我国的教育精准扶贫可以从以下几个方面进一步完善。

一、完善教育精准扶贫法律保障机制

教育精准扶贫涉及教育主管部门和扶贫业务主管部门甚至其他部门之间的协调沟通，如果没有统一的法律法规对教育精准扶贫政策的认可，在执行过程中容易出现协同不到位、条块分割的问题。一定的法律法规保障是保证教育精准扶贫政策有效实施的前提条件，这也是我国依法治国的必然要求。对于如何完善我国的教育精准扶贫法律法规，需要从国家和地方立法两个层面加以考虑。在国家立法层面，为了让教育扶贫继续在未来的贫困治理中发挥最基础的长效作用，一方面可以进一步修改《中华人民共和国教育法》《中华人民共和国义务教育法》等国家法律，不但要强化落实家庭和监护人的教育责任，也应该进一步明确地方政府的精准识别和精准帮扶责任，同时提供体制机制使得其他

社会组织或主体能够参与到教育精准扶贫过程中来,形成体系化的精准帮扶,解决贫困地区贫困家庭的教育缺乏问题,从根本上阻断贫困的代际传播;另一方面国家也可以对教育精准扶贫进行立法,专门针对教育精准扶贫工作的规范和有序开展进行立法,以此保障教育精准扶贫工作的有效性和长远性,国家层面的教育精准扶贫立法应明确教育精准扶贫的供给方和受益者,将政府、社会组织和市场一起纳入教育精准扶贫的供给体系,明确政府、社会组织和市场三者之间的责权利关系,建立切实可行的体制机制保障这些主体在教育精准扶贫工作中发挥作用。在地方立法层面,我国的农村扶贫开发纲要早就明确提出地方政府可以先行立法,根据本地的实际情况来制定精准扶贫方面的法规和政策。地方政府不必等着国家层面的上位法出来后才实施立法工作,其实现阶段国家已全面放开了地方立法权,而且也有国家政策支持此方面的立法,那么地方政府完全可以先行先试,努力开展科学的精准扶贫方面或地方教育精准扶贫立法工作。地方的教育精准扶贫立法要因地制宜,结合本地的实际情况和需求,来构建地方的教育法律制度,尤其是要把握如何实现教育精准扶贫的问题,理清楚各主体的责权利关系。对于地方教育精准扶贫立法来说,完善教育精准扶贫考核评价制度,创新教育精准扶贫工作机制,完善教育扶贫精准识别机制,构建有效的教育资源供给和分配机制,保障教育精准扶贫的公平公正等方面,这些应该成为其主体内容。[1]

二、整合力量,建立教育大扶贫格局

实施教育精准扶贫工作过程中,需要挖掘政府、社会、企业帮扶资源和力量,做到大扶贫,形成合力,帮助农村尤其是贫困地区人民群众摆脱当前落后的现状。首先需要发挥政府的主导作用,对教育精准扶贫项目和进程做好整体性规划,保证整个扶贫过程中各项工作的精确度,避免不必要的偏差。引导市内发达城区学校对口帮扶贫困县区学校活动,引进先进的教学经验和设施,充实贫困地区的教育教学资源,加强对贫困家庭孩子的帮扶力度,开展有效的教育资助,实施切实可行的优惠政策,保障贫困家庭的孩子能够公平享有受教育的机会,对于不理解的家庭还要多进行说服教育,保证适龄孩子入学。[2] 其次要建立社会参与机制,引导社会组织、企业、个人主动参与教育精准扶贫工作,吸纳来自各方的资金和资源支持。充分重视社会组织和市场的力量,激活民间

〔1〕 李祥,曾瑜,宋璞.民族地区教育精准扶贫:内在机理与机制创新[J].广西社会科学,2017(2):201－206.

〔2〕 杨海平.基于精准视阈的教育扶贫策略探究[J].经济研究导刊,2016(29):39－40.

资本和社会资金发挥可持续的作用，可以采取政府主导的方式，成立专门的救助基金会或者建立民间教育帮扶组织，引导社会力量参与教育精准扶贫工作。一是社会民间组织可以通过多渠道、多形式号召热爱教育的有识之士，组成教育精准扶贫小组，借助社会力量来募捐图书等学习用品，实行一对多助学帮扶。二是建立民间的奖学金制度，利用民间资金筹措奖学金，为贫困家庭的孩子上学设立民间奖学金，形成鼓励教育、接受教育的良好氛围，让全社会崇尚教育。三是在当地成立经济合作社，鼓励未考上高中的贫困人口就读于附近的职业学校，普及职业技术教育，培养优秀的科技人才队伍。

三、打造科学精准的人才培育机制

制定和完善科学的人才培养制度，做好统筹规划，合理有效的人才培养标准贯彻整个过程，坚持从现实出发，落实到实践中，促进其全面发展，确保所培养的人才能够适应社会企业的需要。首先要积极推进"3＋2"模式的践行，通过有效的产学研一体化教育实践来进行必要的研究，提升贫困人口的综合素质和职业素养。[1] 其次要从现实出发，考虑到当地发展现状，根据其地理优势和资源特色，开展有效的知识培训和实践训练，保证贫困地区人口学以致用，最大化地实现自己的价值。在进行人才培养的时候，必须要为其提供有效的实践机会，保证理论与实践的有效结合。构建有效的教学实践基地，振兴家乡经济发展，最大化保证学生学以致用，这也是检验教学实践效果的最佳手段。最后要大力贯彻落实农村学校老师培养计划，保证高水平的师资力量。继续大力贯彻并实施《乡村教师支持计划》[2]，通过改善贫困地区学校的硬件软件设施，吸纳更多优秀的人才投入到农村薄弱学校的教育事业，如扩大"免费师范生"教育计划招生学校范围，鼓励贫困地区考生就近入学、定向培养；投入更多精力和资源培训乡村教师，特别是贫困地区学校的教师素质和能力培训，提升教师队伍文化知识和职业技能；继续落实教师专项计划，鼓励教师申请到贫困地区支教；健全贫困地区学校教师的福利待遇和职称评定保障机制，对长期致力于乡村教育教学的教师予以倾斜；同时鼓励城乡学校教师交流沟通，引进科学先进的教学经验，推动城乡教师合理流动和对口支援。

四、推进精准化职业教育，增强脱贫致富能力

职业教育是实现贫困人口精准脱贫、提升综合素质的有效方式。在脱贫攻

〔1〕 杨海平.基于精准视阈的教育扶贫策略探究[J].经济研究导刊,2016(29)：39－40.
〔2〕 侯峰.关于教育扶贫的对策研究——以滨州市为例[J].亚太教育,2016(30)：294－295.

坚新阶段，推进职业教育精准化成为极为迫切的民生需求。积极推进贫困地区精准化职业技能指导，对扶贫对象进行有效知识培训和技能训练，提升他们的综合素质，强化职业技能，将理论和实践相结合，这样可以为他们的就业创业打下坚实的基础。拔掉贫困地区穷根，促进优质职教资源向贫困地区和家庭倾斜，加快培育符合贫困地区产业需求的技术型人才。第一，提升贫困地区中高等职业教育办学水平。在教育精准脱贫过程中，应加大政策支持和经费投入，加大扶贫项目扶持力度，鼓励集中连片特困地区贫困县中职学校与省内外高职院校一体化办学衔接，提升其办学能力。第二，鼓励贫困地区职业院校与知名企业合作办学。加大贫困地区职业院校与省内外知名企业、职业院校合作办学力度，提高办学水平。围绕企业用人需求开展"订单式培养"，为贫困地区职业院校学生提供实习实训、就业创业机会，共享教育教学资源。[1] 第三，建立一对一的专业技术培训帮扶机制，帮助他们做好自己的职业生涯规划，增强他们的实操能力，提升他们的职业技能素质，最终提高其竞争力。

五、解决好贫困人口思想认识和技能问题

教育精准扶贫的前提条件就是解决贫困户和贫困人口的思想问题。贫困户贫困人口要脱贫首先是自己思想上必须要有强烈的脱贫意识，不能有等靠要思想和顺其自然的放任心态，这方面主要通过政策宣传、对比算账和身边人教育引导的做法，使其认识到党和政府抓精准扶贫的决心，干部帮扶的一片苦心，引导其形成自主艰苦创业实现脱贫的信心，进而全身心地投入到精准脱贫中来，通过自身坚持不懈的努力，争取早日甩掉贫困帽子。其次，要解决好技能不足的问题。思想认识问题解决了，但还必须要解决发展产业缺技术的问题。在对石城县精准扶贫的政策中，政府为了提高贫困户的思想认识和技能问题，坚持技能培训、转移就业、"车间"就业、公益性岗位就业、能人带动就业"五轮齐驱"，不断提高贫困户的就业率。在思想认识上和技能问题上很好地解决了扶贫工作。为精准扶贫做好了充足的思想文化准备。

六、创新教育精准扶贫方式，提高扶贫成效

当前教育精准扶贫比较成功的一个策略就是开展点对点的精准帮扶。随着科技的进步，"互联网＋"正在改变一切，互联网技术的进步为教育精准扶贫工作提供了更多的可能性。教育精准扶贫可以与"互联网＋"新思维有效结合，"互联网＋"为贫困地区的学校享有高质量的教学成果提供了最大的可能，贫困

---

〔1〕 王嘉毅，封清云，张金.教育与精准扶贫精准脱贫[J].教育研究，2016，37(7)：12 –21.

地区地方政府或相关学校科研以此来优化城乡教育资源配置，完善教育基础设施，提升贫困地区学校的教学水平和创新能力，通过教育信息化促进贫困地区实现教育精准扶贫。首先，必须做好统筹规划。一是建立中央、省、地（市）、县、学校良性衔接的协同推进机制，政府、学校、社会、企业相互交流互动，形成合力，共同推进信息化脱贫。二是要建立健全农村教育精准扶贫信息的监督制度，利用互联网等科学技术对扶贫工作情况进行实时跟踪监测，形成相应的后台监测系统，同时鼓励政府、师生、社会等各方面主动参与到监督当中去，并出台科学严格的奖惩措施，体现民主透明，减少扶贫过程中的偏差。三是完善扶贫过程中的考核制度，制定科学有效的考核标准，对农村学校的软硬件设施、课程安排、教师培训等方面实施全面公正的评估。其次，需要壮大贫困地区教师队伍，充实师资力量，全面提升教师的信息素养。强化贫困地区农村教师的培养、培训力度，使教师能够较好地掌握"互联网＋"等信息技术，并通过这些信息技术开展内容丰富的授课，认真贯彻落实国家、省、县三级的"农村教师数字能力提升计划"，建立"互联网＋"教学支持平台。[1]

---

〔1〕 明海英.以信息化促进农村教育发展［N］.中国社会科学报，2016－03－11(006).

第六章

金融精准扶贫

当前，我国扶贫开发已进入啃硬骨头、攻坚拔寨的冲刺期，截至 2018 年底，我国农村仍有 1660 万贫困人口，这些贫困人口主要分布在我国的中部和西部地区以及部分少数民族聚居区域和自然条件相对恶劣的区域，如何确保如此之多的贫困人口如期脱贫，金融机构如何实施金融精准扶贫，仍是需要继续探讨和努力解决的问题。

第一节　金融精准扶贫概述

一、金融精准扶贫的内涵

（一）反贫困与金融扶贫

在人类历史发展的过程中，"贫"与"困"一直相伴而生，是一种社会经济现象。贫困不仅是一种经济现象，而且是一种社会现象，政府对贫困的态度直接反映了政府社会治理能力。因此，"扶贫"一词就出现了，扶贫即是为减少贫困而采取的各项措施。

反贫困理论是西方经典的经济理论，它从多方面思考问题，例如从促进资本形成方面、促进经济结构转换方面以及促进人力资本形成方面。首先看促进资本形成方面，它就是基于生产资本中所谓稀缺的生产要素来展开论断，奥地利著名经济学家保罗·罗森斯坦·罗丹（Paul Rosenstein Rodan）的平衡增长理论就主要针对发展中国家部分地区如何摆脱贫困进行了研究。他认为作为发展中国家的贫困地区必须通过大规模投资工业来促进发展，摆脱贫困。从促进经济结构转换层面来看，它的反贫困理论主要参考了美国著名经济学家 1979 年诺贝尔经济学奖获得者威廉·阿瑟·刘易斯(William Arthur Lewis)的二元经济理论，因为发展中国家在农业生产部门的边际生产值一般为 0[1]。但是我国的情况与其他国家的不一样，我国的边际生产值并不为 0，所以要结合我国的实际情况进行分析。

随着各国经济和各种金融机构的不断壮大，金融机构开始承担更多的社会责任，在反贫困运动中发挥更大的作用和影响。金融扶贫指的是为了帮助贫困对象脱贫，金融机构通过信贷、保险等手段，为其生产提供金融服务产品的过程。金融扶贫主要是从国外借鉴过来的，在国外，金融扶贫既有成功的经验，也有失败的教训。

金融扶贫最初是一种非营利活动，主要起源于教会向贫困人群发放贷款，在商业上没有可持续性，其本质上是一种赠予。到了 20 世纪 60 年代，较具代表性的是孟加拉国的尤努斯在格莱珉银行发起了小额信贷运动，特别是向贫困妇女发放贷款，实现了金融扶贫的财务可持续，这是一种革命性现象。后来，小额信贷的过度发展导致的过度商业化。利率过高、客户过度承担风险，加上 2008 年的金融危机，出现了 2010 年以印度为代表的小贷危机。目前全球金融扶贫发展已进入反思期，旨在开展金融扶贫过程中实现商业性和社会性平衡发展。金融扶贫概念提出的时间不长，有关这方面理论研究也并不多见，但是其理论基础源自金融发展与经济增长的关系[2]。章元等(2012)通过研究中国脱贫经验提出，一些贫困农户通过自身的劳动经验进入劳动密集型产业进行再就业时，可以创造更多的财富，这样可以让他们分享工业化带来的红利，并且迅速脱贫，成为扶贫的关键渠道。江春等(2015)认为金融精准扶贫不是直接给贫困个体或者群体提供金融资助或贷款，而是通金融发展带动经济增长，推动市场创造更多的就业以期带动更多的贫困人口脱贫致富[3]。不同学者对于金融发展和经济增长都进行了相关研究，结果表明金融发展对于经济增长有正向作用，经济的增长也能从一定程度上消除贫困。

(二)我国的金融精准扶贫

"精准扶贫"理念是习近平总书记 2013 年 11 月在湖南湘西考察中所提出的。在习总书记看来，精准扶贫的意义在于因地制宜、实事求是、有针对性扶

〔1〕 伍洪.金融精准扶贫：理论内涵、现实难点与有关建议的思考[J].中国国际财经(中英文)，2018(5)：185.

〔2〕 高天跃.贵州民族地区金融精准扶贫的难点及对策研究[J].黑龙江民族丛刊，2016(4)：71-75.

〔3〕 江春，赵秋蓉.关于构建我国普惠金融体系的理论思考——国外金融发展如何更好地减缓贫困理论的启示[J].福建论坛(人文社会科学版)，2015(3)：24-29.

贫，而不是通过喊口号或好高骛远的扶贫计划制定目标[1]。

金融精准扶贫政策是在精准扶贫政策指导下形成的，它和"输血式"的财政扶贫政策有很大的差别。金融精准扶贫是指以建档立卡扶贫对象的需求为基础，在政府的指导下，充分发挥金融机构和金融市场的优势，利用保险、信贷等金融工具，有针对性地为贫困人口和农业企业提供金融产品和资源支持，从而激发贫困地区发展的内生动力和贫困人口自身发展能力的扶贫方式[2]。对此，么晓颖、王剑（2016）从经济学的角度对金融精准扶贫的内涵进行了研究，认为金融精准扶贫就是实现金融资金的优化配置，或者换一种角度说，要尽量减少金融资金的"不精准"配置或称为"错配金融精准扶贫"，必须依靠政府的政策引导，充分发挥金融机构与金融市场的作用，精准识别扶持对象，做好项目安排，保证使用资金精准、措施精准到户，才能帮助贫困户、贫困人口精准脱贫[3]。金融精准扶贫是我国在吸收国际先进经验的基础上，提出的具有中国特色的金融扶贫方式，它是指为了满足贫困对象生产性金融需求，帮助其脱贫，金融机构根据帮扶对象的特殊需求和生产特点，为其量身定做金融服务产品的过程。金融精准扶贫，还必须充分利用信贷、保险等多样化的金融手段与杠杆工具为不同贫困地区、不同层次的贫困人口提供针对性的金融产品和服务，从而为贫困地区的产业精准扶贫、易地搬迁精准扶贫、教育精准扶贫、电商精准扶贫等扶贫项目提供精准化、最优化的资源支持与配置，激发贫困地区的内生发展能力和贫困群体的自力更生能力，促进扶贫工作从"输血式"向"造血式"、从"大水漫灌"向"精准滴灌"的扶贫转变。

自20世纪80年代以来，我国先后经历了以贴息贷款、小额信贷以及综合性金融精准扶贫为主要扶贫模式的三个阶段[4]。与金融扶贫相比，金融精准扶贫更具独特优势。

其一，金融精准扶贫强调"精准"，坚持了区别对待的原则。之前的金融扶贫政策，仅仅是为贫困户提供资金支持，且对所有的贫困户基本上一视同仁，无论贫困户的贫困程度、健康状况、受教育程度如何，都以同样的政策帮助其

〔1〕　王静.关于金融精准扶贫难点及对策的研究[J].金融经济，2018(6)：9－12.

〔2〕　聂伟，龚紫钰.十八大以来精准扶贫研究进展与未来展望[J].中国农业大学学报（社会科学版），2018(5).

〔3〕　么晓颖，王剑.金融精准扶贫：理论内涵、现实难点与有关建议[J].农银学刊，2016(1)：4－7.

〔4〕　陈啸，吴佳.我国金融精准扶贫协同治理模式研究[J].中国行政管理，2018(10)：68－72.

脱贫。而金融精准扶贫，则改变原来普遍存在的"一刀切"的金融工具设计方式[1]。根据贫困户的特点，区别对待，结合贫困户的发展基础，综合考虑贫困户的贫困程度、智力水平和发展潜力等各方面因素，为贫困户设计相应的金融产品，提供不同的金融服务，可谓"量身定做"，有效地促进了"大水漫灌"向"精准滴灌"的扶贫方式转变。

其二，金融精准扶贫更加注重贫困户的脱贫主体作用。金融精准扶贫一改过去将贫困户脱贫当成任务、只关注政策实施是否到位及政策目标是否达到，而不顾及贫困户的意愿和贫困户的回应性，转变为更加注重贫困户的自身感受和意愿，给予贫困户更多的人文关怀，人性化地激发扶持对象发展产业脱贫致富的积极性和创造性，且注重反馈和总结，增强了帮扶主体与贫困户的良性互动，提高了金融精准扶贫政策的回应性。

其三，金融精准扶贫的帮扶主体具有多元化的特点。传统的金融扶贫把政府作为单一的扶贫主体，过分强调政府的义务，忽视了其他社会的责任意识，尤其是一些农民专业合作社、小微企业和部分龙头企业在扶贫工作中的重要作用和扶贫潜力。金融精准扶贫在坚持政府主导的前提下，充分发挥种养大户、家庭农场、农民专业合作社、小微企业、银行和积极履行扶贫责任的龙头企业等其他社会主体的带动作用和扶贫积极性，充分吸收社会上的扶贫资源，整合扶贫资金，拓宽了扶贫资金来源，也增强了其他社会主体的活力，提升了社会组织的社会责任感。

为了全面落实国务院《中国农村扶贫开发纲要(2011—2020 年)》，认真落实党中央、国务院关于扶贫开发的总体部署，合理配置金融资源，创新金融产品和服务，完善金融基础设施，优化金融生态环境，积极发展农村普惠金融，支持贫困地区经济社会持续健康发展和贫困人口脱贫致富。2014 年 3 月人民银行等七部委出台了《全面做好扶贫开发金融服务工作的指导意见》(以下简称《意见》)，《意见》明确了金融支持扶贫开发的总体目标和任务，提出了政策措施和要求，为金融支持扶贫开发工作指明了方向。

2015 年 11 月中央在关于打赢脱贫攻坚战的决定中，明确要求加大金融扶贫力度，鼓励和引导商业性、政策性、开发性、合作性等各类金融机构加大对扶贫开发的金融支持。运用多种货币政策工具，向贫困户提供长期、低成本的资金，用于支持扶贫开发[2]。运用适当的政策安排，动用财政贴息资金及部分

---

〔1〕 王君.普惠金融与金融精准扶贫的关系研究——基于湖南湘西州的实践[J].武汉金融，2017(3)：84 – 87.

〔2〕 王静.关于金融精准扶贫难点及对策的研究[J].金融经济，2018(6)：9 – 12.

金融机构的富余资金，对接政策性、开发性金融机构的资金需求，拓宽扶贫资金来源渠道。国家开发银行、中国农业发展银行分别设立"扶贫金融事业部"，依法享受税收优惠。中国农业银行、邮政储蓄银行、农村信用社等金融机构要延伸服务网络，创新金融产品，增加贫困地区信贷投放。对有稳定还款来源的扶贫项目，允许采用过桥贷款方式，撬动信贷资金投入。按照省（自治区、直辖市）负总责的要求，建立和完善省级扶贫开发投融资主体。支持农村信用社、村镇银行等金融机构为贫困户提供免抵押、免担保扶贫小额信贷，由财政按基础利率贴息。加大创业担保贷款、助学贷款、妇女小额贷款、康复扶贫贷款实施力度。优先支持在贫困地区设立村镇银行、小额贷款公司等机构。支持贫困地区培育发展农民资金互助组织，开展农民合作社信用合作试点。支持贫困地区设立扶贫贷款风险补偿基金。支持贫困地区设立政府出资的融资担保机构，重点开展扶贫担保业务。积极发展扶贫小额贷款保证保险，对贫困户保证保险保费予以补助。扩大农业保险覆盖面，通过中央财政以奖代补等支持贫困地区特色农产品保险发展。加强贫困地区金融服务基础设施建设，优化金融生态环境。

为全面改进和提升扶贫金融服务，增强扶贫金融服务的精准性和有效性，2016年3月中国人民银行、发改委、财政部、银监会、证监会、保监会、扶贫办联合印发《关于金融助推脱贫攻坚的实施意见》。该意见紧紧围绕"精准扶贫、精准脱贫"基本方略，提出了金融助推脱贫攻坚六个方面共22条细化落实措施，明确了新形势下金融助推脱贫攻坚的总体要求、目标任务和重点工作。

从以上文件的发布可以看出，党中央高度重视国家在政策、财政上为贫困地区通过金融脱贫致富给予了很大的支持。

二、金融扶贫的理论依据

学术界关于防贫减贫与金融发展之间的关系研究始于20世纪90年代。美国著名的经济学美国经济学家罗格纳·纳克斯（Ragnar Nurkse）在其著作《不发达国家的资本形成问题》中指出，发展中国家之所以陷入贫困，是由于资本不足，资本形成缓慢，并提出了"贫困恶性循环"理论[1]。世界银行发展报告指出小额信贷是一种支持贫困地区摆脱贫困的手段，可以满足农村人口的融资需求，从而提高农村贫困人口的收入；北京大学贫困地区发展研究院院长雷明提出市场化反贫困的观点，指出不能长期依赖政府主导的扶贫方式，引入市场化的扶贫方式是必然选择，并提出金融扶贫是一种较好的选择。

---

〔1〕　［美］R.纳克斯.不发达国家的资本形成问题［M］.谨斋，译.北京：商务印书馆，1966.

　　国内外现有研究已经在以下几个方面达成了基本共识：一是金融发展与减贫防贫存在比较紧密的关系；二是金融手段可以作用于经济增长和收入的分配，从而作用于贫困治理，并对减贫防贫产生积极的作用；三是产生这种作用也是有条件的，即贫困人口愿意也有条件承担金融服务成本，并且收入分配差距所带来的负面影响应该小于经济增长所带来的防贫减贫效应。

　　关于金融扶贫方面的理论研究，印度人马哈建提出了"生计金融"理论，该理论认为扶贫工程应当是一个"包裹"，其中包含了储蓄、借贷、保险、基础设施建设以及"与人的发展"相关的投资、关注农业发展同时开发农产品市场等多项内容；陆岷峰、吴建平则用安德森的"长尾理论"结合当前的"互联网＋"来分析普惠金融在农村减贫工程中的作用，他们认为，根据"长尾理论"，只要企业能够依托自身优势，挖掘适合自己的利基市场，提供相应的利基产品，就能够逐渐构筑行业壁垒，实现企业发展。互联网金融企业可以发挥上述优势，优化客户体验，充分拓展普惠性的长尾市场，在实现自身发展的同时回归普惠之道，有效推进我国普惠金融的发展进程[1]。中国人民银行黄冈市中心支行朱文胜提出，根据金融减贫的涓流效应理论，应当定向加大金融贫困地区投入规模，提升贫困地区金融组织扶贫投入的协调整合能力，促进贫困地区经济持续快速增长并通过涓流效应惠及贫困人口；根据金融减贫的渠道效应理论，既要重视金融减贫的直接渠道，为贫困人口提供及时、全面、精准金融服务，又要重视金融减贫的间接渠道，为对贫困人口增收起帮扶带动作用的市场主体提供足额、可信赖、可持续金融服务；根据金融减贫的库兹涅茨效应和"贫困—增长—不平等三角形"理论，提出应当大力支持参与式扶贫、资产收益式扶贫等从而持续增加贫困人口的主动性收入、可控性收入、均等化收入[2]。

　　金融扶贫可分为直接金融扶贫和间接金融扶贫两种模式，所谓直接金融扶贫，即相关金融机构直接向贫困地区的贫困户和贫困人口提供金融产品和服务，用金融的手段帮助其脱贫；而间接金融扶贫是指相关金融机构向贫困地区的地方政府或企业提供金融产品和服务，通过地方政府的融资来发展产业，带动经济的发展或贫困人口脱贫，或者通过企业自身的发展，吸纳贫困人口就业，促其创收并带动其脱贫。在我国，近些年的研究成果表明，间接金融扶贫

---

　　〔1〕　陆岷峰，吴建平. 长尾理论指导下的"互联网＋普惠金融"发展路径研究[J]. 长春金融高等专科学校学报，2016（6）：5－14.

　　〔2〕　朱文胜. 金融精准扶贫理论探讨与实践探索——兼论黄冈大别山模式构建与功能拓展[J]. 金融经济，2017（1）：14－17.

的效果比直接金融扶贫的效果更好[1]。原因在于金融机构如果直接给贫困户或贫困人口提供贷款，促其自主创业或者发展小产业，所产生的金融扶贫的辐射作用主要发生在少数贫困人口上，起到的是"点"的作用；而如果金融机构大力支持劳动密集型企业的发展或者提供给地方政府做好整体的产业发展规划的话，可为贫困地区的贫困人口增加更多的就业岗位，它所产生的金融扶贫的辐射力更强更广，起到的是"面"的作用，这种方式对贫困人口脱贫更能够产生积极的作用。贫困人口相对分散的小产业发展更易被市场淘汰，而这些直接金融贷款将会更难回收甚至演变成呆账死账，金融服务成本也偏高，而支持地方政府和大型企业相对更为集中，资金回收更容易，金融服务成本相对也低，因此，间接金融扶贫的效果会远远大于直接金融扶贫。

三、实施金融精准扶贫的重要意义

金融作为现代经济中资源配置的核心，对于贫困治理而言意义重大。构建多元化、全方位的金融精准扶贫工作体系，对于增强贫困地区可持续发展能力、加快推进贫困地区贫困人口脱贫致富具有重大意义。金融精准扶贫的主体是金融机构，客体是精准扶贫对象或者贫困地区的相关产业、企业，载体是金融机构根据贫困户、贫困地区以及致贫原因等具体因素而制定的金融服务、金融产品。与财政资金扶贫不同，金融精准扶贫的资金大多是针对具体的精准帮扶项目，为帮扶项目提供生产、发展所需的资金，帮助贫困地区形成"造血功能"而不是一味地"输血式扶贫"，进而生成一个良性循环的金融精准扶贫机制[2]。中国已进入全面建成小康社会决胜阶段，发挥金融机构的作用，实施政策性金融精准扶贫，对于我国全面建成小康社会，打赢扶贫攻坚战意义重大。

(一)对国家脱贫攻坚战略的实施意义重大

金融精准扶贫是我国实施脱贫攻坚战略的关键一环，政策支持，靠的是资金开路。金融机构应该以责任和担当肩负起精准扶贫的使命，准确把握脱贫攻坚的总体要求，精准对接多元化融资需求，发挥金融服务在精准扶贫中不可替代的作用，努力为全面建成小康社会奠定坚实的基础，这对于国家脱贫攻坚战略的实施意义重大。同时，实施金融精准扶贫战略关系到我国金融行业未来的发展和方向。

---

〔1〕 么晓颖，王剑.金融精准扶贫：理论内涵、现实难点与有关建议[J].农银学刊，2016(1)：4 -
7.

〔2〕 陈赛平.金融精准扶贫的困境与对策研究[J].现代商贸工业，2017(22)：138 - 140.

（二）能够有效为贫困地区的地方政府解决融资难题

金融精准扶贫政策的实施，国家对贫困地区在相关金融政策上有许多政策支持，比如增加信贷投放、允许过桥贷款、设立村镇银行和小额贷款公司、财政贴息以及中央财政补贴等，另外还支持贫困地区的金融服务基础生活建设，甚至还有财政直接划拨。贫困地区的地方政府能够充分利用这些金融及信贷政策，筹集资金开展修路修桥等基础设施建设、产业集中布局、扶贫资金的发放以及易地搬迁扶贫的项目建设等，一方面改善了贫困地区的基础设施，同时又促进了贫困地区经济的发展，以前的融资难的问题就能够迎刃而解。

（三）能够大力助推贫困人口脱贫致富

金融精准扶贫的对象是贫困地区的贫困户和贫困人口，对于贫困户和贫困人口而言，贫穷会限制他们的很多想法和做法，本来对脱贫致富有帮助的很多想干的小产业却不敢干，主要担忧失败所带来的更为严重的灾难[1]。那么在金融精准扶贫政策实施后，国家为贫困户和贫困人口提供低息甚至是免息贷款，支持和鼓励贫困户和贫困人口发展小产业，促进贫困人口自我增收，同时又能促进农业和第三产业的发展，带动贫困人口脱贫致富。精准的金融服务能够成为贫困人口脱贫致富之路的钥匙。

（四）有助于完善我国的金融服务体制

实施金融精准扶贫能够进一步完善我国的金融服务体制。金融精准扶贫是政策性金融发挥导向作用的内在要求，金融资金有天生的"怕死"风格，从来都是"扶强不扶弱"，特别是贫困地区基础设施建设回报率低，农业产业化不足，贫困人口的小产业发展比较分散甚至存在市场风险，金融资金有天然的"扶强"本性，本身是不愿对这些群体开展金融服务的。正是由于国家的脱贫攻坚战略的实施，相关部门出台了很多有利于贫困地区贫困人口的金融扶持政策，将金融资本和金融服务的"扶弱"的一面也激发出来，这就从另一方面进一步完善我国的金融服务渠道和金融服务体制。

第二节　金融精准扶贫的典型模式

一、进出口银行的金融精准扶贫实践

2008 年，进出口银行与国务院扶贫办签署了《长期金融合作协议》，建立了

---

〔1〕　陈赛平. 金融精准扶贫的困境与对策研究［J］. 现代商贸工业，2017(22)：138－140.

战略合作关系，搭建了部行合作平台，支持扶贫龙头企业，带动贫困农户就业增收，促进贫困地区经济发展。随后，为落实党中央、国务院提出的"精准扶贫""普惠金融"、创新扶贫机制等扶贫工作新要求，进一步完善工作机制，制订了《中国进出口银行金融支持扶贫开发的工作方案》，并于2014年与国务院扶贫办签署了新的《金融扶贫合作协议》，提出发挥产业扶贫与精准扶贫的协同作用，重点支持集中连片特困地区的中小扶贫企业，进一步加强金融扶贫创新，探索推动扶贫小额信贷试点工作。

截至2016年9月末，进出口银行与国务院扶贫办共同开发了347个扶贫金融合作重点项目，运用政策性金融支持了其中164个项目以扶持贫困地区外向型经济发展，批贷金额近152亿元，贷款金额80亿元，效益辐射范围覆盖全国14个集中连片特困地区的特色优势产业[1]。先后培育壮大了后谷咖啡、新海丰罗非鱼、科尔沁牛业、冠丰种业、莱茵生物等一批扶贫龙头企业，带动了数十万农户脱贫致富，探索出一条因地制宜支持扶贫开发的有效途径。

（一）机制建设情况

经过多年的探索，进出口银行与国务院扶贫办初步形成了组织协调、项目生成、业务指导、经验交流和业务合作等一整套行之有效的体制机制与合作模式。

1. 定期沟通交流机制

合作之初，进出口银行与国务院扶贫办成立了由主管领导担任组长的金融扶贫合作协调领导小组，先后多次召开扶贫金融合作协调领导小组会议，及时解决双方合作中遇到的问题和困难，部署下一阶段的重点工作。

近年来，进出口银行各相关分行积极加强与相关省扶贫办的联系，发挥财政资金的"杠杆作用"。利用"扶贫贴息"和优惠利率贷款等政策措施，先后为80余家与贫困户联系密切、致富带动力强的中小型扶贫企业和具有一定规模的农民专业合作社提供信贷支持，成功开发了"天云峰彩虹瀑布"乡村旅游扶贫项目等一批具有地方特色的金融扶贫项目，减轻扶贫企业1500万元的融资成本。

2. 两级筛选与双向推荐相结合的项目生成机制

2011年开始，经进出口银行与国务院扶贫办协商，在原有国务院扶贫办单方面向进出口银行推荐项目的基础上，增加了由进出口银行各分行帮助地方扶贫办收集项目，经由发展中心组织专家评审后确定为推荐项目的新方式。两级

---

〔1〕 银保监会：2018年末普惠型涉农贷款余额达5.63万亿元[EB/OL].（2019-03-11）[2019-09-12]http://finance.sina.

筛选与双向推荐相结合的项目生成机制，将"自下而上"与"自上而下"结合起来，充分调动了国务院扶贫办和进出口银行两个系统的积极性，实现了政策项目信息与金融产品服务有效对接，是金融扶贫合作成功推进的重要基础。

3. 贷款项目评价机制

对贷款项目企业进行监测、回访、评价，及时发现、分析、研究、解决项目存在的风险隐患，进出口银行负责对项目经济效益进行评价，国务院扶贫办负责对项目扶贫社会效益进行评价。

（二）创新合作模式

在开展金融扶贫合作中，进出口银行主动想办法、出思路，探索出了一些新的扶贫模式。如将金融扶贫合作项目纳入全行"中小企业信贷成长计划"之中，推出了面向中小扶贫企业创新产品和服务模式，将支持小微企业的做法与金融扶贫的做法结合起来[1]。尝试探索了搭建各种平台、采取多种方式支持金融扶贫合作，进出口银行利用投资的重庆进出口信用担保有限公司和东北中小企业信用再担保股份有限公司，或者与地方政府加强联系，搭建支持平台以解决担保难等问题。

1. "安徽模式"——深化银政合作

近年来，安徽省各相关分行积极加强与相关省扶贫办的联系，发挥财政资金的"杠杆作用"。利用"扶贫贴息"和优惠利率贷款等政策措施，先后为80余家与贫困户联系密切、致富带动力强的中小型扶贫企业和具有一定规模的农民专业合作社提供信贷支持。

2. "云南模式"——利用政策合力

云南省不断加大对云南"老少边穷"地区的信贷支持力度，将集中连片特困地区开发与沿边开发开放、少数民族地区发展等多项国家政策进行有效衔接，通过创新金融产品和服务模式(如出口订单融资)，依托"产业加农户""公司加农户"等方式支持贫困地区优势产业发展，推动了云南贫困地区咖啡产业、高原渔业、三七产业等特色产业发展，开拓国际市场，带动近20万农民就业增收。

3. 黑龙江模式——全流程金融支持

农业大省黑龙江不断优化金融服务方式，探索通过信贷"组合拳"积极扶持农业产业化发展，为扶贫企业提供全流程金融支持。在原材料收购环节，以农业产业化贷款支持企业向农户支付贷款，确保农民增产又增收；在加工生产环

---

〔1〕 郭小卉，康书生.金融精准扶贫模式分析——基于河北省保定市的案例[J].金融理论探索，2018(2)：34－42.

节，以转型升级贷款支持企业提升产业附加值，实现生产能力和品牌价值的爆发式增长；在出口环节，以农产品出口卖方信贷和出口保理业务满足企业资金需求，增强企业竞争力。目前，进出口银行在黑龙江省金融扶贫项目贷款金额约 27 亿元。

可见，进出口银行在银企合作式的金融扶贫工程中取得了非常好的效果，值得借鉴。

第三节　金融精准扶贫的现实困境

我国的金融精准扶贫工作自政策实施以来，取得了巨大的成就，助推了贫困地区的经济发展和贫困户的产业发展。中国人民银行公布的数据显示，截至 2018 年 3 月末，全国建档立卡贫困人口及已脱贫人口贷款金额 6353 亿元，产业精准扶贫贷款金额 9186 亿元，金融资源向贫困地区倾斜的力度进一步加强。从金融精准扶贫支持贫困人口的数量上看，全国共有 835 万建档立卡贫困人口获得信贷支持，带动 842 万建档立卡贫困人口就业和产业发展[1]。尽管当前金融精准扶贫任务取得了显著成绩，但相对于我国脱贫攻坚目标的要求，金融精准扶贫政策与措施仍显不足，主要表现在以下几个方面。

一、扶贫困难大

我国人口众多，贫困人口基数也很大。我国的贫困标准经过数次调整，有了较大幅度的提高，贫困标准提高后，必然导致贫困人口的大幅度增加。几千万的贫困人口，所需的扶贫资金数额显然是非常巨大的，传统的救济式扶贫导致贫困人口过度依赖公共投入，这种单靠政府扶贫贴息贷款或者财政转移支付来帮助减贫是不够的，尚有较大资金缺口[2]。而且，我国的扶贫攻坚到了"啃硬骨头"的时期，容易脱贫的扶贫对象已基本脱贫，剩下的贫困人口中，绝大部分是经过多年的扶贫但效果不明显，或者脱贫之后又返贫的，对这部分贫困人口，单用常规扶贫手段一般难以奏效，因为他们大多身处生态环境脆弱、基础设施落后的"老少边穷"地区，平均受教育水平较为低下，经济环境落后，生态环境恶劣，各种基础设施还未完善，甚至有些地区还不具有相应的设置金融机构的条件。金融机构基于其成本收益之间的关系更趋向于选择基础设施完善、

〔1〕 蔡军. 金融精准扶贫存在哪些问题[J]. 人民论坛, 2019(18)：96 – 97.
〔2〕 陈啸, 吴佳. 我国金融精准扶贫协同治理模式研究[J]. 中国行政管理, 2018(10)：68 – 72.

经济环境发达的地区设点营业，因此造成贫困地区金融机构稀少的现象[1]。其次，贫困地区的人口居住通常较为分散，加之交通落后，信息较为闭塞，导致金融机构信贷考察难度大，贷款风险难以控制。而农户也因为手续复杂、审核时间长以及自身理念等原因对金融机构产生排斥感。最后，由于贫困地区的农户缺乏贷款所需的担保和抵押，继而导致农户贷款额度较低而不能满足其生产需求。

二、扶贫信贷风险高

扶贫信贷风险是金融精准扶贫中必须面对的问题。由于贫困主体普遍缺乏有效的抵（质）押担保物，加上扶贫产业主要以种植业、养殖业为主，抵御自然风险和市场风险能力均不强，商业银行仍存在"惧贷"心理。要调动商业银行的扶贫积极性，政府需要做好增信服务，进一步建立健全信贷风险分担机制。目前，全省承诺设立的扶贫信贷风险补偿金资金到位率只有21.8%。另外，保险机构对贫困农户贷款的增信作用未能充分发挥[2]。从常理上分析，金融机构是不愿意贷款给贫困户的，因为贫困户收入低且不稳定，还款能力还比较弱，导致扶贫信贷风险较大。592个国定扶贫开发工作重点县农民人均纯收入不足全国平均水平的60%，农民医疗支出仅为全国农村平均水平的60%，文盲、半文盲的比例比全国高3.6个百分点。贫困户大多数集中在相对偏远的山区村落，交通条件落后，信息闭塞，贫困户思想观念较为陈旧，受教育程度普遍较低，大多是文化素质偏低、年龄偏大、缺乏劳动技能的农民，缺乏科技知识和市场经济意识。因此只能从事技术水平较低且劳动报酬较低的体力劳动或者在家从事农业劳动，生产经营易受天灾人祸的影响，收入较低且结构单一，还款能力较弱。

正是由于贫困户收入受多种因素，导致其收入水平较低且不稳定，还款能力有限，甚至部分贫困户到期无法还款，金融机构放出的贷款长期无法收回，大大增加了扶贫信贷风险，导致金融机构对贫困群体的信任度降低。此外，金融机构的运营成本也较高，为金融机构带来了较大的资金压力。

三、金融服务产品供给缺乏差异性，精准度不够

根据精准扶贫的要求，由于每个贫困户的致贫原因不同，所以贫困户对帮

〔1〕 陈赛平.金融精准扶贫的困境与对策研究［J］.现代商贸工业，2017(22)：138－140.
〔2〕 王信.健全机制细化措施 力争江西金融精准扶贫工作取得新突破［J］.金融与经济，2016(9)：8－9＋17.

扶的项目也有着不同的需求，政府应当安排相应的帮扶项目，金融机构也应当根据每户的具体情况为不同贫困户提供不同的金融产品和服务，进行精准对焦。但是，现行的金融精准扶贫在金融服务产品供给方面存在缺乏差异性、精准度不够的情况。

金融服务产品缺乏差异性主要表现在两个方面：一是金融服务产品的针对性依然比较差，没有针对不同地区和不同层次的贫困对象提供不同的金融服务产品，服务项目具有趋同性，没有很明显的体现"精准"；二是金融扶贫与产业扶贫二者之间结合不紧密，对产业化扶贫项目缺乏甄别，对贫困户投资后缺乏相应的后续指导，导致扶贫效果往往比较短暂，很容易出现返贫的情况。金融服务结构单一，大部分农村金融机构都是通过建立试点开办的村镇银行，并且这些村镇银行一般为农村合作信用社。县级行政区域信贷扶贫主力军是农村商业银行、农村合作信用社，占据整个市场90%以上。这些金融机构主要针对贫困农村相关产业扶贫，对贫困户发放的信贷，其金融发展和创新空间都十分有限[1]。虽然已经基本形成了农业发展银行、农业银行、农村信用社等政策性金融、商业性金融、合作性金融交织共存的多层次金融组织体系[2]。但是大多数国有商业银行的一级法人扁平化管理体制和商业化经营，要求县级支行内部资金运营管理实行"存款资金上存、贷款资金借入"的双线控制，贷款权限大部分上收，信贷审批权限小，服务县域经济主要集中在大中型企业。同时，农业发展银行支农范围狭窄，业务保守，在农村基础设施建设、改善生产条件、促进农民增收等方面作用未能充分发挥。

四、扶贫资金有限，资金的整合压力较大

扶贫政策推出伊始，国家就设立了相应的中央财政专项扶贫资金，但只靠国家的财政救济是远远不够的，所以还需要广泛吸纳社会力量的支持，扩大扶贫资金的力度。目前来看，现存的金融扶贫的帮扶主体依然相对单一，政府是绝对主体，其他的社会主体的参与意愿不强，社会参与度不高。"双到"扶贫资金的扶持在一些贫困程度严重、贫困人口较多的偏远地区，只能发挥有限作用。此外，对扶贫资金的使用状况虽然有所公开，但都是十分笼统，缺乏详细资金使用数据和严格的监督、管理机制。

---

〔1〕　王青松，李瑶瑶，许陈丹.湖南武陵山片区金融扶贫政策分析[J].合作经济与科技，2019(14)：60 - 63.

〔2〕　徐云松.金融精准扶贫问题研究——基于贵州省修文县的思考与探索[J].区域金融研究，2016(2)：15 - 24.

首先，"四个一"结对帮扶工程旨在让企业和银行等金融机构全面参与繁重的扶贫工作，以期通过金融扶贫与其他扶贫项目的结合，体现出综合扶贫之效力，目前看来还面临着不小的压力；其次，单纯靠金融资金整合进行"输血式"扶贫显然是不够的，因此如何实现从"输血式"到"造血式"的转变，便成为扶贫开发的关键[1]。经调查了解到：对贫困户的资金扶持和补助往往是直接发放到贫困户的一卡通上，而不是通过直接地入社、入企转换成资产性收益，成为股东分息受利，加大了一些想带动贫困户发展的合作社和企业的融资难度。

第四节　金融精准扶贫的优化策略

针对前面提到的问题，笔者认为，可以从以下几个方面进行改进，从而进一步改善金融精准扶贫政策的实施效果。

一、加大宣传力度，提升人员素质，引进人才

（一）加强入户宣传力度

每项政策的实施，尤其是新政策的推行，都不可能是一帆风顺的，会遭到各种各样的阻力，比如人民群众或者其他的社会主体的不理解和心理上的抵触等等。自金融精准扶贫政策开展以来，有相当一部分贫困户存在"等""靠""要"思想，形成政府及其相关部门才是政策的主体，而自身仅是被动配合的思维定式，从而导致贫困户作为主体积极性却不高。

基于此，为减小政策实施的阻力，提高金融精准扶贫的实施效果，保障贫困户在扶贫过程中的主体地位，应当给贫困户进行一场"心理革命"，并且这场"心理革命"应当是双向的、互动的。一方面让贫困户更加清楚地了解扶贫政策可以为他们带来的优惠，组织金融机构开展金融知识"进村入户、落地生根"宣传工作。宣传普及存贷款、支付结算、金融IC卡、消费者权益保护等知识。要求各金融机构统一在网点电子显示屏、自助设备、液晶电视上滚动播放与显示"普及金融知识、实施精准扶贫"的活动口号，并在互联网站首页和微信公众平台推送金融精准扶贫宣传的相关内容[2]；另一方面也让帮扶干部在具体的帮扶活动中能够更好地了解贫困户的实际需求，在这个互动的过程中也可以增加帮扶双方的接触，加深彼此的了解，消除彼此之前存在的思维定式。因此，在

〔1〕王彦青.金融支持脱贫攻坚实践[J].中国金融，2016（4）：43-44.
〔2〕徐云松.金融精准扶贫问题研究——基于贵州省修文县的思考与探索[J].区域金融研究，2016（2）：15-24.

不断创新贫困地区金融产品的服务模式,发展普惠金融的同时,要普及诚信信贷知识,增强贫困户的风险意识。到贫困地区流动宣传,使诚信信贷知识深入人心[1]。贫困人口的帮扶干部应当入户宣传,对金融精准政策进行较为通俗易懂的解读,耐心解答贫困户的困惑,消除村民对金融扶贫的疑虑,鼓励更多的贫困户参与金融精准扶贫,信贷资金投入相关的合作社,提高其增收和脱贫能力;乡(镇)政府可以组织不愿意参与金融扶贫的贫困户到金融扶贫效果较为显著的村庄进行参观和了解,直观了解金融扶贫政策的实惠;减轻贫困户的心理包袱,转变其观念,增强其脱贫信心,从而提高社会参与度和扶贫效果。

(二)提高帮扶干部的素质,做好人才引进

随着社会向信息化、知识化方向发展以及产业结构的优化,经济增长由粗放型向集约型转变,社会对高素质人才的需求不断增加。而大多数贫困地区都是地理位置较为偏远、交通不便的老少边穷地区,对人才的吸引力较小,一些高素质金融精英大多往工资待遇较高,发展机会较多的经济发达的一二线城市集中,从而使贫困地区的金融人才短缺,由此容易造成"马太效应",进一步加剧贫困地区与其他地区的贫富差距。为改善此种情况,有必要加大人才政策扶持,提高贫困地区对高素质金融人才的吸引力。要优化贫困地区的人才结构,可以从以下三个方面着手:

第一,应当利用好当地现有的人才资源,主要是加强对当地帮扶干部的宣传教育,转变帮扶干部的工作作风,对其定期开展技能培训,增强对金融扶贫政策的实质性理解,使其具备基本的金融素质和金融知识结构,提高其工作能力。

第二,对于金融人才缺乏的地区,应当以开放的心态引进金融人才,多渠道引入高素质金融人才,制定一系列优惠政策和措施吸引金融人才前往该地工作。塑造一支高素质的金融精英队伍,设立金融专干,培养专业的信贷人才,提高金融扶贫效果。

最后,可以与一些金融专业教学质量水平较高的高校建立校际联系,邀请高校的金融专家来当地讲学,对帮扶干部和贫困户进行金融知识普及,提升当地人员的金融素质,培养具有专业扶贫知识的金融人才,人才在任何时候都是一项重要的元素,只有培养具有专业扶贫知识的金融人才,才可以让金融扶贫走向更好的发展境地[2]。培养金融人才,要让金融人才爱上学习,用专业化的培训来不断提升专业水平,在理论和技能上提升金融扶贫工作者的实际能力和

---

〔1〕 蔡军.金融精准扶贫存在哪些问题[J].人民论坛,2019(18):96 – 97.
〔2〕 陈啸,吴佳.我国金融精准扶贫协同治理模式研究[J].中国行政管理,2018(10):68 – 72.

素养，使金融扶贫人才的素质和涵养得到真正的提升。要组织金融扶贫人员多交流和沟通，使之互相学习，互相帮助，一起就专业扶贫知识进行深度挖掘，从而培养出更多的金融扶贫人才。

二、完善资金的整合和监督机制，建立扶贫信贷结构优化的调节机制

在提倡社会大扶贫的格局下，不仅要加大政府财政扶贫资金的投入，同时也应该让更多的社会资源转化为扶贫资源。实施精准扶贫，必须以改革创新投融资体制机制为动力，多渠道、多手段、多方式加大扶贫投入。李春明认为可以尝试采取以下几种措施：一是鼓励市场主体、社会组织和个人参与扶贫开发；二是通过金融扶贫信贷投入机制，最大限度地增加金融资金对扶贫开发的投放，提高贫困地区、贫困户申贷获得率，通过健全贫困地区信用体系、建立贫困户个人信用档案、实施金融服务网格化，通过"政府基金拉动、财政贴息助力、政银联手共担、贷款评级授信"的金融扶贫机制，使贫困地区和贫困户更便捷、更低成本使用信贷资金；三是探索建立扶贫资源资本化投入机制，通过建立公司化经营模式、"公司＋农户"经营模式、"公司＋农户＋村支部"经营模式等利益联结机制，实现农村资源变股权、资金变股金、农民变股民，最大限度释放贫困村贫困户的资产潜能[1]。鼓励贫困人口参与公司的经营、管理和监督，发挥资源的使用效率。

建立扶贫信贷结构优化的调节机制。一是适应农村扶贫项目和产业发展需要，鼓励信贷机构对贫困户、扶贫项目开发企业提供适销对路的产权抵押贷款业务。积极发挥农业发展银行在精准扶贫中的作用，鼓励其为精准扶贫提供更多的基础设施、产业培育贷款，以带动和引导商业金融机构拓展扶贫贷款业务。二是健全教育金融与创业金融扶贫机制。适应贫困户受教育和创业就业需求特征，积极开发促进教育和就业的扶贫金融产品，完善现有职业教育贷款和就业创业的信贷制度，优先满足贫困户教育金融需求，重点支持贫困户创业就业。三是在贫困重点区县创建一批金融扶贫典型示范点[2]。可以重点选择在金融支持下脱贫效果显著的村、乡镇或扶贫带动效应明显的产业、企业或项目，作为先进典型提供学习借鉴，起到示范和推广效应。

〔1〕 李春明.精准扶贫的经济学思考[J].理论月刊，2015(11)：7.

〔2〕 李伶俐，周灿，王定祥.金融精准扶贫的现实困境与破解机制：重庆个案[J].农村金融研究，2018(1)：70－74.

三、加强与金融机构合作，构建扶贫产品创新、扶贫资金持续增长机制

继续以市场化为导向推进涉农金融机构改革和区域性金融改革。通过深化改革，提高资本实力、风险管控能力和损失消化吸收能力，降低涉农机构贷款不良率[1]。加大信贷投放，以产业扶贫信贷通、财政惠农信贷通等为主产品，争取新增金融扶贫资金，如江西赣州石城县一年新增金融扶贫资金 8.6 亿元、余额 18.42 亿元，其中"产业扶贫信贷通"新增贷款 2.95 亿元、余额 6.47 亿元，"财政惠农信贷通"贷款 1.05 亿元、余额 1.05 亿元，"易地搬迁扶贫"项目新增贷款 1.6 亿元、余额 6.6 亿元，整村推进（基础设施）项目新增贷款 2.9 亿元、余额 2.9 亿元，油茶贷新增 0.1 亿元、余额 0.1 亿元，网络扶贫新增 2 亿元、余额 2 亿元[2]。

提升金融扶贫效益。落实国家 IPO 绿色通道政策，促进贫困地区实体经济发展；争取保险资金参与扶贫，推广"金信保"产业扶贫信贷保证保险；加强金融扶贫信息对接共享，切实解决风险缓释金配套不到位和贴息不及时等突出问题；引导贫困户组建或参与合作社，解决因超龄、未婚等不符合贷款条件的突出问题；加强金融扶贫监管，解决资金使用效益和精准度不高的问题；着力强化扶贫项目开发指导，引导适度规模发展扶贫产业；加强金融扶贫资金监管，提升资金使用效益和精准度；谋划好大型企业通过重组、收购、合并等方式，入驻贫困地区开展扶贫。

此外，为拓宽金融扶贫的资金来源，应鼓励、支持大型金融机构向贫困地区的微型金融机构发放批发贷款和委托贷款。其次，积极引导并监管扶贫互助资金的发展，要求其将帮扶贫困户培育发展产业、增收脱贫作为自身的重要任务，充分发挥其在精准扶贫中的积极作用。最后，应大力发展村镇银行、农村资金互助社等新型金融机构。提高扶贫贷款供给精准度，在金融扶贫工作的具体开展过程中，需要结合风险管理和成本率的市场化方向发展。通过引导金融资金向贫困地区的倾斜，来满足贫困地区的金融需要。当然，利率市场化条件下，由于金融机构的利率水平和市场接轨，可能会增加一定的交易成本和风险成本，进而使得金融机构在进行贷款投放选择过程中，规避风险较高的贫困地

---

〔1〕 王信.健全机制细化措施力争江西金融精准扶贫工作取得新突破[J].金融与经济，2016(9)：8-9，17.

〔2〕 杨瑞宏.党建引领创业 帮带脱贫治本——石城县推行"八大机制"培育创业致富带头人的实践与探索[J].老区建设，2019(13)：20-23.

区，可能使贫困地区无法充分的获得金融机构的贷款，导致其更加贫困[1]。为此，在进行金融精准扶贫工作的具体实施过程中，需要强化政府的调节作用，在市场化条件下，最大限度地通过政策引导作用，来提高金融机构对贫困地区的资金投入，解决贫困地区的资金贫困问题，推进金融扶贫工作的可持续发展。

四、建立健全金融扶贫信息对接共享机制，及时评估扶贫效果

自金融精准扶贫实施以来，金融精准扶贫的脱贫效果大多采用政府内部机构的评估和考核，并且作为相关部门年终绩效考核的依据。但是由内部评价，相关部门既当"运动员"又当"裁判员"，很难对自己的扶贫工作做出公正、客观的评估，可能存在"报喜不报忧"的倾向，只汇报成果而尽量掩饰问题，考核指标也不尽合理，容易使得评估结果带有片面性甚至缺乏公信力。因此，应当委托有丰富经验的第三方评估机构，独立地对相关扶贫部门的扶贫工作进行公正的评价，并根据评估结果对金融精准扶贫工作中存在的不足进行调整和改进。

此外，各地要尽快建立和完善金融扶贫大数据管理平台，及时更新各项信息，促成金融扶贫的精准对接、精准采集、动态监测、科学评估、量化考核，实现金融精准扶贫数据精准化和常态化管理。通过大数据的分析，筛选最适宜的金融方案提供给农户，并通过简化网上办事流程缩短农户的办事周期，提供优化的扶贫方案。要因地制宜，因人施策，精准定位，精准脱贫，注重可持续发展。积极开展"教育""创业""技能"等不同类型的扶贫活动，在提供信贷资金的同时，借助大数据给贫困户提供适宜的产业项目、政策信息、技术技能。让贫困户获得稳定的收入，拥有长远发展的可能，防止"当年脱贫，来年返贫"现象的发生[2]。政府部门要尽快建立科学、合理、完整、规范的金融精准扶贫评估指标体系，使之能比较准确地反映金融精准扶贫的执行进程和扶贫效果，为下一步扶贫工作的规划和进行提供参考，进一步改进金融精准扶贫工作。

五、利用"互联网+"，优化金融精准扶贫的运作方式

互联网具有信息共享便捷、数据更新速度快、时效性强、运行成本低、信息储存量大等特点，随着"互联网+"上升为国家战略，"互联网+精准扶贫"成

〔1〕　鄢红兵.创新"金融+"实施精准扶贫———当前我国金融扶贫的难点及对策[J].武汉金融2015(9)：56-59.

〔2〕　颜明杰，彭迪云.农村金融精准扶贫成效的评价———基于江西农户的调查[J].江西社会科学，2018，38(5)：74-83.

为贫困地区后发赶超的重要抓手。互联网与金融扶贫相结合，可以提高精准扶贫的扶贫效果。建立和完善相应的机制来保障"互联网＋"金融精准扶贫的实施、推动农村信用体系建设来提升农村贫困群体得到互联网小额信用贷款的支持，完善两平台即"三农"融资担保平台与农村产权流转平台[1]。为互联网金融支持精准扶贫提供有效担保，构建和完善农村金融统计分析制度，更好实现定向金融政策的有效传导，健全贷款风险补偿机制，加大力度支持农业保险.

2016 年 4 月 19 日，习近平在网络安全和信息化工作座谈会上明确将"互联网"与"扶贫"联系在一起，指出："可以发挥互联网在助推脱贫攻坚中的作用，推进精准扶贫、精准脱贫，让更多贫困群众用上互联网，让农产品通过互联网走出乡村。"这一论述为我国新时期的扶贫工作指明了方向，提出了新的思路。互联网与扶贫工作紧密联系在一起，成为撬动脱贫这一"硬骨头"的有力杠杆。同年 10 月，中央网信办、国家发改委、国务院扶贫办联合印发《网络扶贫行动计划》，正式提出实施"网络覆盖工程、农村电商工程、网络扶智工程、信息服务工程、网络公益工程"五大工程。截至 2018 年 3 月末，建档立卡贫困人口及已脱贫人口贷款余额为 6353 亿元，产业精准扶贫贷款余额为 9186 亿元[2]。

建立区域反贫困管理信息平台，开发应用以互联网、内联网、大数据、云服务等为支撑的计算机网络系统，提高反贫困平台对解决金融精准扶贫问题的反应速度、反馈力度和支撑强度。如四川省广安市邻水县建立了扶贫动态数据库，将全县贫困户的基本情况纳入系统，并在家家户户门前做标识。群众只要轻扫二维码，便可实时查看该贫困户的脱贫情况。可以借鉴该县的做法并加以改进，在保证贫困户隐私的基础上让扶贫工作人员和贫困户仅需用手机扫一扫二维码即可精确掌握该户的贫困类别、脱贫时间、扶贫项目和扶贫信贷和还款信息，从而避免信息不对称并减少贫困户消极被动的思想。

---

〔1〕　李锋. 金融精准扶贫研究综述[J]. 时代金融，2018(36)：40－41.

〔2〕　潘功胜. 牢记重托，砥砺前行，全力做好金融精准扶贫工作[EB/OL]. 中国金融新闻网，http：//www.financialnews.com.cn/jg/ld/201805/t201805261 38971.html. 中国金融新闻网：2018－05－26/2018－08－16.

第七章

易地搬迁精准扶贫

易地搬迁精准扶贫的精准扶贫是重要组成部分，是我国脱贫攻坚的"当头炮"，是实施精准扶贫战略的难点及"五大工程"之一。易地搬迁精准扶贫政策与贫困地区的千家万户密切相关，是关于如何使贫困人口搬得出、稳得住、能脱贫致富的政策，它直接关系着搬迁户贫困户的切身利益。做好易地搬迁扶贫工作具有重要意义，那么要做好易地搬迁精准扶贫工作，就必须解决好"谁搬走、怎么搬、迁去哪、怎么发展"的问题，确保困难群众"搬得出、稳得住、能脱贫致富"。本章将通过政策分析的"三维度"，即政策价值、政策内容、政策过程等方面，并结合实地调研，来对我国易地搬迁精准扶贫政策进行深入剖析。

第一节　易地搬迁精准扶贫概述

一、易地搬迁精准扶贫政策实施的价值

易地搬迁是指"将居住在生存生产条件极其恶劣地区的贫困群体搬迁安置到生产生存条件相对较好的地区，并通过帮助该群体建设安置区的生产生活设施、调整经济结构和拓展人们增加收入的渠道，帮助搬迁群众一步步走出贫困踏上致富道路"[1]。易地搬迁扶贫是新时期党和国家开展精准扶贫工作的重要举措，通过对生存环境恶劣地区的贫困人口进行易地搬迁，能够改善当地生存和发展环境，是实现贫困人口脱贫致富的重大举措。2001 年国家计委正式提出

---

[1]　中国农村扶贫开发纲要（2011—2020 年）［EB/OL］.中华人民共和国人民政府网：http：//www. gov. cn /gongbao /content /2011 /content_2020905. htm（2017 – 06 – 19）.

"易地扶贫搬迁"概念，而"精准扶贫"是 2013 年 11 月习近平总书记到湖南考察扶贫开发工作时强调的内容，"扶贫要实事求是，因地制宜。要精准扶贫，切忌喊口号，也不要定好高骛远的目标"[1]。我国自 20 世纪 80 年代实施"易地扶贫搬迁"战略以来，从我国甘肃地区、宁夏回族自治区开始，逐步摸索并实践"易地扶贫搬迁"，再到"易地扶贫搬迁"从部分地区"尝试运行"并逐步向大部分贫困片区展开，尤其是十八大以来，毅然地将"易地扶贫搬迁"提升到国家扶贫的战略高度，其标志是《全国"十三五"易地扶贫搬迁规划》的出台——"计划五年内对近 1000 万建档立卡贫困人口实施易地扶贫搬迁"[2]，集中主要力量解决生存在"一方水土养不起一方人"贫困片区的贫困群体问题，从此"易地扶贫搬迁"上升到一个新的层次。

（一）政策的价值取向

目前还有相当一部分人居住在生存条件恶劣、生态环境脆弱、自然灾害频发等地区，这给他们的生产生活带来了极大的不便。直接在迁出地建设新村，不仅会耗费巨资在开发、平整土地上，而且从长远来看，由于受到地理位置和自然环境的限制，迁出地依然难以发展。因此，为了让广大贫困户能够真正脱贫，共享国家改革发展成果，共同步入全面小康社会，最终实现共同富裕的宏伟目标，国家专门制定了易地搬迁精准扶贫政策来帮助居住在恶劣环境中的贫困户脱贫致富。易地搬迁精准扶贫政策帮助深山区贫困人口迁出了深山，同时为城镇发展增添了活力。一方面能够有效地促进城镇化发展。移民搬迁主要是"进城进园"，与此同时同步推进基础设施建设和完善公共服务配套设施，有利于实现城乡基本公共服务均等化，促进城乡融合发展。另一方面实现了节约集约用地。将移民户集中统一安置，有效地节约了集约用地，提高了土地利用率。

（二）政策主客体的价值追求

易地搬迁精准扶贫政策中的决策主体和执行主体主要是国务院扶贫办及地方各级政府扶贫办。对于易地搬迁精准扶贫政策的决策主体来说，他们的价值追求是让所有居住在恶劣环境下的贫困户能够如期脱贫，能够与全国人民一起步入全面小康社会，让社会变得更加和谐稳定。对于地方各级政府扶贫办等政策执行主体来说，其价值追求会涉及多个层面。第一层面是完成上面下达的指

---

〔1〕 王宏新，付甜，张文杰.中国易地贫搬迁政策的演进特征基于政策文本量化分析[J].国家行政学院学报，2017(3)：48－53.

〔2〕 十三五规划纲要(2016—2020 年) [EB/OL].新华网：http：//www.sh.xinhuanet.com/2016－03/18/c_135200400_3.htm(2017－06－19).

标，真正地落实易地搬迁精准扶贫政策，抓牢移民安置点工程项目的建设，让百姓真正地脱贫致富；第二层面是借助易地搬迁精准扶贫政策，争取到更多的建设项目、资金和优惠政策，扎实稳定地推进更多的易地搬迁精准扶贫项目的建设，促进当地教育、医疗、保险等行业的发展，加快城市化的进程；第三层面是实施易地搬迁精准扶贫政策，一系列的就业和创业优惠政策能够充分地调动移民户就业，弥补当地工业发展劳动力不足的短板，促进当地的工业发展。第四层面是在迁出地实施生态修复工程与绿色发展，实施退耕还林还草，恢复地表植被，保护生态环境；与此同时，因地制宜地发展绿色生态农业和旅游业，促进当地经济发展[1]。而对于政策客体，主要是指那些生存环境恶劣的贫困地区符合条件的贫困人口，他们的价值追求是希望自己能够搬得出、住得好、稳得住、能脱贫、能致富，使自己的生活水平得到极大的改善，拥有更多发展的区位优势，增强自身的脱贫致富能力。

（三）利益群体的价值协调

政策实施会受到多元利益群体的影响，利益往往是影响政策实施的关键因素，利益关系处理不好，会对政策实施带来阻碍，影响政策效果。要处理好跟政策相关的不同群体利益，首先要分清楚有哪些利益群体。在易地搬迁精准扶贫政策中，利益群体主要有政策主体和政策客体，政策主体包括政策制定者和政策执行者，政策客体主要是指政策对象，即生存环境恶劣的贫困地区符合条件的贫困人口。不同的利益群体往往有不同的利益诉求，当然有时也能求同存异，找到各自的相同利益诉求。如何将不同的利益群体的利益诉求进行协调，即采取什么样的途径才能维护多方的利益诉求，让各方都能够满意，这是关键所在。因为只有他们的价值协调，政策才能顺利地进行。

二、易地搬迁精准扶贫政策的内容

易地搬迁精准扶贫指将生活在缺乏生存条件地区的贫困人口搬迁安置到其他地区，并通过改善安置区的生产生活条件、调整经济结构和拓展增收渠道，帮助搬迁人口逐步脱贫致富。扶贫政策的内容分析是指扶贫政策文本中为解决扶贫问题而设立的政策规范。

易地搬迁精准扶贫政策是根据上级政府关于移民扶贫搬迁工作部署及相关文件精神再结合当地实际情况而制定的政策，包括"深山区移民扶贫搬迁工作方案""深山区整体移民扶贫搬迁'进城进园'实施细则（试行）""搬迁移民扶贫

〔1〕 谭贤楚，胡容.精准扶贫中的"易地扶贫搬迁"：制约因素与社会影响——基于湖北省A县的实证[J].湖北民族学院学报（哲学社会科学版），2018，36（3）：75-79.

工作实施方案"以及相关的扶持政策。从政策的文本内容进行分析,可以清楚、详细地了解该项政策的政策目标、政策手段、政策对象。

(一)政策目标

易地移民搬迁的精准扶贫效益是指经济、政治、社会、文化、生态"五位一体"的综合效益,它既表现在以迁入、迁出区为主的宏观层面,也表现在以搬迁贫困人口为主的微观个体层面[1]。易地搬迁精准扶贫政策目标围绕精准扶贫有多个层次,首先是要让建档立卡的搬迁区贫困户能够搬得出,也就是要确保他们"有钱搬",从不利于就地扶贫的地方顺利搬出来。其次是要确保搬迁户能够长期稳得住,通过做好移民安置社区基础设施建设等方面工作,确保搬迁户在安置区长期住下来,不会再搬回原来地方[2]。再次是要保证搬迁过来居住的贫困户能够摘掉贫困户的帽子,逐步致富。以于都县为例,于都县易地搬迁扶贫的政策目标是在 2019 年搬迁移民深山区群众及非深山区建档立卡贫困户1 万户以上,平均下来大概需要每年(从 2015 年起)搬迁 2000 户以上。结合于都县实际情况分析,我们发现易地搬迁扶贫的政策目标存在相当大的挑战性,尤其是要保证搬迁贫困户脱贫摘帽,逐渐致富。

(二)政策手段

易地搬迁精准扶贫政策通过"政府主导、分期梯度安置、多方扶助"等措施来推进和落实。政府主导是指在整个易地搬迁过程中,都是按照"中央统筹、省负总责、市县抓落实"的工作机制来组织安排各项工作,包括移民安置社区建设、公共基础设施建设以及"怎样安排入户"、对象评审等方面。分期梯度安置是指针对不同对象的不同状况分批、多期实现行政村内就近安置、建设移民新村集中安置、依托小城镇或工业园区安置、依托乡村旅游区安置、插花安置和投亲靠友等其他安置方式。多方扶助是整合资金,在深山区移民扶贫补助、农村危旧土坯房改造补助、原居住地旧房拆除补偿、金融部门服务扶持、就业创业扶助、特殊困难救助、特殊困难救助以及其他原先享有的惠农政策等方面获得扶助。在政策手段上,政府主导是必需的,也是政策顺利施行的基础;分期梯度安置是科学合理规划的重要体现;多方扶助是让搬迁户利益落到实处的保障。

(三)政策对象

政策文件中对易地移民搬迁对象的表述印证了我们的分析,"搬迁对象主

〔1〕 鲁能,何昊.易地移民搬迁精准扶贫效益评价:理论依据与体系初探[J].西北大学学报(哲学社会科学版),2018,48(4):75-83.

〔2〕 龙彦亦,刘小珉.易地扶贫搬迁政策的"生计空间"视角解读[J].求索,2019(1):114-121.

要是居住在深山、石山、高寒、荒漠化、地方病多发等生存环境差、不具备基本发展条件，以及生态环境脆弱、限制或禁止开发地区的农村建档立卡贫困人口。"[1]

易地搬迁精准扶贫政策是面向移民搬迁区域的所有贫困户。移民搬迁区域是在县域范围内、距县乡交通主干道线3公里以上、交通等基础设施建设成本高、就学就医等生产生活条件落后的深山区自然村或居住点。以地域上相连、生存条件相近的自然村（居民点）整体搬迁为主，优先考虑处于半山腰或不通路的深山腹地、人口密度极低、扶贫和管理成本高的自然村或居住点。移民搬迁区域须经乡（镇）政府申报，县政府审批通过才能正式确定。以于都县为例，从具体的政策对象来看，县城及工业园区安置对象是指居住在于都县认定的搬迁区域，家庭成员中有1名以上18～55周岁劳动力，除原居住地以外没有房屋的且同意拆除原居住房屋的农户；中心镇、中心村社区安置对象是居住在经县认定的搬迁区域，不符合进县城及工业园区安置条件或不愿意进县城及工业园区安置的农户；保障房及敬老院安置对象是居住在经县认定的搬迁区域，暂不符合五保条件、无力搬迁的极少数特困户。

三、易地搬迁精准扶贫的理论基础

（一）可持续发展理论

国际社会最广泛认可的定义是"既满足当代人需求，又不损害后代人满足其需求能力的发展"[2]。可持续发展包括生态、经济和社会的可持续发展。生态可持续发展要求人类与自然和谐相处、合理开发和利用自然资源，维持生态系统平衡，不突破环境承载力。经济可持续发展要求人类通过发展科技、绿色、环保、节能、低碳经济来追求更高的生活质量，要实现产业结构和经济结构的优化转型。社会可持续发展要求人类发展配套的教育、文化、医疗、卫生等公共事务来提高人们的社会保障和幸福感，注重人类和谐相处、环境保护、生态平衡等意识的培养。

而在"一方水土养不起一方人"的地区，经济社会发展水平低下，人们以落后的生产生活方式来获取生存与发展，一方面乱砍滥伐、过度放牧、过度开垦导致了水土流失、土地荒漠化等生态环境的破坏；另一方面病虫害多发、水资

---

〔1〕 国家发展改革委等五部门联合印发实施"十三五"时期易地扶贫搬迁工作方案，国家发展改革委官方网站，http：//www.ndrc.gov.cn /xwzx /xwfb /201512 /t20151208_761795.html

〔2〕 孙永珍，高春雨.新时期我国易地扶贫搬迁安置的理论研究[J].安徽农业科学，2013，41（36）：14095－14098.

源未经合格化处理，医疗、卫生、教育水平低下导致了居民素质低下、易发病，极大地降低了寿命。经济、社会、生态在"一方水土养不起一方人"的地区都不能够可持续发展，这就极大损害了后代人满足其需求能力的发展。

（二）推拉理论

"推力拉力"理论源于英国学者雷文斯坦（E. G. Ravenstien）的"迁移定律"，此理论在后期又得到了发展。1938年，美国的赫伯尔（R. Herberle）第一次系统总结了"推拉"理论，他认为人口迁移是由一系列"力"引起的，一部分为推力，另一部分为拉力。1969年，德国学者巴格尔（D. J. Bagne）第一次提出人口迁移的推拉模型这一称谓。1966年，美国学者李（E. S. Lee）在其《迁移理论》一文中将"推力——拉力"理论进行了系统的总结。他将影响迁移行为的因素进一步地概况为4个方面：（1）迁入地的因素；（2）迁出地的因素；（3）各种中间障碍；（4）个人因素。

易地搬迁精准扶贫是各种因素的综合结果，它涉及多个方面。从迁入地来看，迁入地交通便利、电子通信发达、基础设施健全、就业机会多、医疗卫生条件好、教育发达、生存发展空间大、优惠政策多，等等。从迁出地来看，迁出地地理位置不佳、生存环境恶劣、交通不便、电子通信不发达、就业机会少、发展前景受限、基础设施不健全，等等。从中间障碍来看，政策执行不到位，"上有政策，下有对策"，有的下级变相执行政策；贫困人口多、贫困人口分布范围广，导致易地搬迁精准扶贫工程浩大，需要大量的人力、物力、财力；多元参与机制不健全，导致社会资本的积极性不高，未能充分利用社会资金投入项目发展，等等。从个人因素来看，有利一面是，大部分贫困户希望早日脱贫，积极地投入易地搬迁精准扶贫项目；不利一面是，仍有贫困户存在"等靠要"思想，不思进取，此外，受"安土重迁"的思想影响，不愿搬迁。

第二节 易地搬迁精准扶贫政策实效

一、易地搬迁精准扶贫的安置方式

"生计资源是搬迁农户实现脱贫致富的重要变量。贫困人口搬迁后获得的生计资源与安置方式密切相关，不同的安置方式形成了移民差异化的生计资源获得方式。"[1]因此，引导贫困户选择恰当的搬迁安置方式将极大有利于贫困

---

〔1〕 覃志敏.社会网络与移民生计的分化发展——以桂西北集中安置扶贫移民为例[M].知识产权出版社，2016：95 − 98.

户的后续发展,各地政府在易地搬迁精准扶贫过程中往往因地制宜、因户施策,分批次、分层级推进安置工作。从安置的区域分布来讲,我国的易地搬迁精准扶贫主要采取集中安置和分散安置两种方式,其中集中安置相对更多,究竟是采取集中安置还是采取分散安置,需要依情况而定。一般情况下,集中安置便于规划和易地搬迁精准扶贫工作的开展,而分散安置一般适用于数量少、安置任务轻的分布散乱的贫困户。现阶段,易地搬迁精准扶贫的集中安置方式主要包括就近集中安置、移民新村集中安置、依托产业园区集中安置、依托国有农(林)场等基地安置等。分散安置主要包括零散安置、货币化补贴等安置方式。

(一)集中安置方式

集中安置的好处不言而喻:公共基础、教育、医疗、养老等设施集中安排和管理带来的规模效应大大节省了政府的搬迁成本,也免除了搬迁人口二次安家的成本[1]。同时,整村搬迁有利于农户宅基地的集中复垦,可以为贫困户多带来一份收入,增强了他们的搬迁意愿。

1.就近集中安置

主要依托经济更为发达、交通更为便利的中心村,引导贫困户从居住条件恶劣的地区搬迁至其他地区就近集中安置的方式。

2.移民新村集中安置

主要是因为城市的发展或者工业园区的土地使用需要,通过规划建设移民新村,引导居住在条件相对恶劣地区的贫困户就近集中安置的方式。建设移民新村的关键在于因地制宜确定安置区规模,做好安置前的规划以及水土分析、环境分析等,尤其是安置区的就业安排等问题。

3.依托产业园区集中安置

主要是依托产业园的带动辐射能力,在产业园区附近建设集中安置区,对于有劳务技能和商贸经营基础的贫困村贫困户而言,这类安置能有效解决贫困人口的贫困问题,并且可以使其较快融入。

4.依托国有农(林)场等基地安置

依托水利、土地整治等重大工程,通过合法开发荒地或利用国有农(林)场闲置土地建基地集中安置。

(二)分散安置方式

相比于集中安置,分散安置虽然能"一户一法"地调动迁移,但有其局限

〔1〕 郭俊华,张舍之.新时代我国易地搬迁精准扶贫要处理好的十大关系[J].福建论坛(人文社会科学版),2019(8):20-27.

性：一是管理成本过高，二是不利于宅基地复垦，三是存在二次搬迁的可能。

1. 零散安置

主要依托已有的安置区进行分散安置的方式。当地政府一般采取配置相应土地、回购空置房屋、分散建房安置、插花和投亲靠友安置、进城及进镇购房安置等措施安置部分易地搬迁对象[1]。

2. 货币化补贴

这类易地搬迁精准扶贫主要是将易地搬迁对象或拆迁户进行货币化补贴，补贴的货币多少可根据当地的商品房价格进行核算，易地搬迁对象可以用所补贴的货币自行购买商品房，以此达到易地扶贫搬迁的目标。

二、易地搬迁精准扶贫政策取得的成效

自易地搬迁精准扶贫政策实施以来，在各级政府、部门和搬迁农户的共同努力下，全国异地扶贫搬迁项目建设进展顺利，初步取得较好成绩。

(一)改善了贫困人口的居住条件

实施易地搬迁的贫困人口一般原生活区域自然条件较差、资源匮乏、交通不便，甚至环境恶化不利于人类生存，当易地搬迁群众迁居到新的安置区后，这些安置区都是得到了较好的规划和土地勘测的，通常都是将集中安置区规划在资源多、交通便利、通信发达、环境良好的区域，并能帮助贫困人口解决水、电、天然气等生活必需条件，同时由于人口的相对集中，基础设施建设和其他生活服务也将得到极大改善，从根本上帮助贫困人口解决行路难、喝水难、用电难、就医难等基本生活问题，极大地改善易地搬迁群众的生产生活条件[2]。通过易地搬迁精准扶贫，移民户由过去高山、边远破旧的房屋搬进低山、整洁宽敞的新居，居住条件得到极大改善。

(二)有效地改善了迁出地的生态环境

在深山林区、高寒荒漠区、疾病多发区等地区，人类的生存环境往往比较恶劣，人口不多，自然条件和生活条件对贫困人口的生产生活均带来了严峻的挑战。人类为了生存，只能竭尽全力对当地的资源进行过度开发和掠夺，从而经常导致乱砍滥伐、过度放牧等不良现象，加剧自然资源的衰竭和生态环境恶化。在一种简单的人与自然的关系中，自然资源和生态环境是贫困人口所必须

〔1〕 张海龙，杨艳，贺刚.精准扶贫背景下易地扶贫搬迁模式的适用性分析——基于长阳土家族自治县的调查研究[J].产业与科技论坛，2018，17(3)：80-81.

〔2〕 吴伟，周五平.易地搬迁扶贫模式存在的问题及对策研究——以湖北省鹤峰县易地搬迁模式为例[J].农村经济与科技，2018，29(5)：148-150.

依靠的生产资料，尤其是对于那些自然保护区而言更为重要。有时会出现一种怪异现象，生态贫困地区的贫困人口往往会陷入一个"贫困求生存—利用自然资源—环境恶化—贫困加剧—资源过度掠夺—环境进一步退化—贫困人口更贫困"的恶性循环，这似乎是一个解不开的结，易地搬迁精准扶贫是一种较好的途径。易地搬迁精准扶贫项目实施后，迁入地经济得到发展，人民变得更富裕，而对于迁出地来讲，因为变成了无人居住区，可以通过实施退耕还林还草，积极开展荒山造林恢复植被和小流域生态治理等生态修复工程[1]。这些措施无疑有效地保护和改善迁出区的生态环境。

(三)有效地拓宽了贫困人口的增收渠道

搬迁群众在改善居住条件，提高生活质量的同时，可以充分利用集中安置区资源的优势、交通的便利和通讯的发达，结合各自的实际情况和能力储备，有选择地发展适合自己的脱贫途径，比如种植、养殖、农产品加工等，也可以进行运销和发展餐饮等其他服务业，如想致富的话，还可以在当地政府的帮助下发展一些特色产业[2]。离开了原来的贫瘠地，来到了经济更为发达的集中区域，脱贫致富方式更为丰富，如果能尽快找到一项最适合自己的脱贫致富的增收项目，就能较快获取收入，拓宽增收渠道；另一方面，通过光伏发电项目、电商产业以及工业园务工获取收入，拓宽增收渠道。距离工业园区近的扶贫搬迁安置小区便于贫困户上下班，使得工业园能够充分带动社区内剩余劳动力就业，让搬迁群众的就业得到了有效保障。

(四)极大地推动了城镇化建设

易地搬迁精准扶贫的搬迁集中地一般会规划、安置在人口更为集中的区域，尤其是安置在经济较为发达的城镇地区，人口相对集中有利于土地的集约化利用，有利于让贫困人口享受与城镇居民均等化的公共产品和服务，有利于改善贫困人口的生产生活条件，促进城乡一体化发展，推动我国的城镇化建设。在一定程度上将贫困村民转移至发展相对较快的一些城镇区域，实现了"易地扶贫搬迁"与"新型城镇化"建设的融合与发展，这不仅使得贫困村民可以享受到较好的公共服务，从而促进了当地的"新型城镇化"建设[3]。人口、资本和产业的相对集中，越来越多的贫困人口搬迁到城镇当中，能够成为重要

〔1〕 张海龙，杨艳，贺刚.精准扶贫背景下易地扶贫搬迁模式的适用性分析——基于长阳土家族自治县的调查研究[J].产业与科技论坛，2018，17(3)：80–81.
〔2〕 宋安平.湖南易地扶贫搬迁的成效、问题及政策研究[J].湖南社会科学，2018(5)：126–133.
〔3〕 谭贤楚，胡容.精准扶贫中的"易地扶贫搬迁"：制约因素与社会影响——基于湖北省A县的实证[J].湖北民族学院学报(哲学社会科学版)，2018，36(3)：75–79.

的基层人力资源，为城镇化的发展做出重要贡献，对城镇的社会经济发展也会起到积极的作用。

(五)降低了扶贫开发成本

"一方水土养不起一方人"的边远深山区，远离城镇、交通不便、地形崎岖、地质条件复杂、若对这类地区进行开发，不但容易造成生态破坏，而且综合开发难度大、开发成本高，不便于可持续发展。而选为易地搬迁精准扶贫安置社区的地方，地形较为平坦、交通便利、经济发达以及原材料运输成本低，能够有效节约政府财政资金，极大地降低扶贫开发难度和投资成本。

(六)利于民族团结和社会稳定

我国是一个多民族国家，各民族总体呈现出"大杂居、小聚居、相互交错居住"的特点。但是也有许多少数民族的自然村寨，其中的一些自然村寨由于属于生态环境脆弱、资源匮乏之地，加之交通不便，使得这些少数民族成了贫困群体。而通过易地搬迁精准扶贫项目，能够使少数民族"挪穷窝""住新房"，由于符合建设移民搬迁安置点的土地有限，很有可能出现多个民族搬到同一个安置点的情况。当地政府特意出台一些有关民族和谐相处的条例，组织人员宣传民族团结对脱贫致富和社会稳定的重要性，增强了各民族的信赖感、认同感和归属感，使得各民族更加亲密友好，和谐相处。

第三节 易地搬迁精准扶贫存在的问题

近年来，国家大力推进易地搬迁精准扶贫工程，取得了一定的成效，但着眼于实际，也存在着一些不足。

一、资金压力大且整合难

目前，居住在"一方水土养不起一方人"区域的贫困户总量大，他们亟须搬迁，这种客观现状使得我国必须将大量资金投入到易地搬迁扶贫项目中。当地政府无力单独进行浩大的易地搬迁精准扶贫项目，需要中央和省级资金投入、地方政府资金投入、搬迁农户资金投入配套才能完成，但地方政府资金受财政收入所限投入不足，农户又不愿自行出资搬迁的现状，使得易地搬迁项目无法正常运转[1]。缺项目资金仍然是制约贫困地区脱贫奔康的一大瓶颈。一是融

---

〔1〕 郭俊华，赵培.西北地区易地移民搬迁扶贫——既有成效、现实难点与路径选择[J].西北农林科技大学学报(社会科学版)，2019，19(4)：69–77.

资渠道窄，易地搬迁精准扶贫资金来源单一，一般依靠国家专项资金补偿，但国家对扶贫搬迁的补助资金有限。二是社会在精准扶贫领域的投融资制度不健全，这导致了企业和社会组织心存疑虑，不敢轻易参与易地搬迁精准扶贫项目领域的投资。三是专项资金条块分割、来源分散，整合难。各种项目资金在审批、拨付、管理、验收等程序上要求不一样，地方政府整合资金办大事比较难。四是由于贫困地区财政不富裕，导致配套资金不能及时到位，进而影响项目的进展。

二、思想认识不足，政策宣传不到位

从政府的角度来说，一方面，一些基层政府对易地搬迁精准扶贫工作认识不到位，认为这仅仅是扶贫办和发改委的事情，与自身无关，这导致扶贫工作组、宣传部等政府工作部门并未将政策宣传到位；另一方面，"部分市、县虽然成立了领导小组，但主要领导只是挂名，没有建立权威、高效的统筹推进工作机制，移民搬迁工作推进缓慢"[1]。从贫困户层面来说，一方面，由于贫困户身居深山，交通闭塞，与外界联系少，加之中国农民传统观念中的乡土情结和生活习惯，使贫困户没有易地搬迁的愿望，不愿意离开现有的居住地。在传统观念里农民作为农业生产劳动者，他们得以维持个人及家庭生存和发展的唯一生产资料就是土地，他们对土地眷恋、热爱和依赖，世世代代的农业生产，与生俱来的农业生产劳动规律性、周期性和重复性，已根植于农民的思想当中[2]。他们甘心固守在他们习惯的地域内，固守一片土地，过自给自足的生活，导致贫困户思想较为陈旧、保守，不愿轻易搬迁。另一方面，贫困户由于对易地搬迁精准扶贫工程不熟悉而心存顾虑，担心安置之后的生产生活，新的环境的适应不仅仅是表现在对失去土地的适应，还有对新的居住环境和邻里关系适应过程，这在一定程度上影响了搬迁的进程。

三、贫困户就业能力低

贫困户的文化素质普遍偏低，在搬迁之前他们主要从事农业生产或者养殖牲畜，靠体力和经验来耕作、养殖。除了外出务工者外，大多数贫困户缺乏非农业技能。然而，在这生产力飞速发展的时代，现代企业对员工的素质要求也越来越高。"无论是'非农业化'就业抑或'农业雇工'，易地搬迁精准扶贫贫困

〔1〕　张磊.广西实施扶贫移民搬迁问题及对策研究[J].市场论坛.2017(2)：6-8.
〔2〕　金梅，祁丽.精准扶贫与易地扶贫搬迁实践的思考与讨论——以湖北省公祖村为例[J].郧阳师范高等专科学校学报，2016，36(5)：94-99.

户自身素质成为其职业转换或生产方式转换的最大障碍。由于各种原因致贫的易地搬迁精准扶贫贫困户就业技能严重缺失，无法达到工厂、企业务工或第三产业的务工需求。"[1]加之许多贫困户搬迁到安置点后，并不能从事农耕作业，这使得就业技能短缺的贫困户最终难以找到一份满意的工作。

四、土地供需矛盾较为突出

第一，许多贫困县是山区县，地形复杂多变、适宜安置的地势平坦地区较少，故这些地方需要平整土地才能保证安置点建成，这无疑增加了不少成本，而需要搬迁的贫困户数量庞大，这就容易导致土地的供需矛盾。以陕西洋县为例，"陕南移民搬迁每年约需53.33公顷用地，而洋县的集体建设用地指标也十分有限，随着时间的推移，用地矛盾将会越来越突出"[2]。第二，土地审批要经过多个部门，程序较为烦琐，审批周期长，往往滞后于安置点项目建设，导致项目招标成功但由于审批不及时而延误工期的现象出现。第三，土地补偿机制不健全。易地扶贫安置点和产业建设都需要大批土地，一方面不断开山腾地，另一方面占用地势低平的农田。而由于土地补偿标准过低、土地置换机制不健全，易产生纠纷阻碍项目进展。

五、少数基层组织、干部乱作为

为了完成上级下达的指标和任务，少数基层干部错误地向农户宣传、解读易地搬迁精准扶贫政策及补助资金。第一，一些基层干部为了让贫困户搬到安置点，与贫困户交谈的时候竟欺骗贫困户，故意将搬迁补助标准抬高，当贫困户搬入安置点，发觉被骗后，极易出现官民冲突，激化干群矛盾，贫困户迫于原有住宅已被拆除而只能继续住在安置点，但官员的作为损害了党和政府的形象，不利于后期工作的开展和贫困户的稳定发展。第二，部分乡镇未按照县政府规定的条件及程序确定搬迁人员，存在"拉关系、走后门""搬富不搬穷"的现象，对搬迁对象审核不严格。一些非贫困户与基层干部私交较好，就能被评为贫困户搬入安置点，但有些符合贫困户标准的农户却不能被评为贫困户搬入安置点[3]。另外，扶贫工作以政府主导为主，由各级政府扶贫办和地方扶贫工作

〔1〕 邹英，向德平.易地扶贫搬迁贫困户市民化困境及其路径选择[J].江苏行政学院学报，2017(2)：75-80.

〔2〕 邓艾，何帆，许晓婷.陕西洋县生态移民搬迁问题及对研究[J].安徽农业科学，2017，45(9)：228-231.

〔3〕 郭俊华，赵培.西北地区易地移民搬迁扶贫——既有成效、现实难点与路径选择[J].西北农林科技大学学报(社会科学版)，2019，19(4)：69-77.

小组负责，其他政府部门、社会组织和地方私营企业参与度不高，缺乏多方合作协调，导致扶贫工作形不成合力，降低了扶贫效率。

六、迁出地土地资源闲置

政策一般规定，农户原有的山林、土地经营权保持不变，农户可以在迁出地耕作，农户也依然享有退耕还林还草的补助。但是，由于以下三点导致了迁出地土地资源闲置，第一，由于有的安置点离迁出地远，不方便回去耕作，一些农户就放弃了农业生产，改为从事第二、三产业。第二，由于迁出地是边远深山区，交通不便、环境恶劣，规模化、集约化条件差，基础设施差，少水缺电，大部分耕地及林地资源也不适合流转，出现不同程度闲置，导致农户很难在租赁、流转土地上获得收益，使土地遭到闲置。第三，迁出地的开发和综合利用需要投入大量的人力、物力、财力。另一方面，一些安置新村缺乏科学规划，不仅占用了大量耕地，而且功能区布局不合理。大部分地方没有强调"占补平衡"，过渡期长不利于新村农民安心发展[1]。由于贫困县财政吃紧，它们更愿意将资金投入到经济发展和移民安置点建设上，更加注重迁入地的后续发展和建设。

第四节　易地搬迁精准扶贫的政策建议

我国很多地区将易地搬迁精准扶贫作为扶贫攻坚的首要工程来对待，可见其重要性。但根据各地的易地搬迁精准扶贫政策的执行情况，易地搬迁精准扶贫还需要在土地资源的利用、融资、宣传教育、基层组织建设等方面继续努力。

一、拓宽融资领域，加强资金统筹和监管

拓宽融资领域，保障易地搬迁精准扶贫的资金使用是做好此项工作的基础。

第一，要整合相关政策，加强资金的利用效率。扶贫资金的使用切忌"九龙治水"，在易地搬迁精准扶贫过程中，地方政府应统筹规划，确保资金的集约有效利用，可以整合移民搬迁扶贫补偿、危房改造补偿、宅基地复垦补偿、整村推进资金等项目资金，充分发挥各项扶贫资金在易地搬迁精准扶贫中的整体效应。第二，要建立健全社会在精准扶贫领域的投融资制度，为社会资本进入易地搬迁精准扶贫领域提供一个良好的投融资制度环境，制度要加大对 PPP 合

〔1〕 宋安平.湖南易地扶贫搬迁的成效、问题及政策研究[J].湖南社会科学，2018(5)：126－133.

作模式的支持力度，提倡政府和社会资本合作，引导社会资本进入精准扶贫领域，最大效度地利用社会资本来推动项目进展。第三，"采用'六个一点'筹措资金。采取企业赞助一点、部门帮扶一点、群众自筹一点、政策扶持一点、社会投入一点、银行贷款一点等方式破解资金难题"[1]。第四，要加强政银合作。"建立金融支持易地搬迁工作的沟通协调机制，地方政府和相关部门要加强与中国人民银行、银监会的沟通配合，制定配套政策，为金融支持易地搬迁精准扶贫工作不断创造最有利的环境和条件"[2]。第五，要确保易地搬迁精准扶贫资金的使用到位。各省要建立省级投融资监管平台，负责对全省的扶贫资金的下发、审核与监管，做好专款专用，以确保资金及时到位，全面落实"省负总责"的原则。

二、加强思想教育，深入宣传

要加强思想政治教育，深入各层面尤其是贫困村贫困户进行易地搬迁精准扶贫的政策宣传。

第一，要加强对各级政府的思想教育。要让各级政府认识到易地搬迁精准扶贫是一件关乎千家万户的民生大事，是实现全面小康的重大举措，各级政府要敢于担当，认清使命，以极大的热情投入到易地搬迁精准扶贫项目，真正做到全心全意为人民服务；要提高各级政府的思想觉悟，让各级政府在思想上与党中央保持高度一致，认真贯彻落实党的指导方针。第二，要深入宣传易地搬迁精准扶贫政策，采取召开乡村干部会、召开村民大会、走访农户、公告公示等多种方式，借助报刊、电视、广播、宣传标语等多种舆论工具，多层次、全方位宣传易地扶贫搬迁政策[3]。基层工作组、帮扶责任人要守好自己的"责任田"，积极践行全心全意为人民服务的宗旨，积极地向贫困户宣传易地搬迁精准扶贫政策，告知贫困户搬迁的条件、补助标准、住房标准、安置地点、小孩就业以及脱贫致富的新方式等一系列情况，耐心地解决贫困户内心的疑惑，让贫困户真正感受到政策带来的实惠，进而打消贫困户的顾虑，实现顺利搬迁，积极稳妥地推进项目进展。

三、多元主体积极参与，共同解决就业问题

政府应加大宣传，发挥组织引导作用。一是要积极引导贫困人口就业。扶

---

〔1〕　赵少莲.易地扶贫搬迁路径探索[J].政策，2016(2)：45.

〔2〕　何畅，张昭."十三五"时期易地扶贫搬迁投融资模式研究[J].扶贫开发，2017(1)：59－67.

〔3〕　游宇，李东升，王昭力.实施易地扶贫搬迁　推进精准扶贫——对湖北省谷城、京山、通山三县易地扶贫搬迁建设情况的调查与思考[J].财政监督，2017(10)：74－78.

贫要先扶智，贫困人口的脱贫问题最好的解决措施之一就是提升贫困人口自身的就业能力和就业技能，作为政府来讲，就是要多开展一些切合实际的技能提升培训项目，帮助贫困人口增强就业能力。当然，政府也应该积极地购买公益性岗位促进就业。"公益性岗位也优先向贫困户开放，这也增加了贫困人口就业的机会，比如银川滨河新区的保洁等公益岗位往往会向贫困的移民倾斜。"[1]二是要鼓励贫困人口创业。在积极鼓励贫困户就业的同时，也应该积极鼓励贫困户创业。对于有创业意愿的贫困户，要积极地对其进行帮扶，要详细地向这些人介绍创业致富的项目，认真地做好创业技能培训，积极地提供创业工作指导，有效地提供政策绿色通道，适当地提供创业贷款优惠政策，最大限度地优化他们的创业环境，最终确保贫困户能够创业致富。三是要进一步完善地方就业信息平台。地方政府应建立健全就业信息网络，通过精准识别、精准帮扶掌握移民搬迁户的信息，了解贫困人口的基本就业能力、就业意向和就业技能等，有针对性地帮扶易地搬迁户开展劳务输出、应聘招聘并契合企业需求，同时可采取多种方法让贫困人口及时了解就业信息，积极传达就业信息。

贫困户要积极提升自身能力。现在是"大众创业、万众创新"的大好时期，贫困户要改变落后的思想观念，积极主动地参加就业培训、创业培训，要敢于接触新事物、激发新思维、寻找新路子，努力提升就业技能，使自己能够尽快适应就业、创业的新形势。

企业带动贫困户就业。企业要充分利用政府提供的绿色通道，加快转型升级的步伐，实现产业质的飞跃。产业也是社会的一部分，要把产业发展与百姓脱贫致富紧密结合起来，积极为社会做贡献。故需要提供一定的岗位给贫困户，积极地对贫困户进行就业培训，使贫困户能够快速地适应新工作，稳定就业。

四、优化土地政策

要优化土地政策，保障土地的合理供应。第一，各级政府制定的土地政策要向贫困地区倾斜，适当增加贫困地区建设用地，优先满足移民安置点土地需求，确保贫困户有地安置。第二，建立项目审批工作小组，简化审批程序、缩短审批周期、提高政府工作效率，避免由于审批不及时而延误工期。第三，建立健全土地补偿机制。要根据当地发展状况和农户的经济状况来确定补偿标准，并逐步提高土地补偿标准。要综合考虑土地的优劣等级、土地所处的地理位置、土地类型、土地使用年限等因素来规范和健全土地补偿机制。第四，土

---

〔1〕　王晓毅.易地搬迁与精准扶贫：宁夏生态移民再考察[J].新视野，2017(2)：27-34.

地承包经营权流转。鼓励搬迁户土地承包经营权向专业大户、家庭农场、农民专业合作社有序流转，一方面能够节约土地、提高土地的利用效率，在一定程度上缓解供地紧张的局面；另一方面，农户也能从中获取利益。

五、强化基层组织建设、杜绝干部乱作为

要加强基层组织建设，优化制度设计，强化对基层干部的监督检查。第一，建立健全移民搬迁扶贫公示监督制度。要利用区县、乡镇政务公开、村务公开等形式，将搬迁资金使用等相关内容，进行公告公示，确保程序公正、公开、透明，切实保障群众的知情权、参与权、选择权和监督权，对群众反映的问题或违法违纪情况严肃处理。第二，强化农村基层党组织建设，改变基层干部工作作风。充分发挥基层党组织的作用，加强对基层党员干部群众思想政治路线的教育，弘扬优良作风，批评腐败作风，强调为人民服务的宗旨，秉承从群众中来到群众中去的工作方针，让班子成员成为群众脱贫致富的贴心人、带头人、引路人[1]。第三，不定时抽查、审核乡镇移民搬迁扶贫工作，加大"回头看"力度。各级政府工作人员要高度重视移民搬迁扶贫工作，要不定时地深入农户进行抽查、审核，确保搬迁对象的真实、准确，防止因干部个意愿而出现的"搬富不搬穷"的现象发生。如果审核出现问题，要及时改正，同时，要严肃处理相关人员。

六、盘活迁出地闲置土地资源

要盘活闲置土地资源，加强保护，合理开发。第一，政府应加大对该地区的生态环境保护力度，做好退耕还林还草工作，进行小流域综合治理，提高植被和森林覆盖率，优化生态环境。第二，要切实加强对盘活闲置土地工作的领导，加强顶层设计，有计划、有步骤地推进工作；要加强对闲置土地的监管，防止私占农田等违规现象出现。第三，对闲置土地进行详细调查，系统掌握可使用的闲置土地的分布数量及性质，充分利用电子信息技术、云技术建立闲置土地资源信息库，为盘活闲置土地工作打下基础。第四，在改善生态环境的基础上，政府应该争取各项资金，提升投融资能力，加大对迁出地闲置土地的利用和整治，要制定招商引资的优惠政策，让企业参与迁出地土地的开发和利用，而贫困户则可以将土地山林租赁或转让给公司获取一部分收入，或入股企业获取分红，或受雇于企业获取相应的收益。

---

〔1〕　吴右.推进精准扶贫：达嘎村易地搬迁实证分析[J].西藏研究，2017（5）：157–160.

七、"精神"扶贫与"物质"扶贫相结合

"物质"扶贫是基础，"精神"扶贫是目的。易地搬迁扶贫属于"物质"扶贫，但是我们不能仅仅停留在这个层面，应该融入精神元素，使整个扶贫安置点焕发出生机与活力。一是电影、戏曲进小区。相关部门要定期举办文艺下区（移民安置小区）活动，让移民能够享受到文艺精品，感受到艺术的魅力，丰富精神世界。二是帮扶干部定期上户或定期开展"三送一连心"活动。帮扶干部不仅要提供物质上的帮助，还要提供精神层面的帮助，多和贫困户交流，了解贫困户的真实感受，为其排忧解难，要鼓励贫困户树立脱贫致富的信心，激发贫困户脱贫致富的斗志，为其找准脱贫致富的门路。此外，对于那些心存"等靠要"思想，靠着扶贫款、扶贫政策得过且过、不思进取的贫困户，要先"扶志"[1]。必须将贫困户自己主动脱贫之志气"扶"起来，把"内因"激活起来，脱贫的腰杆才会硬起来，脱贫的干劲才会足起来，脱贫的办法才会多起来。然而扶志又是长期的，所以只有坚持不懈地进行，扶贫工作才更见效，更有效，也更长效。

八、多批次、分层级搬迁

"差异化的搬迁移民目标是为实现搬迁移民生计的帕累托最优，在不降低其他移民生计水平的前提下，保障最贫困人口生计能力的提升。"[2]我国贫困人口众多，必须分批次、分层级才能逐步推进易地搬迁精准扶贫项目的进程。搬迁要因户施策、多元安置，要综合考虑贫困户的经济状况、人口数量、工作能力、健康状况等因素最终决定安置方式。对于具有非农业技能或外出务工经历的贫困户，优先考虑工业园区安置模式；对于有着娴熟的农业技能的贫困户，优先考虑就近安置模式；对于亲属、好友愿意接济的贫困户，优先考虑"投亲靠友"安置模式；对于极度贫困，家庭无劳动力的贫困户，优先考虑兜底保障安置模式……多批次、分层级的搬迁模式能够满足大多贫困户的搬迁要求，基于不同的搬迁模式的特点，贫困户可以根据自身情况从事各类行业，为后期的稳定发展奠定基础。

九、用活增减挂机制

增减挂钩，即城镇建设用地增加与农村建设用地减少相挂钩，是指"依据

---

〔1〕　郭俊华，张含之.新时代我国易地搬迁精准扶贫要处理好的十大关系[J].福建论坛（人文社会科学版），2019（8）：20－27.

〔2〕　邢成举.搬迁扶贫与移民生计重塑：陕省证据[J].改革，2016（11）：65－73.

土地利用总体规划,将若干拟整理复垦为耕地的农村建设用地地块(即拆旧地块)和拟用于城镇建设的地块(即建新地块)等共同组成建新拆旧项目区(以下简称项目区),通过建新拆旧和土地整理复垦等措施,在保证项目区内各类土地面积平衡的基础上,最终实现增加耕地有效面积,提高耕地质量,节约集约利用建设用地,城乡用地布局更合理的目标"[1]。增减挂钩机制能够有效地与土地要素结合起来,通过土地来提升效益,为了推进易地搬迁精准扶贫项目要从以下两方面用活增减挂机制。第一,增加贫困地区尤其是搬迁大县的增减挂钩指标。在土地审批越来越严格,土地使用愈加规范化的背景下,城镇化土地建设指标也受到了严格控制,搬迁大县由于需要建设移民安置点,就可能导致占用一些用地指标,但土地政策和增减挂钩指标向贫困地区尤其是搬迁大县倾斜,一定程度上可以缓解用地紧张的局面。搬迁大县通过增加挂钩机制,一方面能够盘活迁出地土地,对迁出地实施拆旧复垦工程和退耕还林还草工程,利于企业和贫困户从中受益,另一方面安置点指标能够落实,并且将增减挂钩结余指标在省级交易平台运转,提高土地利用率和增加当地财政收入。第二,要落实耕地占补平衡。一方面,国土资源局、扶贫与移民办、乡(镇)政府要通力合作,引导村集体组织自主复耕,复耕出来多余的耕地,可用于耕地占补平衡。"支持实施产业易地扶贫开发的企业,涉及土地整治的,国土资源部门优先安排土地整治项目;对企业出资按项目管理要求开发的新增耕地,可优先用于企业投资项目的耕地占补平衡。"[2]另一方面,建立监督考核机制,要重视耕地占补平衡的实施,将"耕地占补平衡"纳入政府考核范围内,强化对占补平衡的监督,对于"占后不补"、"占后迟补"的工程建设,要严肃查处,依法惩办相关责任人。

第五节　易地搬迁精准扶贫典型案例

一、于都县易地搬迁精准扶贫工作情况

江西省赣州市于都县是国家贫困县、罗霄山连片特困地区片区县,全县总人口110.8万人,全县建档立卡贫困户22599户85394人,截至2017年,仍有

---

〔1〕 姚树荣,龙婷玉.基于精准扶贫的城乡建设用地增减挂钩政策创新[J].宏观经济,2016(11):124 – 129.

〔2〕 李良平.青海省易地扶贫搬迁项目安置地落实情况调研[J].青海国土经略,2015(3):27 – 28.

8173 户 35621 人居住在边远深山区，生产生活条件极差，环境恶劣。从 2014 年开始，全县建成三级梯度安置点 152 个，其中：县城工业园 1 个、中心镇 92 个、中心村 59 个。安置移民群众 6880 户 28899 人，其中建档立卡贫困户 3580 户 15100 人。为加快贫困群众脱贫致富步伐，于都县大力探索实施深山区搬迁移民扶贫"进城进园"工作，探寻了一条可操作、可持续、可复制的搬迁移民新路径。县上欧思源社区、岭背镇滨河社区、罗坳镇大桥移民新村、银坑镇营下移民新村等一批移民扶贫梯度安置社区已初步建成，相关经验做法在中办《专报》、省委办《工作情况交流》和省委农工部《三农要情》等权威刊物刊发，得到了中央、省、市及相关部委的充分认可。2017 年全年实现 2281 户 10587 人脱贫、7 个贫困村退出。投入资金 8 亿元实施整村推进，发放产业扶贫信贷通 8.55 亿元。易地移民扶贫搬迁集中安置工程（二期）进展顺利，956 套农村保障房基本完工。投入兜底保障资金 1.88 亿元，农村低保对象 51358 人、五保对象 2895 人实现应保尽保。2018 年全年投入扶贫资金 27.8 亿元，是有史以来扶贫投入最大的一年。严格对照"户脱贫""村退出"指标，推动各项政策精准落实。完成通组路建设 630 公里，实现了贫困村 25 户以上自然村通水泥路；投入 1.32 亿元实施农村饮水安全项目 76 个、挑水户单户改水工程 3547 户；上欧"梦想家园"主体工程全面竣工，完成农村危房改造（含保障房建设）3258 户，17 个中心镇、中心村安置点交付使用，2534 户 9362 名群众喜迁新居。

二、于都县工作经验

（一）创新思路，确保定位"准"

第一，精准确定安置模式。为解决深山区贫困群众就地脱贫难、扶持成本大的问题，于都县着力探索深山区搬迁移民扶贫，根据移民户家庭状况，结合群众意愿，实行县城工业园、中心镇、中心村三级梯度安置模式，供群众根据自身条件自愿选择。通过政府各类措施引导，力争实现能进城的不留镇，能入镇的不留村，能集中的不散居。

第二，精准落实项目配套。一是落实配套政策。一是先后研究出台了《于都县深山区移民搬迁工作方案》《于都县深山区整体移民搬迁"进城进园"工作实施细则》《于都县上欧工业园移民搬迁安置示范区移民对象搬迁入住工作实施方案》及相关配套政策性文件，确保移民搬迁扶贫"进城进园"工作有序开展。二是落实安置区配套建设。充分尊重移民群众的现实需要，既考虑移民户经济现状和基本居住功能需求，又兼顾考虑搬迁移民户致富后生活品质要求，高标准、高质量做好规划设计。如，上欧工业新区搬迁移民扶贫安置示范区占地面积 100 亩，建成移民安置房共 36 栋 1193 套，户型有 50 平方米两室两厅

（411 套）、110 平方米三室两厅（686 套）、130 平方米四室两厅（96 套）三种不同面积的户型，每套住房分别配套车库或杂间，并在小区内规划配套了社区中心广场、社区服务中心、幼儿园、卫生所、银行网点、商店超市、停车区等公共设施，使易地搬迁户与城镇居民拥有同等甚至更好的条件待遇。

第三，精准界定搬迁范围。优先安排居住在深山、库区和地质灾害、地方病多发等生存环境恶劣、不具备基本发展条件，以及生态环境脆弱、限制或禁止开发的农村自然村或居住点的建档立卡贫困人口及同步搬迁人口，以及其他区域需要搬迁的建档立卡贫困户。优先安排位于地震活跃带及受泥石流、滑坡等地质灾害威胁的农村自然村或居住点建档立卡贫困人口及同步搬迁人口。

第四，精准识别搬迁对象。在审查移民对象时，安置对象必须具备 4 个条件，即：居住在经县认定的搬迁区域的农户；除原居住地以外没有房屋的农户；同意拆除原居住地房屋的农户。户主确定以当年 4 月 30 日前在当地公安派出所登记为农业户口的户主为准。进入于都县上欧工业新区安置的对象还增加了一项条件，即：家庭成员中必须有 1 名以上 18～55 周岁劳动力。为精准识别移民对象，县扶贫开发领导小组多次组织专项工作组，对申报对象居住区域、户主身份证、户口性质、户口登记时间、劳动力人数、原居住地以外的住房等情况进行逐户逐项核查，确保了申报移民安置对象均符合移民搬迁政策。

（二）政策助迁，确保扶持"真"

实行多项扶持政策，发挥政策的叠加效应，让移民户得到实实在在的利益，减轻移民户搬迁负担，确保移民户搬得出。

第一，强化资金扶持。一是购（建）房价格特惠。如，上欧工业新区安置房，给移民户的房价（毛坯房）确定为 1400 元/m² 左右，低于成本价 1700 元/m²，同时给予完全产权，并在十年后可交易。二是补贴政策叠加。移民对象除享受 2015 年前深山区移民人均 4000 元、2016 年开始建档立卡贫困户人均 2 万元（非建档立卡贫困户人均 0.8 万元）的扶贫政策补助外，对于符合农村危旧土坯房改造政策的，可同时享受土坯房改造政策；此外，于都县上欧工业新区移民户可享受 6 个月的过渡安置补助（600 元/月）。三是购（建）房信贷支持。在县上欧工业新区安置的移民对象，可由政府统一协调金融机构办理 10～20 万元以内的个人住房按揭贷款。在中心镇和中心村安置的移民对象可用安置房产权进行抵押贷款，贷款额度为 3 万～5 万元。四是旧房拆除补偿。整体搬迁区域的移民对象，旧房整体拆除后，可叠加享受旧房拆除补偿政策。

第二，强化干部帮扶。实施帮扶干部与移民户"捆绑对接"，帮扶干部在搬迁前当好"宣传员"，做好政策宣传及群众引导工作；在搬迁中当好"服务员"，做好购（建）房贷款申请、旧房拆除、手续办理、搬迁入住等服务；在搬迁后当好"联络员",联系企业为移民户提供就业,帮助移民户做好小额创业贷款、土地山林流转,引导移民户发展农业产业等工作,切实做到全程跟踪服务。

第三,强化配套措施。在安置社区建设过程中,统筹整合新农村建设、文化、教育、交通、扶贫、产业发展等项目资金,用于安置社区水、电、路、绿化、亮化等基础设施配套建设,将各安置区都建成功能齐全、环境优美的现代生活社区,使群众看到实实在在的好处,打消了各种各样的顾虑,呈现群众愿意搬、主动搬、争着搬的局面。

(三)权益保障,确保效果"实"

第一,整合权益资源。为了让移民户富得起,在后续发展扶持政策上进行了创新。移民户可选择转为城镇户口,也可保留原户籍而选择办理城镇居住证;移民子女享受县城居民子女就近入学同等待遇;已参加农村社会养老保险的移民户,可转移接续城镇居民社会养老保险;移民户可自愿选择城镇居民医疗保险或新型农村合作医疗保险;最低生活保障可实行农村和城镇低保互转;移民户 5 年内可享受农村计生政策,8 年内可享受计生奖励扶助政策。

第二,拓宽增收渠道。一是就业有机会。项目区所在地上欧工业新区与老工业园区连为一体,是于都县主攻新型工业化的主战场,初步形成了以战略性新兴产业为重点的发展格局。园内企业共可提供就业岗位 5 万个,截至 2017 年底,园区只有就业人员 2.6 万人,仍可容纳就业人员 2.4 万人。于都县根据工业园企业用工需求,积极为移民户提供各种就业技能培训,确保移民户均可实现就近就业。按目前我县工业园区企业用工工资水平(每人每月 2500～3500 元)计算,每户(以 1 名工人计算)每年可实现收入 3 万元以上。二是创业有门路。项目所在地位于县工业园区,紧邻 25 万多人口的大县城,经济活跃,是就业创业的好地方。对自主创业移民户,可办理 2 万～5 万元小额贴息贷款。在岭背中心镇区移民安置社区,移民户依托"互联网＋"时代,在社区开设电商扶贫淘宝服务站,专门销售手工棉被,最多的时候一天可销售 100 多床,月销售额达到 4.5 万元左右。三是资源有收益。罗坳大坝移民新村移民户在农信社 5 万元贷款资金扶持下,安装 5 kW 的太阳能光伏发电设备,按照光照时间 4 小时/天计算,则每天可发电 12 度,每度售价 1.2 元,移民户每月可收入 500 元左右。

第三,形成多赢格局。于都县探索的深山区搬迁移民扶贫"进城进园"项目,综合考虑了财政和移民群众的承受能力,特别是上欧工业新区搬迁移民安置示范区的建设,通过相关项目资金整合,项目建设基本实现自求平衡,安置区的店面、车库、杂间等销售收入均用于弥补建房成本。通过实施深山区搬迁移民扶贫"进城进园"安置,有效帮助深山区群众快速脱贫致富,同时,还有效缓解了企业招工难,促进人口城镇化、实现土地集约节约利用等。

第八章

城市精准扶贫

　　我国贫困问题在历史和地理等因素的影响下由来已久，一直让国家和社会如鲠在喉。随着精准扶贫工作的开展，目前农村精准扶贫工作已取得了阶段性的巨大成就，不仅成功改善了相当一部分农村人口的贫困问题，还开启了学术界争相研究贫困问题并探索精准扶贫的道路。但是，相对于农村精准扶贫问题研究的繁盛局面，城市扶贫的研究却抱残守缺，一直局限于低保问题，鲜有学者与精准扶贫相联系。然而近年来，城市贫困问题开始变得多样化和复杂化，单调的低保扶贫手段显然已无法满足城市扶贫的需要，城市精准扶贫却仍处于起步阶段，不仅实施范围相当狭窄且存在着较多的问题。因此，本章将分析目前城市精准扶贫工作所面临的困境，并提出相应的政策建议。

第一节　城市精准扶贫概述

　　计划经济体制和城乡二元结构的施行，使得我国贫困人口绝大部分都集中在农村地区。改革开放后，尤其是20世纪90年代以来，随着我国正式确立发展社会主义市场经济体制，基于市场经济的制度不断发展与完善，深刻促成了我国社会结构和经济体制的转型，市场导向的改革打破了原来计划经济体制下形成的城市利益格局。经济危机、国企改革，进一步加剧了我国城市社会结构急剧变迁，出现大量下岗，产生大量失业人员，我国城市贫困问题日渐突出，城市贫困人口规模不断扩大[1]。当代城市贫困已经对我国城市的经济、社会、

---

〔1〕　Solinger D J. Labour Market Reform and thePlight of the Laid – off Proletariat[J]. China Quarterly, 2002, 170(170)：304 – 326.

空间发展以及综合管理产生了前所未有的制约和影响[1]，为解决当代贫困，防止代际传递，政府应承担起对城市贫困居民的援助和救助的基本责任[2]。

一、城市精准扶贫的内涵

城市精准扶贫理应溯及城市贫困人口，因我国的户籍管理原因，城市精准扶贫管理部门一般只会关注具有城市户籍的因产业转型、国企改革产生的城市失业人员，因病、因学、因残致贫和无劳动力返贫群体等群体，而对于进城务工的农村人口，一般是以其户籍所在的农村承担精准扶贫任务。但这里仍然存在一个城乡精准扶贫如何衔接并使之更为有效的问题。为有效应对城市贫困状况，我国出台一系列规章制度形成当前的城市扶贫体系，主要由三部分组成：即由养老保险、医疗保险、失业保险、工伤保险等构成的预防性反贫困制度；以城市最低生活保障为主的救助性反贫制度；以及由一系列鼓励、创造就业创业机会的开发性反贫困制度[3]。总体来看，城市贫困人口已能够享受一些社会保障和政府的援助政策，现有制度下我国的城市扶贫已实现了从单一化到综合化，从偶发式到常态化，从主体一元到主体多元，从"一揽子"扶贫到精准扶贫等的转型[4]。

城市精准扶贫即近年来广东、湖北和江西的部分地区正在试验实施的一种参考农村精准扶贫先进经验所改良的城市扶贫新方式。城市精准扶贫主要区别传统的城市扶贫制度。传统的城市扶贫制度局限性很强，没法顾及实际扶贫对象的切实生活需要，更没法从根本上解决贫困问题。而城市精准扶贫在扶贫体制上有所转变，最大限度上避免出现资金挪用、形象工程等问题。区别于农村精准扶贫，城市精准扶贫主要面对的扶贫人群是具有城镇户口的贫困人口，其中包括因下岗、失业而没有固定收入者或其他低收入者。

而城市精准扶贫的扶贫主体落在了城市的管理者即民政部门的头上。在广东，城市精准扶贫的形式主要为居委会、街道办和各级民政局通过进行发放低收入保障金、失业救济金、医疗救助金与对特殊学生群体进行教育减免的形式来进行精准扶贫。对于缺乏劳动技能的人群，广东的基层民政局还会组织免费的技能培训与就业优惠证，并推荐部分就业岗位。在湖北，城市精准扶贫的形

〔1〕　苏勤，林炳耀，刘玉亭.面临新城市贫困我国城市发展与规划的对策研究[J].人文地理，2003，18(5)：17－21.

〔2〕　丁四保.我国城市贫困问题的分析与对策研究[J].开放导报，2006(2)：48－51.

〔3〕　丁越峰，向家宇.风险社会时代的中国城市贫困问题研究[J].湖南社会科学，2014(2)：104－108.

〔4〕　姚迈新.中国城市扶贫：经验分析与发展路向[J].广东行政学院学报，2017(29)：57－62.

式为区委、区政府成立城市精准扶贫小组，进行统筹规划；而各街道、各部门负责组织、主办包括临时救助、医疗、助残和搭建求职平台等精准扶贫活动；同时民政部门购买公共服务，组织部分社工展开针对性的精准扶贫活动。

二、城市精准扶贫的特征

目前城市精准扶贫主要有以下特征：

首先，城市精准扶贫与低保政策相比，能更准确地对贫困人口的脱贫需求进行识别。在以往的低保发放政策中，由于发放标准和形式都十分单一，容易出现部分贫困人群无法被覆盖和无法满足贫困人群的特殊脱贫需求等现象，即使一部分贫困人群能成功脱贫，也容易出现停止发放低保后的返贫现象。再加上城市贫困人口中存在着"心理贫困"现象，单纯发放低保不仅无法实现让他们实际脱贫，反而会导致贫困人口过于依赖低保，进一步降低了他们的劳动积极性，甚至会对扶贫工作起到反作用。而城市精准扶贫则不然，城市精准扶贫能发挥民政部门的作用，针对不同贫困人口的不同脱贫需求来"对症下药"，从而较高效率地运用扶贫资源来达到脱贫的目的。如针对缺乏经济收入的贫困户，民政部门能监督贫困户的用工企业进行现代化企业改革，督促建立市场化的公平工资机制；针对缺乏福利保障的贫困户，民政部门能推动贫困群体的社会福利再分配体制改革，并督促用工企业为贫困户缴纳职工养老额；针对缺乏住房资产的贫困户，民政部门能加大针对贫困户的廉租房等公共住房的供给；针对"心理贫困"的贫困户，民政部门能加大对贫困户的职业技能培训，并通过促进贫困户企业和社区举办社区活动以提升贫困户文化与心理层面的劳动融入感。

其次，城市精准扶贫由于扶贫的主体落在了民政部门的身上，能更好地与城市的社区联动起来，更高效地发动社区和社工的资源与力量。在过去，低保政策拥有着较丰富的扶贫资金，但发放单位缺乏深入扶贫的人力；与此同时，城市的社区和社工拥有着较丰富的扶贫人力资源，却往往缺乏扶贫的资金，并且各个社区之间相对分散，缺少联动性。而民政部门则能够为二者取长补短，既能发动广大的社区和社工资源，为城市精准扶贫的精确帮扶提供大量的人力，通过塑造城市社区的文化氛围有效地解决"心理贫困"的问题；亦能为城市社区和社工的扶贫工作提供所需的资金，相比于直接发放金钱而言，扶贫资金的利用效率能得到大大的提升。

再者，城市精准扶贫能够通过精准识别获取贫困户详细的资料和脱贫需要，从而系统地对贫困户的贫困特征进行管理，进而达到有效地利用扶贫资源的效果。在低保政策中，由于贫困户的资料和识别方式存在着缺陷，容易出现各种形式的"钻空子"行为，如"骗保""漏保"等现象，甚至出现了扶贫资金不仅没有落到真正需要的贫困人群的手中，反而发放给了一部分隐藏收入的生活富裕者，扶贫政策的效果亦因此而极不明显。而精准扶贫政策能通过精准识别的过程收集到需要的贫困人群资料，并对贫困人群的资料进行系统化的管理与汇总，以减少"钻空子"行为的出现。

三、城市精准扶贫的意义

从现实意义上来说，十九大以来，得益于农村精准扶贫政策的顺利推进，党和国家制定了 2020 年全面脱贫的扶贫计划。然而，目前能有效解决城市贫困问题的城市精准扶贫政策正处于起步阶段，相关的学术研究和理论成果均相当少，因此存在着许多问题和缺陷。所以，参考农村精准扶贫和以往城市扶贫政策的经验，以总结并分析城市精准问题与正在或将要面临的困境，提出可能的解决方案，具有很强的现实意义。

从理论意义上来说，近代以来，对于贫困问题的研究起源于西方国家。但是，由于发展中国家与发达国家的国情迥然不同，我国无法全然照搬西方国家对于贫困问题的研究分析，必须加以吸收和扬弃。而城市精准扶贫政策的研究处于贫困问题研究的空白区内。因此，对城市精准扶贫的研究有利于填补学术界贫困问题研究的空缺。

第二节　城市精准扶贫面临的困境

一、我国城市贫困的现状

贫困问题由来已久、影响深远，一直都是世界上各个国家和民族所亟待解决的问题。而在我国，贫困问题是由多维度因素导致的，扶贫的艰辛和难度也更加突出。中国拥有着世界上历时最长的封建王朝，长期以来自给自足的自然经济不仅拉大了阶级间资源的差距，亦造成了不同地区间经济交流的堵塞和隔阂，再加上中国的中西部地区还有着相当复杂的天然地理屏障，进一步催化了严重的贫穷问题。在这些因素的影响下，中国贫困问题的城乡差距成了扶贫工作的首要攻坚目标。

但是，随着改革开放以来的经济发展和基础交通设施的逐步完善，再加上近年来农村精准扶贫措施初见成效，城市的贫困问题开始逐渐突出。

首先，伴随着经济的发展和交通工具的完善，信息堵塞和地理隔阂的局势被打破，越来越多的农村贫困人口开始憧憬城市为个人带来的美好发展前景，并涌入城市，希冀能在城市打破贫穷的局面。大量的流动人口迅速消耗了城市的容量，加大了城市资源的分配难度，进而加重了城市的贫困问题。

其次，城市的贫困问题与农村相比体现出了复杂化的趋势。农村的贫困问题一般显现于"贫"，即物质上的贫乏，从而导致家徒四壁、声无分文。然而城市的贫困问题不仅有物质贫乏这一种形式，还体现在"困"，即阶层固化、分配不均、前程无望进而导致的"心理贫困"。由于城市同时存在着这两种迥然不同的贫困问题，故也大大增加了扶贫的难度。

最后，相比于农村扶贫问题能一直得益于精准扶贫的资源倾斜和保驾护航，城市的扶贫措施却一直局限于简单的发放低保。低保虽能在一定程度上缓解物质的贫穷，却无法解决精神上的"心理贫困"。因此，虽然国家一再提高城市低保的覆盖范围，城市的贫困率近年来却不降反升，而愈演愈烈的啃老问题与人口老龄化问题归根结底都是"心理贫困"所导致"低欲望"群体的不断膨胀。此外，低保措施不仅不能解决"心理贫困"问题，亦不能应对贫困人口遇到的突发贫困情况。一旦贫困人口遭遇不幸，便只能求助于社会组织与慈善人士的关注，低保措施根本无济于事。

二、城市精准扶贫面临的困境

（一）贫困人群居住环境恶劣，信息收集困难

在城市中，由于存在着城市的地价和房价过高的问题，城市的贫困人口往往密集居住于城中村的廉价出租房中。这种出租房一般而言会造成两种影响。

首先，这种出租房的人口居住密度大，且基础设施相较于城市中心而言大大落后、缺乏多数必要的公共服务、生活环境极度恶劣，从而导致了贫困人口缺乏对城市的认同感和信任感，自发地从地理上和心理上形成"边缘化"。借助于与非贫困人口之间居住空间的地理隔阂，贫困人口会自愿选择与城市文明相隔离，形成独自的"贫困文化圈"，并拒绝参与城市民政部门所举办的大部分文化活动，导致作为城市精准扶贫主体的民政部门难以顺利地进行信息收集工作。这种心理上的"边缘化"还会加剧"心理贫困"，导致贫困人群即使有工作也缺乏工作积极性，降低了贫困人群的工作效率并提高贫困人群失业的可能性，从而形成恶性循环导致城市贫困问题不断恶化，大大降低了城市精准扶贫所能取得的成效。

再者，在目前实施的体制下，城中村的建设成本和公共服务资源基本上都由地方财政资源来独立承担，再加上因为贫困人口所居住的城中村环境现状十分恶劣，需要的建设资源数量巨大，却又难短时间内出现成效，投入城中村建设往往会出现"高投入、低回报"的现象，无法作为有效的政绩，地方政府往往

缺少积极性去投入大量资源进行城中村的基础设施建设。因此城中村的出租房一般而言基础设施的建设不完善、交通不便，且远离城市的民政管理中心，大大提高了城市直辖的民政部门发动人力物力收集信息进行精准识别的成本。另一方面，与城市市政中心中的管理部门相比，城中村中的民政部门亦处于行政资源供给的"边缘化"区域，长期以来都建设不足，人力和资金等资源均十分匮乏，亦难以有效地展开贫困人群的信息收集工作。

（二）贫困人群信息繁杂，贫困标准却过于简单

如今对于城市贫困人口的识别标准仅停留在简单的收入是否低于低收入线上，这种单维度的识别标准显然无法反映如今多种多样的贫困形式。例如有的城市本地人，收入水平虽低于低收入线，却能享受到完整的福利体系，也拥有着足够的资产，没有购屋置业的烦恼。而有的流动人口，收入水平虽高于低收入线，却无法享受到很多城市居民所享有的福利，亦居无定所，多出来的那部分工资在城市日益增长的资产价格中显得杯水车薪。这样的例子比比皆是，而按照目前对城市贫困人口的识别依据来说，相当一部分的扶贫资源却倾斜到了前者的手中，真正更需要帮助的后者却无法享受到应有的扶贫福利，这种现象显然是不合理的。甚至还出现了部分"隐形富豪"，他们一边拥有着可观的隐性收入，一边却又占据着稀缺的扶贫资源，从而恶性骗保。据不完全统计，全国近年来查获的"骗保"案件达 150 万元以上，大量对于贫困人口来说仿佛甘露般的扶贫资金却落到了"骗保"分子的手上，既浪费了扶贫资源，亦打击了居民对于扶贫政策的信心。这都是单维度识别标准的弊端所在。

另一方面，即便同样是属于贫困人群，贫困的起因和形式亦多种多样。与农村精准扶贫相比，城市精准扶贫的难度还体现在于贫困人群更加复杂化。在以往的农村精准扶贫中，由于农村的贫困一般而言都体现在物质上的贫困，致贫的原因亦十分简单，故农村精准扶贫当中精准识别的难度较低。但是，城市贫困人口无论是贫困人口的来源、贫困的形式还是致贫的原因都呈现出了较强的复杂性和多样性。在城市中，贫困人口可能是本地的传统贫困户，亦有可能是来自外地的农民工。此外，城市的贫困人群还有着不同的贫困形式。目前来说，城市贫困人口贫困的形式至少可以分为五种：经济贫困、心理贫困、福利贫困、技能贫困和资产贫困。并且同一个贫困人口可能有着多种的贫困形式，不同的贫困形式之间亦有可能相互作用，相互诱发，从而形成越来越贫困的恶性循环，这些形式多样的贫困形式导致了贫困人群的信息异常复杂。

因此，如今对于贫困的标准远远无法满足贫困现状的所需，有相当一部分城市中的相对贫困人口被拒于低收入线的门外。

（三）扶贫形式过于单一

目前城市精准扶贫仍处于起步阶段，因此扶贫的形式相当单一。除去原有发放低保的福利外，在广东，街道和社区开始针对性地对部分失业人口提供免费的就业培训和推荐部分就业岗位，并发放"再就业优惠证"；而在湖北，政府，大量吸纳社区、社会组织、社工和高校团体等社会力量，引入社会组织作为城市精准扶贫的供给主体。但是，仅有的这两种精准扶贫形式并无法处理城市中日益复杂化的贫困问题，也无法满足城市贫困人群日益增长的扶贫需要。

此外，由于没有进行相对应的精准识别与其他精准扶贫措施的相互配套，目前这些单一的精准扶贫形式实施效果亦十分不理想。在广东，由于"心理贫困"和受教育程度低下等因素，贫困人口对于新技术的接收能力十分有限，职业培训和技能培训的效果相当不明显。况且，由于没有相应的心理扶贫措施配套，一旦贫困人口在接受了多次职业技能培训仍然无法脱贫，他们便会逐渐地对精准扶贫的措施失去信心，进一步降低精准扶贫措施的扶贫效率。而对于部分并不缺乏职业技能培训的贫困人口来说，对他们进行职业技能培训既是扶贫资源的浪费，也在某种程度上浪费了他们的时间，造成他们对城市精准扶贫的不信任。在湖北，虽然政府已经有计划地发动了各个社区和社会组织的力量，但是由于缺乏对贫困人口的职业和技能培训措施，容易导致一旦在社区和社会组织的扶贫行为结束后，贫困人口便出现返贫的现象，无法从根本上解决问题。

（四）扶贫资源过少，难以满足脱贫需要

目前城市精准扶贫政策缺乏大量的扶贫资源。其一是人力资源，城市精准扶贫的主体单位是民政部门，而地方民政部门却没有足够的人力物力去收集和管理密集居住的贫困人口信息，更勿论有计划地开展扶贫项目。在城市精准扶贫的过程中，民政部门一方面需要收集更新繁杂的贫困人口信息，对这些信息进行精准识别并归档分类，再按照不同类型的贫困人口组织不同类型的扶贫项目；另一方面还要安排人员到不同的社区，拜访各个贫困家庭，将计划中的扶贫项目落实到底，其中处处都需要海量的人力资源。同时，由于贫困人口往往居住于城市的边缘化地区，这些地区的民政部门亦处于城市管理部门的边缘，部门岗位吸引力较低，因此也很难留住经验丰富的扶贫工作人员，进一步造成了城市精准扶贫中人力资源的紧缺。

其二是公共服务资源。目前随着城市中流动人口数量的逐年上升，城市的公共服务设施已出现不堪重负的状况，廉租房供给、"学位房""看病难"等问题实际上就是这一状况的缩影，城市的管理受到严峻挑战。然而住房、教育、医疗等都是贫困人口脱贫的必需资源，公共服务资源的供给量却远远无法满足贫

困人口脱贫的需求量。

其三是资金资源。尽管近年来城市各方面的扶贫预算在不断上涨，但对于城市精准扶贫而言仍显得不足。在城市精准扶贫的过程中，无论是贫困人口的资料收集、精准识别还是扶贫项目的开展，或者社区文化活动的开展都需要大量的资金，而现有的资金却仅能满足低保政策的需要，难以从物质的角度上实现精准扶贫。

（五）社区和社会力量未能得到有效动员

在湖北，尽管目前政府已有规模性地发动社会力量作为城市精准扶贫的供给，但是政府却一直把社区和社会力量排斥于政策设计之外，社区和社会组织并没有城市精准扶贫工作的参与感，也缺少扶贫工作的积极性。此外，政府对社区和社会力量的动员仅限于政府购买公共服务，并没有起到组织者和领导者的作用，各个社区、社会组织之间缺乏有效的系统协调，一方面容易出现多个社区和社会力量同时对同一区域的贫困人口进行精准扶贫，这既造成了扶贫资源的浪费，过多过频繁的扶贫活动也有可能适得其反，造成贫困人口对于精准扶贫的反感，从而进一步降低精准扶贫的扶贫效率。另一方面，部分处于贫困线边缘的贫困人口可能因为单个社区和社会组织的资源有限而被忽视，从而导致扶贫的覆盖面不够广，难以达到全面脱贫的需要。

除了政府未能起到系统的组织协调作用外，目前社区和社会力量本身也存在着不少问题。首先，大部分社区和社会组织都是出于兴趣和爱好而进行扶贫工作，将参与扶贫工作视作自己的副业而非主业，缺乏有效扶贫的专业性技能，长此以往有经验扶贫人员也容易失去新鲜感，造成参与扶贫工作的积极性下降，甚至导致无法留住有经验的人员，人员的稳定性欠佳的问题。再者，虽然社区和社会力量参与城市精准扶贫能得到政府的资金补助，但对于城市精准扶贫所需的大量资金而言仍是杯水车薪，社区和社会力量无法进行部分昂贵但却有效的扶贫活动，如邀请专业的讲师开展培训班等。最后，社区中城市精准扶贫的参与人员缺乏保障措施。对于社区中的社工而言，虽然他们参与的是公益性的组织，进行着社会公共性服务，但是在正式进入居委会工作之前，他们的工资都十分低，缺少稳定性的编制，也无法满足扶贫人员个人发展的需要，从而降低了扶贫人员的积极性和专业性。

第三节　城市精准扶贫的政策建议

国城市贫困人口相对较少，加之有城市最低生活保障托底，城市精准扶贫的任务相对于农村来说要轻得多，从全国几个试点的省市开展城市精准扶贫的实践来看，我国的城市精准扶贫还需要从以下几个方面进一步完善。

一、重视社区的作用，以社区为基本单位开展城市精准扶贫

目前城市精准扶贫的基本单位是各个民政部门，这一规划显然是受到了农村精准扶贫经验的影响。在农村精准扶贫中，扶贫的基本单位是各个村的扶贫办，要负责收集贫困人口的信息、规划当地精准扶贫项目、开展精准扶贫工作、协调上下级其他部门的扶贫工作等。在此期间，一方面由于资金和人力等资源充裕，另一方面乡村贫困人口信息处理较为简单，扶贫办可以同时扮演信息收集者、组织者、规划者、实施者、监督者和责任承担者的作用。这样可以让扶贫办起到一个枢纽的作用，使得各个扶贫单位之间各司其职、责任明了，扶贫的互助资金和金融扶贫的贴息贷款等也能在扶贫办协调管理，避免出现分层管理之间出现的资源浪费和分配效率低下的现象，便于精准扶贫工作的逐步展开。

但是，城市贫困的现状与农村截然相反，这种让民政部门扮演多个角色的管理方式显然会"水土不服"。城市中一个区域内的民政部门可能管理着数十个社区，其中贫困人口的数量和复杂程度与农村均不可一概而论，繁杂的精准识别信息也让资源匮乏的基层民政部门不堪重负；此外，不同城市区域之间的贫富差距较大，大部分贫困人口都集中在城市的边缘区域，这也导致了不同区域内的民政部门所承担的工作量差别较大。

而如果引入社区作为城市精准扶贫的基本单位，则可以解决上述的不少问题。一方面，城市社区与贫困人口之间不存在着地理隔阂，贫困人口资料收集的成本低廉，且单个社区所负责管理的贫困人口数量较于单个民政部门大大减少，贫困人口资料收集和处理的难度较低；另一方面，城市社区的工作人员来自城市社区之内的社工和部分居民中的志愿者，既弥补了基层民政部门人力资源不足的窘境，亦由于与贫困人口间的接触较频繁，不容易让贫困人口产生隔阂和不信任的心理。对于民政部门而言，把扶贫的权力和责任下放到社区也是有利无害。社区可以在城市精准扶贫的过程中起到信息收集者、实施者和责任承担者的作用，民政部门便可以以相对有限的资源对各个社区收集整理好的贫困人口资料进行分类整合，从而更好地起到组织者和规划者的作用。

此外，由于城市社区之间不像民政部门之间存在着明确的责任和管理边界，对于那些贫困人口较少的社区，民政部门也能组织起他们和贫困社区之间跨社区帮扶活动。较富裕的社区可以提供数量较多的志愿者和社工，从而避免出现城市精准扶贫过程中人手不足的状况；也可以满足那部分人服务他人、帮助他人的精神需求；更重要的是，来自不同社区的志愿者和社工能拉近与贫困

人口间的距离，增强贫困人口对于城市的融入感和认同感，避免出现心理上"边缘化"而导致的贫困现象。

二、完善城市贫困人口的识别依据

由于城市的贫困状况相当复杂，因此形成多维度、全方面的识别依据有着很多好处。首先，多维度的识别依据能大大减少"骗保""漏保"行为的发生。多维度的识别依据可以从收入、福利、资产等各个不同的维度对人口的贫困程度进行综合评价，能更合理地对贫困人口进行识别，确保紧缺的扶贫资金能用到刀刃上。对于那些怀揣着"骗保"的想法而隐藏收入的人来说，较全面的识别依据在收集资料的过程中可以更容易地揪出他们的隐性财产，从而减少"骗保"行为的发生。

再者，多维度的识别依据也有利于从宏观上"对症下药"，依照不同社区之间的贫困特征进行针对性的扶贫计划。多维度的识别依据可以有效地整合原本繁杂的贫困人口信息，并按照贫困人口的来源、贫困形式和致贫的原因等关系归档分类。一旦有相应的扶贫活动开展，便可以按照分类好的识别资料快速便捷地对需要的帮扶对象进行准确性定位，从而大大增加了扶贫工作的工作效率与扶贫资源的利用效率。

但是，多维度的识别依据也有着自身的要克服的缺陷。收集多种多样的贫困信息和贫困信息的更新均需要耗费海量的人力资源，这需要引入社区和社会力量与之相配才能解决问题。其次，多维度的识别依据虽可以避免"骗保"行为的产生，但由于识别的标准过多，在贫困人口识别的过程中难免会夹杂精准扶贫工作人员的主观色彩，进而形成不良的关系网甚至产生贪污腐败行为。因此，多维度的识别依据还需要有着一套较完整的监管体系为其保驾护航。最后，多维度的识别依据并没有立竿见影的效果，而是要经过长时间的摸索和建立。目前来说，对于多维度的识别标准学术界的研究与实践经验均十分少，再加上每个城市的贫困情况都不尽相同，显然需要长时间的理论和实践摸索，将耗费大量的时间成本。

三、针对不同的贫困人口，细化针对性地开展不同的扶贫形式

在拥有了足够细化的贫困信息后民政部门便可以依据不同的贫困形式制定不同的扶贫战略。比如，针对纯粹缺乏物质基础的贫困形式，民政部门可以将一次性发放的补贴与帮助就业相结合，既可以让贫困人口获得短时间内生存所需的物质保障供给，还可以获得稳定的收入来源；针对贫困人口缺乏对自身价值的认同感和对未来信心的情况，民政部门和社区需要给予足够他们的关心，

将部分成功脱贫的贫困户作为典范展开宣传，并定时举办文化活动鼓励贫困人口重拾信心；针对用工企业"同工不同权"等现象或社会福利资源分配不均导致的贫困，民政部门不仅需要介入监督用工企业进行合理化的社会福利资源分配，亦需要提高贫困人口的法律意识，鼓励他们争取自己的合法福利；针对贫困人口缺乏从事职业工作所需的职业技能，民政部门需要为贫困人口举办专门的职业技能培训，提高他们的职业竞争力；针对因住房和土地制度导致贫困人口缺乏维持生计所需的必要资产的情况，民政部门则需要加大廉租房和公租房的供给，并给予这一部分贫困人口购置资产的特殊补贴，从而降低贫困人口购置资产的支出。而同一个贫困人口可能有着多种的贫困形式，不同的贫困形式之间亦有可能相互作用、相互诱发，从而形成越来越贫困的恶性循环。因此，当面对有多种贫困形式的贫困人口时，民政部门也需要制定多种扶贫战略，综合性地采取扶贫措施。

此外，贫困人口致贫的原因亦多种多样，同样需要民政部门采取针对性的措施。有的贫困人口缺乏工作，没有稳定的收入来源，针对他们最好的精准扶贫方法是由民政部门牵头进行"职业扶贫"；有的贫困人口虽有工作，却缺乏竞争力，在工作中处于职业的下游，工作效率亦十分低下，针对他们最好的精准扶贫方法是举行专门的职业技能培训；有的贫困人口虽有工作与竞争力，却缺少相应的法律意识，长期受到用工企业的压榨，无法得到应有的福利保障和职业待遇，针对他们最好的方法是举行专门的法律知识讲座，并由民政部门监督用工企业，避免这种情况的发生；还有的贫困人口虽然有着较好的工作和完备的职业技能，却出现了"心理贫困"的现象，缺少改善生活环境的动力，工作效率极度低下，针对他们最好的精准扶贫方法是让社区举办相应的文化活动，选取宣传成功脱贫的典型模范，以实现贫困人口的文化和心理层面的"脱贫"。

四、整顿社会公益组织，吸纳和发动社会上的公益力量

城市精准扶贫需要大量的扶贫资源，而吸纳社会上的公益力量一方面有利于缓解城市精准扶贫缺少扶贫资源的窘境，另一方面也有利于由政府牵头推进社会公益事业的规范化，挽回公众对社会公益力量的信心。

吸纳社区社工和志愿者可以缓解城市精准扶贫人力不足困境。社区社工和一直以来都是受到忽视的一股公益力量，他们有着可观的从业人员资源和较强的服务意识，但是却被隔绝于社会保障的权利体系之外，缺少行之有效的服务手段和保障。职业社工自 21 世纪初才在我国大陆推广，社工的工作繁杂、工资低、没有统一的编制、缺少保障。因此，社工行业需要政府有组织性地吸纳部分社工作为城市精准扶贫工作的工作人员，为他们实施技能培训，并规范化地

建立社工行业的管理体制；而民政部门也需要社工行业为城市精准扶贫工作提供大量有服务经验的人力资源。这些职业性的社工可以从事日常性的城市精准扶贫工作，定时更新贫困人口的资料库，拉近扶贫工作人员与贫困人口间的距离，并鼓舞贫困人口从精神上避免贫困，由此可谓一举两得。而志愿者主要为业余兴趣为主，服务经验并没有职业社工丰富，但拥有更多的人力资源，则可以为临时的大型扶贫活动提供人力资源帮助，另一方面也可以通过嘉奖优秀志愿者来为城市精准扶贫进行宣传，增进公众对城市精准扶贫工作的了解和支持，并提高扶贫工作人员的积极性。

同时，城市精准扶贫还需要政府吸纳部分社会公益资金，整顿社会公益组织。近年来，随着部分社会公益组织丑闻频出，公众对社会公益组织的信任度越来越低，许多公众有着一颗公益的心却找不到透明化的公益途径。民政部门可以将部分需要资金的城市精准扶贫项目与社会公益募捐活动相结合，这样既可以为募捐活动制定严格的规范条例，借助政府的力量出面公开整顿社会公益行业，也可以在展开募捐活动的过程中向公众公示公益款项去向，促进社会公益组织的透明化，增进公众对社会公益组织的信心。

五、借鉴学习农村精准扶贫的宝贵经验

作为精准扶贫的"前辈"，农村精准扶贫有许多值得城市精准扶贫所借鉴的先进经验。在制度方面，目前城市精准扶贫还缺少一个标准化的制度模板，而农村精准扶贫的制度经过这十余年间理论和实践成果的不断发展，已经有了一个行之有效的扶贫制度。无论是工作制度还是管理制度，目前的农村精准扶贫都能让扶贫措施有效地落到实处，并能激励着基层的扶贫单位完成规定的任务，非常值得城市精准扶贫学习研究。

在扶贫模式方面，农村精准扶贫发展出了科技扶贫、教育扶贫、旅游扶贫、电商扶贫、金融扶贫等形式。多种精准扶贫的形式适应不同乡镇的条件，因地制宜，取得了非常不错的扶贫成果。而城市贫困人口也存在着多种多样不同的条件，因此也应该参考学习农村精准扶贫的先进经验，因地制宜，摸索出不同的方式。

总而言之，城市精准扶贫也将是一个覆盖面极广、涉及部门极多的系统化工程，在其起步后必然还将存在着许多问题。在此基础上，必须要吸纳多方面的意见，发动多方力量，整合农村精准扶贫的宝贵意见，才能在众多困境之中冲出重围，真正地实现贫困人口全方位的脱贫。

第九章

PPP 模式与精准扶贫

对于我国而言，经济的快速增长无疑解决了发展过程中的许多问题，但是在贫富差距的影响下，贫困问题仍是现在乃至今后都需要面对的一个难题。虽然现阶段我国的精准扶贫工作取得了巨大的成就，但是贫困治理尤其是精准扶贫是一项需要投入大量的人力、物力、财力的巨大工程，在实施过程中难免遇到各种各样的问题，不能只靠政府一方的努力，需要社会资本等各方的帮助。PPP 正是将社会资本引入精准扶贫领域的一种创新模式，而且，在精准扶贫工作中正确地运用 PPP 模式能够减轻政府财政压力，使私营企业获取利润，减少贫困人口。总而言之，在精准扶贫领域引入 PPP 模式不管是对政府、私营企业还是对贫困人口而言都是很好的选择。本章以 PPP 模式及相关理论在国内的发展和应用为基础，从 PPP 模式在精准扶贫中的可行性和必要性出发，分析PPP 模式在农村扶贫项目的运用，以及当前扶贫工作中 PPP 模式存在的难点问题和完善建议，进一步探索今后精准扶贫工作引入 PPP 模式的实践和理论价值。

第一节　国内关于 PPP 模式的研究现状和应用

一、PPP 模式的相关概念

PPP(public - private partnership)模式是近年来的热词之一，也是学界的研究热点。PPP 模式是政府与社会资本之间依据平等协商原则订立合同，从中明确双方的责权利关系，并由社会资本建设并提供约定的公共服务，而政府则依据评价结果支付相应的对价，以保证社会资本获得合理的回报[1]，本质上，PPP 模式就是政府和社会资本合作模式。2017 年 3 月 5 日，十二届全国人大五次会议开幕，国务院总理李克强作政府工作报告指出，"深化政府和社会资本合作（PPP），完善相关价格、税费等优惠政策，政府要带头讲诚信，决不能随意改变约定，决不能'新官不理旧账'[2] 积极引导社会资本参与精准扶贫开发工作，不仅可以满足贫困地区多元化的公共产品和服务需求，改善贫困地区的生存环境和质量，而且还可以引导社会闲散的资金更多地投向补短板、调结构、惠民生的领域，从而促进经济的可持续发展。

PPP 的形成和发展主要受新公共管理运动中以引入私人部门积极参与为核心内容的公共服务供给市场化改革的影响。[3] 英国率先提出了这一概念，之后，联合国、欧盟、世界银行等国际组织以及美国、加拿大、澳大利亚等国也各自对 PPP 进行了界定。萨瓦斯给出的定义比较具有代表性，他认为，介于完全由政府提供和完全私有化之间的所有公共服务提供方式都可称为 PPP。[4] 从 2013 年起，中国财政部开始大力推广政府和社会资本合作，2014 年 9 月，财政部发布《关于推广运用政府和社会资本合作模式有关问题的通知》，开始在全国范围开展政府和社会资本合作模式项目示范，使 PPP 项目成了全社会的热潮。

国内比较早开展 PPP 问题研究的学者，如李秀辉和张世英将 PPP 视为一种项目融资模式，着重介绍 PPP 模式产生的背景、概念与优势，以及 PPP 模式在南非奈尔斯布鲁特市水资源与卫生系统建设中的应用。[5] 而王灏较为全面地介绍了 PPP 的定义、模式及分类，他认为从宏观概念方面来看，PPP 模式是指公共部门与私人部门以提供公共产品或服务为目的而建立的合作关系，从微观概念方面来看，PPP 模式是一种项目管理和融资模式。[6] 赖丹馨和费方域对 PPP 的实施效率进行了考察与综述，认为 PPP 成功与否的关键在于风险和收益在公共和民营部门之间的分配。[7] 财政部开始推广 PPP 项目以后，对 PPP 模式的研究，在学术界变成了一个热点问题。如孙学工等介绍中国 PPP 发展的现

---

〔1〕 新华社. 国务院转发《关于在公共服务领域推广政府和社会资本合作模式指导意见的通知》[EB/OL].（2015 - 05 - 22）[2017 - 04 - 30].

〔2〕 中国新闻网. 十二届全国人大三次会议开幕 李克强做工作报[EB/OL].（2015 - 03 - 05）http://www.chinanews.com/gn/2015/03 - 05/7103283.shtml

〔3〕 贾康，苏京春. 新供给经济学：理论创新与建言[M]. 北京：中国经济出版社，2015：131.

〔4〕 张万宽. 公私伙伴关系治理[M]. 北京：社会科学文献出版社，2011：1.

〔5〕 李秀辉，张世英. PPP：一种新型的项目融资方式[J]. 中国软科学，2002（2）：52 - 55.

〔6〕 王灏. PPP 的定义和分类研究[J]. 都市快轨交通，2004（5）：23 - 27.

〔7〕 赖丹馨，费方域. 公私合作制（PPP）的效率：一个综述[J]. 经济学家，2010（7）：97 - 104.

状与问题，并给出如何进一步推进 PPP 发展的政策建议。[1] 董再平将 PPP 的基本内涵界定为政府与私人资本签订长期协议，授权私人资本代替政府建设、运营或管理公共设施并向公众提供公共服务。[2]

不同机构对 PPP 模式的界定不尽相同。世界银行认为 PPP 是指政府部门与私人部门之间就公共品或公共服务的提供而签订的长期合同，在此合同下，私人部门承担一定的风险和管理职能，其报酬与业绩挂钩。[3] 欧盟委员会认为 PPP 指的是为弥补公共机构提供公共产品或者公共服务不足，与私人企业建立的一种伙伴关系。[4] 而我国财政部对 PPP 模式的定义则是，政府与社会资本为提供公共产品或服务而建立的合作关系，政府为社会资本提供特许经营权，与社会资本共享利益、分担风险，以充分发挥双方优势。[5]

综上所述，我们认为 PPP 模式是指政府部门（public）和私人部门（private）的一种合作伙伴关系（partnership），并且这种合作关系是通过签订合同等方式建立，从而规范政府与社会资本权利与义务，达到利益共享、风险共担，实现提供更好的公共产品和服务的一种模式。

二、国内关于 PPP 模式的应用

随着我国经济的持续发展，基础设施供给的短缺日益制约着经济的发展。我国公共基础设施的筹建主要是靠政府的财政支持提供巨额的投资，如交通运输、能源提供、通信网络、教育、医疗、卫生等方面。在公共基础设施大量的投资，导致政府财政入不敷出，资金短缺。政府的力不从心和资金的短缺为国内社会资本进入公共基础设施建设等方面提供了良好的机遇。

PPP 模式在我国的出现最早可以追溯到 20 世纪 80 年代，经过时间的洗礼，有挫折，也坎坷。从发展过程看，大致可分为以下五个阶段：一是 20 世纪 80 年代至 1993 年的探索阶段。PPP 模式的发展形式主要为外资参与的 BOT 模式，深圳市广深沙角 B 电厂项目的建设标志着我国首例 PPP 模式的开始。二是

---

〔1〕 孙学工，刘国艳，杜飞轮，等. 我国 PPP 模式发展的现状、问题与对策[J]. 宏观经济管理，2015(2)：28 - 30.

〔2〕 董再平. 中国 PPP 模式的内涵、实践和问题分析[J]. 理论月刊，2017(2)：129.

〔3〕 World Bank，Public - Private Partnerships Reference Guide：Version 2. 0，P14. 参见 http：//ppp. worldbank. org/public - private - partnership/library/public - private - paatnerships - reference - guide - version -20.

〔4〕 Kong Y H，Different Models of PPP：Session on Private Sector Participation. PPP Resource & Research Centre. Kuala Lumpur，2007.

〔5〕 中国财政部. 关于推广运用政府和社会资本合作模式有关问题的通知(财金〔2014〕76 号)。2014.

1994 年至 2002 年的试点阶段。国家计委批准了一批 BOT 试点项目,包括广西来宾 B 电厂项目、成都自来水六厂 B 厂项目、广东电白高速公路项目、武汉军山长江大桥等项目,从试点项目开始,探索完全由我国社会资本参与的 PPP 项目建设。三是 2003 年至 2008 年推进阶段,全国各地涌现了市政公用市场化(PPP)浪潮,涉及的范围不断扩大,例如污水、地铁、燃气等项目。四是 2009 年至 2012 年的反复阶段,由于受经济危机的影响,本阶段的 PPP 市场发展没有太大的变化。五是 2013 年至今的推广阶段[1],为了促进经济发展、增加社会公共产品的需求,近年来国务院及相关部委陆续出台一系列政策文件,随着 PPP 模式相关政策的不断出台,我国各地已经开始对 PPP 模式进行实践和推广。根据全国 PPP 综合信息平台项目管理库数据显示,截至 2019 年 3 月 31 日,入库项目 8839 个,入库项目金额 134161.35 亿元,其中,山东有 729 个 PPP 项目、河南有 642 个 PPP 项目、贵州有 498 个 PPP 项目,合计占入库项目总数的 22.5%。总的来看,PPP 模式在全国范围内的入库项目较多,主要是集中在市政工程、交通运输、生态建设和环境保护、城镇综合开发、旅游、教育、文化等方面。

经过十几年的探索发展,相关政策不断完善,PPP 模式逐渐被社会所认同接受,在各种 PPP 项目数量和价值不断增长的同时,也提高了民间资本进入基础设施、公共服务供给的积极性,相信 PPP 模式将运用于更多的领域。

三、PPP 模式适用于精准扶贫领域

2013 年 12 月,习近平总书记在考察湘西时,首次提出精准扶贫的概念。2015 年底,中共中央、国务院办公厅发布《关于打赢脱贫攻坚战的决定》,这标志着我国全面实施精准扶贫精准脱贫方略。2017 年,党的十九大报告指出,要坚持精准扶贫、精准脱贫。随着精准扶贫工作的开展,中共中央、政府各部委推出的一系列关于鼓励社会组织参与脱贫攻坚的文件,在政策上协调政府、私人投资者、金融机构、贫困地区民众,鼓励、支持运用 PPP 模式参与精准扶贫。

在国家政策的大力支持下,部分地方政府已经探索性地将 PPP 模式应用于精准扶贫中,经过实践和理论分析,目前,精准扶贫十大工程中的异地扶贫搬迁、职业教育培训、电商扶贫、旅游扶贫、光伏扶贫和构树扶贫都已经存在应用 PPP 模式的实例。如:湖南省花垣县利用 PPP 模式开发了当地旅游资源,进行旅游扶贫;广西壮族自治区大化县,开展易地搬迁工程,建设生态民族新城;安徽省通过 PPP 模式,吸引社会资本开展光伏扶贫工作;贵州罗甸县根据当地

〔1〕 朱守鹏.PPP 模式在我国的发展历程、运用困境与对策研究[J].工程经济,2016(6):36–38

实际情况，因地制宜应用 PPP 模式发展通用航空、文化旅游、港口物流园等项目；华宇国信以 PPP 模式精准扶贫核桃种植产业大县云南永平；湖北省恩施州来凤县在地方政府的推动下，引入社会资本进行农村饮水安全 PPP 项目建设，等等。通过以上的精准扶贫项目的实践，我们可以清楚地知道，随着相关扶贫项目的不断推广与应用，PPP 模式引入到农村精准扶贫中已成发展的必然趋势。

第二节　PPP 模式用于精准扶贫的必要性和可行性

一、PPP 模式用于精准扶贫的必要性

（一）弥补贫困地区扶贫资金投入的不足

从 PPP 参与的项目来看，大多集中于市政、养老、医疗等领域，为政府在这些领域的财政支出找到一种新的扶贫模式。2016 年底我国还剩下 4335 万贫困人口，这表示我国的扶贫任务还是十分重，尤其是一些贫困发生率极高的集中连片特困地区，既要解决当前贫困任务，还要防止返贫的出现。所以，实现这项艰巨的脱贫任务，还需要大量的资金投入。尽管国家对扶贫资金的投入逐渐增加，但在专项资金下拨的过程中，经过行政层级的层层划拨，最终到达贫困村的扶贫资金捉襟见肘，有限的扶贫资金使基层领导很难做出卓有成效的扶贫项目。现实生活中一些因病致贫、因残致贫的老年人口只能采取救济式的兜底扶贫方式，拿有限的扶贫资金供给填补巨大贫困"黑洞"的需求，无疑很难取得较快的发展。PPP 参与农村贫困地区精准扶贫工作，以其优厚的社会资本可以缓解贫困地区对政府扶贫资金的依赖性，增加扶贫资金的总量，通过政府和社会资本合作，共建扶贫的项目，带动贫困地区经济的发展。

（二）增加贫困地区的公共产品和服务

从我国贫困地区分布的现状可以看出，这些地区大部分位于偏远山区，形成集中连片的贫困局面。受自然地理条件的影响，交通落后，与外界沟通较少，教育、医疗、住房等基础设施较为简陋，生存环境恶劣，经济发展水平和自身的发展能力严重偏低。基础设施的建设只能依靠政府，因为公共产品本身投资大、周期长、回收率慢等特点使得私人企业不愿提供。另一方面政府提供公共产品时，缺乏市场其他主体的竞争参与，从而形成垄断现象，由国家财政负担，生产不计成本，致使公共产品供给的效率低下，无法满足贫困地区的发展客观要求。PPP 参与精准扶贫工作，利用自身的优势，加快贫困地区交通、水

电、教育、产业等领域的发展，改进贫困地区的生存环境。同时合理放宽社会资本进入公共服务的领域，鼓励社会资本通过参股、合资的方式投入到精准扶贫工作中，加快农村公共产品和服务的供给。

（三）助推产业扶贫，实现经济的可持续发展

产业扶贫是实现贫困地区可持续发展的重要动力。PPP 模式参与农村精准扶贫工作，首先根据地区的发展条件和优势，综合评估本地区的环境承载能力，在保护地区生态环境的基础上发展扶贫产业。其次，整合资源优势，一方面结合参与扶贫企业的技术、销售等资源，发展特色生态农业，形成专业化、集约化的合作社或者基地，靠农业合作组织联络千家万户，以市场化的运营和管理模式，打造"链条式"产业格局，同时，通过互联网的信息优势开拓市场，提升品牌的影响力和竞争力。另一方面政府可以放宽准入门槛，让私营资本进入贫困地区，发展加工、生态旅游等企业，带动贫困地区剩余劳动力的就业，不仅可以帮助贫困户发家致富，而且社会资本也会从中受益，实现双方的共赢。

（四）形成多元协同治理贫困的格局

我国的精准扶贫工作主要是以政府部门为主导，忽视了其他社会组织参与的价值和作用。而随着贫困治理程度的进一步加深，协同治理农村贫困必将对精准脱贫产生巨大的动力。贫困治理作为国家治理现代化的重要组成部分，不仅事关民生问题的解决和国家治理现代化的发展，而且事关中华民族伟大复兴和第一个"百年奋斗"目标的实现。民营企业、私营企业参与农村精准扶贫工作，在政府批准的特许经营下，和扶贫部门、金融机构、贫困户等社会主体建立扶贫项目，政府和贫困户为了实现脱贫利益的最大化，社会资本为了各自的收益，都会专注于项目建设，以保障各方的利益，形成多元协同参与贫困治理的格局。打破政府部门主导贫困治理的局面，使贫困户化"被动"为"主动"，社会资本积极与政府部门交流合作，提高项目建设的水平和质量以求获得收益，也加速贫困地区的脱贫。

（五）为社会资本提供了广阔的市场空间

针对贫困地区"怎么扶"的问题，不仅要做到对个体贫困户的措施"到户精准"，还要从整体上推进贫困村、贫困地区的帮扶；不仅考虑贫困群众当前的生活状况，还要从长远的角度考虑未来贫困地区的可持续发展。农村的扶贫工作，因为个体的意愿和家庭生活的特殊性，需要从微观上因户施策，同时还要从宏观上解决贫困村和贫困地区的整体发展问题，决不能仅仅依靠对每家每户的帮扶实现脱贫目标。应该双管齐下，既要考虑贫困个体的需求，还要考虑贫

困地区整体的客观需求，但从目前的扶贫状况来看，一些贫困山区过多地将扶贫资源放在贫困户个体身上，忽视了贫困村客观的发展要求。而这种"双重的需求"为社会资本参与贫困地区的发展提供了广阔的市场空间，为民营、私营企业带来了无限的发展动力。PPP 模式在农村的推广，以良好诚信的政府作为契约的一方，也极大地分担了企业投资的风险，保障社会资本投资的收益。

（六）缓解地方政府财政压力，提高资金的使用效率

贫困治理是一个很漫长的艰难过程，不可能一蹴而就，再加上扶贫项目需要投入大量的人、财、物，单靠政府的单方投入是很难解决问题的，而且往往效率也不高，因此才需要引入 PPP 模式，一方面可以有效缓解精准扶贫的财政压力，另外一方面也可以提升资金的使用效率。目前，我国还存在集中连片特殊困难地区 14 个、国家扶贫开发工作重点县 592 个、贫困村 12.8 万个、贫困户近 3000 万个、贫困人口 7017 万，[1]虽然精准扶贫工作取得明显成效，但扶贫攻坚任务仍然十分艰巨。大部分省市在推进脱贫攻坚工程各方面都需要财政资金投入，但对于欠发达的偏远地区而言，实际上可用于新开工建设项目的扶贫资金十分有限。贫困地区资金投入严重不足是制约贫困地区和贫困人口脱贫的重要原因，并影响着相关精准扶贫工作的深入开展，这就使贫困地区陷入了恶性循环。PPP 模式既是一种融资机制，也是一种加强预算管理、提高资源利用效率的体制机制。在贫困地区的生态环境、教育科技、交通运输等扶贫项目中引入 PPP 模式，鼓励私人企业进入贫困地区的公共服务和建设，在一定程度上打破了社会资本进入贫困地区，提供各项公共产品和服务的不合理限制，有效弥补贫困地区财政资金投资的不足，缓解地方政府扶贫财政压力。

（七）发挥市场在扶贫资源配置中的决定性作用

PPP 模式鼓励私营企业、民营资本与政府进行合作，参与公共基础设施的建设，有利于充分发挥市场在扶贫资源配置中的决定性作用。精准扶贫通过PPP 模式，将社会资本的先进管理经验和技术运用到扶贫、脱贫领域，能有效缩短扶贫项目建设周期、降低扶贫项目建设成本、提高扶贫项目建设质量，从而提高精准扶贫工作的效率和质量。同时，各地方政府通过 PPP 模式吸引社会资本投资农村基础设施和公共服务的建设，在拓宽精准扶贫融资方式、完善资金投入机制的同时，也能灵活利用社会闲置资金，激发私人资本的活力，促进贫困地区农村经济结构调整和转型升级。

---

〔1〕　刘永富.以精准发力提高脱贫攻坚成效[N].人民日报,2016-01-01(7).

二、PPP 模式用于精准扶贫的可行性

从理论研究方面来说，经过多年的研究和发展，对 PPP 模式的理论探讨在西方发达国家已经比较成熟，同时实践领域还有很多的成功案例可以当作理论研究的参考。虽然国内对 PPP 模式的研究没有国外那么早，但通过国内学者近些年来的努力，我国在 PPP 模式的理论研究也相对成熟了。国内外对于 PPP 模式的理论研究及成功案例为在精准扶贫过程引入 PPP 模式提供了理论指导和实践依据，同时也证明了将 PPP 模式引入精准扶贫领域是可行的。

从政策方面来说，利用 PPP 项目帮助区域精准扶贫是一种扶贫工作机制和模式的创新，十分符合国家政策的号召和导向。根据国务院印发的《"十三五"脱贫攻坚规划》和习近平总书记在党的十九大报告做出的重要指示，在扶贫工作中，要处理好政府和市场的关系，使市场在扶贫资源配置中起决定性作用和更好发挥政府作用。在发挥政府主导作用的同时，推动政府与社会资本合作、政府购买服务、社会组织与企业合作等模式。此外，在精准扶贫领域应用 PPP 模式是对政府财政扶贫资金使用的一次大胆创新，PPP 精准扶贫模式是通过保障社会资本投资合理收益，鼓励社会资本参与地区扶贫，以此带动贫困区域发展，支持精准扶贫。由此来看，从政策方面来说 PPP 模式用于精准扶贫是可行的。

从政府的方面来说，一方面，PPP 模式在农村精准扶贫领域的应用有利于转变政府扶贫职能，也就是有利于政府从扶贫运动员的角色向扶贫的裁判员角色转变，从而加强政府的扶贫职能。在当前市场机制有待健全以及社会力量参与扶贫较薄弱的形势下，政府长期在扶贫领域发挥着主体作用和主导作用。然而，由于贫困人口数量庞大及政府存在包办到底的通病，使得扶贫资源经常不是用在最需要的地方，扶贫资源的流失和滥用时有发生，也就大大地降低了贫困治理效率。运用 PPP 模式实施精准扶贫很好地解决了扶贫效率低这一问题，吸引社会资本进入扶贫基础设施建设及公共服务的供给，政府部门转变为服务者和管理者，以便在贫困治理工作中更好发挥作用。另一方面，由于我国贫困人口众多，财政扶贫资金规模有限，对于产业、就业、易地搬迁、教育、医疗卫生、社会救助、基础设施、危房改造、生态保护、乡村整治等领域的资金投入无法面面俱到，在 PPP 精准扶贫模式下，政府资源利用效率会大幅提升，能带动更多的社会资金扶贫。

从社会资本方面来说，PPP 模式在农村扶贫工作的应用能够使地方政府与社会资本之间实现共赢、多赢。一方面，随着改革开放的进程不断加深，工业化、市场化、信息化、全球化的潮流不断发展，我国已经出现了一批资金越来

越雄厚，发展意愿越来越强烈的企业社会资本，经过财政部门和地方政府对 PPP 扶贫模式的试点和推广，社会资本逐渐认同 PPP 精准扶贫项目，在与政府合作的过程中，可以通过合作增强自信，提高企业的影响力，实现自身的可持续发展；另一方面，政府通过财政扶贫补贴、税收优惠等政策，保障扶贫项目的正常运作，同时保护社会资本投资的合理收益。"PPP＋精准扶贫"模式的实施，在一定程度上使社会资本"有利可图"，从而吸引更多的社会资本投入和支持贫困地区精准扶贫项目建设。

从 PPP 项目的实践来说，PPP 项目从 20 世纪 80 年代中期开始引入中国，经过了逐步试点、项目推广、项目反复、项目高涨四个阶段，随着 PPP 项目实践的发展，越来越多的领域开展引入 PPP 模式。在此过程中，国内有许多的 PPP 模式的案例和实践，如广州西朗污水处理项目，浙江省丽水市地下空间开发项目等成功案例，这些项目的实施效果良好，成为许多 PPP 项目范本；但也不乏廉江中法供水厂的 PPP 项目、青岛威立雅污水处理项目等失败的案例，而这些宝贵的实践都为 PPP 模式引入精准扶贫项目提供了有益的借鉴和经验，要总结成功经验和吸取失败教训，充分利用 PPP 模式的优势抓紧扶贫尽快脱贫。

从扶贫的本质来说，扶贫要从根本上解决贫困地区经济社会发展能力问题。事实证明，在市场经济条件下，市场是资源配置最有效的手段。当今社会，一个国家或一个地区缺少市场对经济的协调是不可想象的。以往的扶贫方式市场的参与明显不足，是以政府为主导的"输血式"扶贫，治标不治本，无法从根本上解决贫困问题。正确的扶贫在充分利用市场进行资源配置的同时，还需要政府在发展过程中发挥积极而重要的协调作用，以促进扶贫产业的多样化和更新换代。PPP 模式用于精准扶贫就是在政府主导的前提下充分发挥社会资本的作用，既充分利用市场机制的活力，又矫正社会资本在贫困治理领域的偏差，从根本上解决贫困地区经济社会发展的问题。

综上所述，不论是在理论方面，还是在实践方面，在精准扶贫领域引入 PPP 模式是可行的也是必要的。除此之外，PPP 模式用于精准扶贫有利于政府扶贫职能的转变，发挥社会资本的相对优势，促进扶贫过程中资源的合理配置，以上的这些方面都为 PPP 模式引入精准扶贫提供了依据。

第三节　PPP 模式下精准扶贫工作的运行流程和应用领域

本章已经介绍 PPP 模式的内涵及其用于精准扶贫的必要性和可行性，笔者根据搜集的相关资料，对 PPP 模式下精准扶贫工作的运行流程和领域进行介绍说明。PPP 模式下精准扶贫工作的运行流程主要包括识别、准备、采购、实施、和移交五个环节，公共部门（一般作为项目发起者）、私人参与者（一般作为投资集团）通过与承包项目的建筑、经营企业，在各个阶段相互协调共同决策，以助推精准扶贫，实现综合效益的最大化。

一、PPP 模式下精准扶贫工作的运行流程

PPP 模式下精准扶贫的运行流程一般要经过扶贫项目识别阶段、扶贫项目准备阶段、扶贫项目采购阶段、扶贫项目实施阶段和扶贫项目移交阶段五个环节。

（一）扶贫项目识别阶段

扶贫项目识别阶段是指在贫困地区党委、政府成立精准扶贫工作领导小组的前提下，聘请第三方中间机构提供专业的咨询服务，以准确地识别精准扶贫工作是否适合采用 PPP 模式。它主要包括以下的工作流程：首先，根据贫困地区建设需要，由政府或者社会资本发起能够合作的项目；其次，相关部门尤其是财政部门通过评估和筛选政府和社会资本合作的扶贫项目，来确定备选项目；再次，相关部门或财政部门开展具体的扶贫项目价值评价；最后，相关部门或财政部门根据项目财政支出、政府债务等实际情况，开展财政承受能力评估，确定项目是否能够实施。

（二）扶贫项目准备阶段

扶贫项目准备环节是为扶贫项目采购工作打好基础。在此过程中，第一步要做好的是要形成扶贫项目的组织架构，明确政府和私人部门的职责，确定政府部门是项目实施机构，负责对项目进行组织、监管等工作。第二步是由政府部门作为项目实施机构要组织制定项目实施方案，确定精准扶贫项目概括、项目运作方式、分析分配框架、交易结构、合同体系、监管架构等细则。第三步是财政部门对扶贫项目实施方案进行价值和财政承受能力评估，项目可行则最终报政府机构审核。

（三）扶贫项目采购阶段

项目采购是要确定参与 PPP 项目的具体社会资本方。本阶段按照以下流程进行：第一步是扶贫项目实施机构根据项目所需准备资格预审文件，发布资格预审公告，邀请社会资本及与其合作的金融机构参加资格预审；第二步是拟定社会资本进入精准扶贫项目采购环节相关合同与及其他法律文本进行详细的规定；第三步是扶贫项目的采购要符合政府采购法律法规及有关规定，可以通过公开招标、邀请招标、竞争性谈判、单一来源采购方式进行采购的；第四步是按照候选社会资本评估结果进行排名，依次与候选社会资本及与其合作的金

融机构就合同中可变的细节问题进行合同签署前的确认谈判，谈判成功后，经过公示和政府审核，正式签署合同。

（四）扶贫项目实施阶段

主要是指 PPP 项目的建设和运营阶段。具体操作流程如下：由社会资本依法成立扶贫项目公司，再由社会资本或项目公司负责开展融资方案的制定、各环节接洽、合同签订和项目移交等工作，然后，社会资本或项目公司根据扶贫项目合同的规定，定期对项目产出绩效进行管理和监测，并向政府财政部门进行汇报，最后项目实施机构以每三至五年为期，对项目进行中期评估，重点评估项目运行状况和已发现风险及应对措施。

（五）扶贫项目移交阶段

项目移交是指 PPP 扶贫项目在规定的经营期结束后按照合同约定将扶贫项目移交。移交阶段的操作流程如下：首先，政府部门需要建立项目移交工作组，并根据项目合同约定与社会资本或项目公司确认移交情形和补偿方式，其次，项目移交工作组应严格按照性能测试方案和移交标准对移交资产进行性能测试，性能测试结果不达标的，移交工作组应要求社会资本或项目公司进行恢复修理，直至达标，然后，社会资本或项目公司应将满足性能测试要求的项目资产、知识产权和技术法律文件，连同资产清单移交项目实施机构或政府指定的其他机构，办理法律过户和管理权移交手续，最后，项目移交完成后，财政部门应组织有关部门对项目产出、成本效益、监管成效、可持续性、政府和社会资本合作模式应用等进行绩效评价，并按相关规定公开评价结果，评价结果作为政府开展政府和社会资本合作管理工作决策参考依据。至此，PPP 模式下精准扶贫工作操作流程也就结束了。

二、PPP 模式下精准扶贫工作的应用领域

PPP 模式在我国贫困地区有着广泛的应用领域，其通过在贫困农村基础设施、公共服务、产业扶贫域、科技教育以及异地搬迁等领域的推广和应用，缓解贫困地区资金投入不足、基础设施薄弱、教育水平落后等问题。

基础设施领域。部分地区之所以贫困主要是因为基础设施建设不足，完善基础设施建设是贫困地区发展的重要条件。贫困地区的交通、供电、供水、通信等基础设施的短缺仍然是制约其经济发展的重要因素，例如道路建设不畅、自来水供给不足、供电不足、通信网络设施等基础设施欠缺将直接导致部分地区想富起来都缺少富起来的条件。由此可见，应该推动 PPP 模式在基础设施领域的应用，在加快推进贫困地区基础设施体系的建设的同时，也为深入推进精

准扶贫、精准脱贫提供强大的发展动力。

公共服务领域。公共服务领域是指一般由政府提供公共服务领域的相关产品和服务，例如医疗和教育领域。贫困地区医疗卫生水平较低、教育水平有限，无法留住优秀的人才，是导致这些地区贫困重要原因之一。如果单纯依靠政府力量很难较快解决公共服务领域的问题，需要通过 PPP 模式，引进和鼓励社会资本参与，加大贫困地区的教育、医疗卫生等公共服务领域的技术、设备、设施、人才等的投资和建设，有效减少贫困地区的财政压力，确保社会资金实现价值的最大化。

产业扶贫领域。没有产业支撑也是贫困地区致贫原因之一。精准扶贫需要由"输血"向"造血"转变，由提供物质和资金援助向提供产业技术服务，才能从根本上摘掉贫困的帽子。PPP 模式在产业扶贫领域的应用，主要包括农业扶贫、旅游产业扶贫、电商产业扶贫、科技扶贫产业等形式，通过采用规范化管理，发展契合市场需求的服务性产业，有效带动贫困地区经济发展。

科技教育扶贫领域。教育是影响贫困地区发展的重要原因，摆脱贫困需要推动农村科技、教育方面的发展。PPP 模式在教育扶贫领域的应用主要是通过加强农村基础教育和职业技术教育建设，为地区发展提供有效的智力和人才保障。

易地搬迁扶贫领域。PPP 模式在易地搬迁领域的应用是指对生存环境差、不具备发展条件的地区进行搬迁，在社会资本和政府共同建设异地搬迁的新社区的前提下，为贫困地方提供全新的发展环境的一项扶贫工程。政府和社会资本为搬迁的贫困人群，建立健全交通、通讯、电力等基础设施，提供移民安置房及相关配套设施，通过改变贫困地区基本发展条件，调整经济结构和拓展增收渠道，帮助搬迁人口逐步脱贫致富。

第四节　PPP 模式应用于精准扶贫存在的问题

在精准扶贫项目中引入 PPP 模式虽然在一定程度上解决了贫困治理领域的资金、技术等问题，但是在实际的推广运行过程中也暴露出一些问题。

一、政府部门缺乏正确引导和规范

目前，各地政府财政等部门在大力推行和运用 PPP 模式应用于精准扶贫工作中，助力脱贫攻坚，出台了一系列支持性政策，但我国近几年也出现了很多典型的 PPP 项目失败案例，深入分析这些典型的 PPP 项目失败案例的原因，会发现 PPP 模式若要长期有效运作，需要良好的法制环境做保障。虽然现阶段我国各领域当然也包括精准扶贫领域出现了数量众多的 PPP 项目，但这一模式的运行尚未有国家法律法规层面的条文规定加以支持，有关 PPP 方面的法律法规仍在制定中。毫无疑问，当前 PPP 项目管理所参考的法律法规并不能适应 PPP 模式的快速发展，也不能全面覆盖 PPP 扶贫项目建设中可能出现的各种问题。因此，更加需要国家出台规范全面的法律法规，明确规定政府和私人部门的权力和义务，以确保合作双方的利益。与此同时，政府部门也应该注意培养契约精神和意识，摒弃官本位的思想，尤其是在国家重大政策调整或出现政府换届时，政府部门之间的推诿脱责现象时有发生，从而对社会资本的合法权益造成损害。此外，由于合作的政府监管力度不足或不科学，没有及时遏制腐败现象滋生，导致某些私营部门从中获取大额利润，损害公众利益的情况也时有发生。上述现象都严重影响了 PPP 模式在精准扶贫过程中的推广和应用，值得政府部门引起重视，加强引导和规范。

二、社会资本参与力度不高

社会资本参与力度不高是我国 PPP 项目整体运行所面临的问题，不单是 PPP 扶贫项目中所面临的问题。众所周知，社会资本都是追逐利益的，虽然国家出台许多 PPP 模式的优惠政策，但是由于 PPP 模式本身存在投资时间长、投资收益低、投资风险大等特点，大部分资本家在逐利本性的驱使下，尽可能地选择利润较高的公共项目，导致社会资本进入贫困治理领域的积极性不高。另外，司法体制的不完善使私人投资部门在维护其合法权益时也面临一定的挑战。

三、农村基础设施建设落后

PPP 模式在农村精准扶贫领域的应用与推广还受交通、供水、供电、通信等必要的基础设施的影响，我国贫困地区由于本身由于社会经济发展落后，基础设施薄弱，产业发展配套条件不完备，使得有些 PPP 项目不能适应当地农业和农村经济的发展，不能满足提高农民收入的需要，已成为制约农业和农村经济发展增加、农民收入的一个"瓶颈"。政府一方面需要投入巨额资金完善贫困地区农村基础设施建设，另一方面需要吸引社会资本加入其中。由于农村基础设施建设落后导致扶贫项目在实施过程中不确定性和风险增大，无疑为 PPP 扶贫项目在贫困地区的开展增加难度。

四、管理经验和技术水平的差异

在扶贫项目运营阶段，不同的社会资本主体引入农村精准扶贫的同时，也将科学的管理经验和技术设备等带入到贫困农村地区,但是由于农村教育水平有限,农民科技知识普及不足,村民技术水平的提升和观念转变将是一个值得关注的问题。对于专家和专业技术人员的技术指导,他们往往一知半解,甚至会产生抵触情绪,因为大部分农业方面知识都是凭借自身的实践经验积累下来的,想一时之间改变他们的观念是很困难的。因此在扶贫项目中运用 PPP 模式时,经营主体也要提高自身的管理经验和技术水平。

五、PPP 项目运作机制不够成熟

PPP 项目运行周期长、利益相关者众多、风险也比较大,再加上项目运作机制的不成熟,PPP 模式下精准扶贫工作更加复杂。比如在生活性扶贫项目方面,项目运作机制的设计就比较困难,因为此类扶贫项目投资成本高、利润周期长、回报低,不容易设计多方利益关系。而在生产性扶贫方面,作为贫困地区而言,其本身的经济吸引能力就比较弱,很多项目的投资回报不高而且较慢,扶贫项目运作机制需要长时间的实践来检验。另外,扶贫领域的 PPP 项目还存在失败的可能,毕竟市场经济是一种讲究优胜劣汰的竞争性经济,具有经济效益的项目就能够运行得更长久,不具有经济效益的项目就会被市场淘汰。从政府部门的角度而言,如何考虑周到以达到增加经济效益、减少项目淘汰率,这确实是一件必须深思熟虑的事情,这也是保证 PPP 项目的良好运行的前提。其实现阶段在 PPP 应用领域,市政工程等领域的项目申报数量最大,而且远远高于扶贫领域的 PPP 项目,这也从侧面佐证了 PPP 扶贫项目运作机制的不够成熟。

第五节　政策建议

PPP 模式已经能够运用于广阔的领域,既能够有效利用公用资金,提升资金使用效率,又可以公私合营,活络社会资本的使用效益,理论和实践均已证明 PPP 项目已比较成熟,那么它运用于精准扶贫领域就有了非常扎实的实践基础。研究如何完善精准扶贫领域的 PPP 项目问题非常有价值和必要。

一、加快 PPP 法制建设,强化政府部门的监管

完善的法律法规制度能够调节各方利益关系,保障公私双方利益,以保证 PPP 扶贫项目能够顺利建设、运营,为经济社会发展提供优质公共服务,满足社会公共需要。加快有关 PPP 的法制建设,可以考虑制定专门的《PPP 监督管理法》等法律法规,对 PPP 项目建设运营中的项目甄别、项目采购、项目建设、

项目运营、项目终结等主要业务环节以及所涉及利益主体的权利义务关系做出明确规范，为 PPP 项目建设运营管理提供具体、明确和可操作的法律依据。这样，才能从根本上消除社会资本进 PPP 扶贫项目建设运营的后顾之忧，推动 PPP 模式下精准扶贫工作的长期发展。同时，在 PPP 扶贫模式下，要做好政府行政职能改革和增强契约精神，加强对社会资本的引导、监督和指导，为市场配置资源打好基础，为社会资本唱戏搭好舞台。此外，政府相关部门一定要做好"监管者"，防止"寻租"现象的发生，避免公共资金和公共服务为私人资本作嫁衣，成为私人部门牟利的手段，确保贫困人口的合法权益不受侵害，从而更好地推进 PPP 精准扶贫、精准脱贫项目的推广。

二、加大政策扶持力度，保障社会资本的适当利益

从目前来看，在全国范围内社会资本参与 PPP 扶贫项目积极性并不高，为此，政府可以出台一些政策作为支持，充分保障社会资本的适当利益，刺激社会资本在精准扶贫领域的投资。一方面，政府出台相关政策积极引导私营企业参与扶贫项目，如通过税收优惠、放松贷款、提供企业补贴、完善农村基础设施建设等一系列政策，激发社会资本活力，充分发挥 PPP 扶贫模式的优势；另一方面，要充分发挥市场在资源配置中的决定性作用，尤其是在 PPP 扶贫项目的设计、融资、建设、运营、维护等环节，政府相关部门要妥善利用各种公共扶贫资源满足社会资本合理投资回报，坚决摒弃以往"大包大揽"的思想，要更多地做好服务协调工作，做好 PPP 项目良好运行的保障工作。

三、完善基础设施建设，推动发展配套改革

基础设施建设本身可以通过 PPP 项目来开展，但它同时又是 PPP 项目能够良好运行的前提和基础，基础设施建设的滞后会影响 PPP 扶贫项目的识别、准备、建设和运营等环节。地方政府等相关部门应该保证贫困地区贫困村的水、电、道路、通信和土地供应，在完善基础设施建设的基础上，进一步推动农村产业发展配套改革，吸引更多的社会资本积极注入，推动贫困地区贫困村经济快速发展，加快农村产业结构调整，带动农村发展农民增收。

四、加强培训力度，提高技术管理水平

一方面，PPP 模式在精准扶贫中的应用还是一个新生事物，需要强化有关 PPP 的专业人才的培养和 PPP 专业知识的普及和运用，并根据 PPP 扶贫项目实际需要总结国内 PPP 项目相关经验，学习国外先进的管理技术和方法；另一方面，针对接受教育水平较低的贫困农民，利用互联网技术、电视、电影、电话咨

询等信息媒介把科学的技术方法传播到村民的手中提高他们的技术、管理和经营相关知识，从最基础的知识开始培训，逐步加大培训力度，循序渐进提高村民科学技术水平。

五、创新 PPP 扶贫绩效考核，提升贫困治理效率

在我国，不同的贫困地区的自然条件、经济发展、社会情况千差万别，不同地区 PPP 扶贫项目的考核体系与指标也并不完全相同。由此，为保证项目顺利实施，政府部门要在遵循扶贫考核原则前提下，不断创新对 PPP 扶贫项目的考核，尤其是创新项目的绩效考核机制，使社会资本以及各合作主体均能接受。可以根据 PPP 项目"利益共享、风险共享"的原则，在合作协商的情况下，在贫困地区、贫困村、贫困户等贫困对象之间合理分担扶贫任务，同时对各个对象进行绩效考核，规范项目各方的责任和义务，创新 PPP 扶贫项目的运作，提升贫困治理效率。比如，可以在绩效评估的基础上，奖惩项目实施主体，提高 PPP 项目应用于精准扶贫过程的作用效率。另外，还可以考虑建立动态评估体系，把握贫困问题的发生规律和发展趋势，及时完善调整评估方法、指标体系以及时间，避免评估僵化影响贫困治理效率。

PPP 模式在我国推行的时间并不长，当前，对 PPP 模式的运用也主要集中于市政工程项目方面的建设，至于 PPP 模式在精准扶贫工作中的这一创新的应用并非十分成熟，有待实践的进一步检验。由于 PPP 项目的周期较长，大部分扶贫项目尚未最终验收，精准扶贫社会实践经验不足，对 PPP 模式在精准扶贫中具体应用不够透彻，需要在贫困治理实践中进一步进行完善和补充。

第十章

2020 年后我国的减贫战略

　　我国一直把 2020 年消除绝对贫困作为重大的战略方针，根据中央部署，到 2020 年我国将实现现行标准下贫困人口全面脱贫，贫困县全部摘帽，历史性解决绝对贫困问题。自 2013 年实施精准扶贫以来，我国各级政府和各个部门以及各大社会组织以极大的热情和积极性投入到精准扶贫实践中，全面落实党中央国务院新时代的重要决策部署，把精准扶贫工作作为核心工作来抓，全员行动，全力以赴，坚决贯彻实施脱贫攻坚战略，实现了思想上的共识和行动上的自觉。各级政府也以最大的政治任务来对待精准扶贫、脱贫攻坚，拨款、派人、调物以及第三方评估等各种方法和手段全都用上，确保 2020 年实现现行标准下的摆脱贫困，全国一盘棋，用力一起使，精准扶贫工作深入人心并取得了巨大的成绩。从当前的精准扶贫政策实施情况来看，可以预见，2020 年我国的精准扶贫、脱贫攻坚将取得全面胜利。

　　然而，我国的贫困问题不会因为 2020 年的绝对贫困消失而完全消失，贫困是一个客观现象，贫困问题总是与社会经济的发展相伴而生。当然，随着中国历史上绝对贫困的消失，相对贫困会走上前台，次生的贫困问题会变得明显，同时衍生新的贫困形式并呈现出新的特征，贫困治理也将走向新阶段。为此，我们必须根据我国的实际情况和未来发展，带着前瞻性的眼光并结合过去及其他国家的一些经验，尽早研究 2020 年后我国贫困治理的发展趋势，谋划 2020 年后符合我国特殊国情的扶贫新战略。

　　已有不少学者关注 2020 年后我国贫困治理问题。首先，在贫困标准方面，汪三贵和曾小溪提出 2020 后需要找出现有贫困和贫困线界定方法的不足，制定新的贫困标准、明确新的扶持对象并制定相应的扶贫政策[1]；何秀荣则指出理想和公平的贫困标准线应当是城乡统一、全国统一的[2]；还有学者利用 BP 神经网络模型模拟中国县域农村贫困的空间格局，识别出 2020 年后仍需国家政策倾斜的 716 个帮扶县，提出应该根据新的贫困格局，采取有针对性的帮扶措施。[3] 其次，在贫困的新特征新趋势方面，李小云和许汉泽认为 2020 年后我国的农村贫困将会进入一个以转型性的次生贫困和相对贫困为特点的新阶段，转型贫困群体和潜在贫困群体将成为新的目标群体，并呈现出多维度贫困新特征[4]；汪三贵和曾小溪指出 2020 年后开发式扶贫政策提升一般贫困人口向上流动的能力，精准滴灌式扶贫政策解除特殊困难贫困人口的特殊困境，城乡一体化扶贫体系解决扶贫的"真空地带"；王立剑和代秀亮提出新型城镇化战略、乡村振兴战略、社会保障制度等将为贫困治理提供强大动力[5]；而郑长德关注的是 2020 年后民族地区的贫困问题，强调民族地区的贫困问题不再是生存问题，而是发展问题和发展成果的共享问题[6]；另外莫光辉和杨敏根据精准扶贫实践进行了 2020 年后减贫与发展转型的趋势预测。[7] 最后，在减贫战略选择方面，谷树忠提出要实施"减贫新动能""减贫生态红利""扶贫专项资源""减贫减灾"等战略用以解决中国的相对贫困问题及次生性的贫困问题[8]；魏后凯指出不仅要继续关注农村贫困问题，而且要高度重视城市贫困问题，要把城乡贫困治理统筹起来考虑，实行城乡并重的减贫战略[9]；张琦认为 2020 年后的减贫战略将由集中性减贫治理战略向常规性减贫治理战略转型，由解决绝对贫困向解决相对贫困转变，由重点解决农村贫困转向城乡减贫融合推进转变，由重点解决国内贫困向国内减贫与国际减贫合作方向转变，减贫发展国际

〔1〕　汪三贵，曾小溪.后 2020 贫困问题初探[J].河海大学学报(社会科学版)，2018(2)：7 - 13
〔2〕　何秀荣.改革 40 年的农村反贫困认识与后脱贫战略前瞻[J].农村经济，2018(11)：1 - 8
〔3〕　周扬，郭远智，刘彦随.中国县域贫困综合测度及 2020 年后减贫瞄准[J].地理学报，2018(8)：1478 - 1492
〔4〕　李小云，许汉泽.2020 年后扶贫工作的若干思考[J].国家行政学院学报，2018(1)：62 - 66.
〔5〕　王立剑，代秀亮.2020 年后我国农村贫困治理：新形势、新挑战、新战略、新模式[J].社会政策研究，2018(4)：3 - 13.
〔6〕　郑长德.2020 年后民族地区贫困治理的思路与路径研究[J].民族学刊，2018(6)：1 - 10.
〔7〕　莫光辉，杨敏.2020 年后中国减贫前瞻：精准扶贫实践与研究转向[J].河南社会科学，2019(6)：99 - 105.
〔8〕　谷树忠.贫困形势研判与减贫策略调整[J].改革，2016(8)：65 - 67.
〔9〕　魏后凯.2020 年后中国减贫的新战略[J].中州学刊，2018(9)：36 - 42.

化合作将会强化；[1]高强等提出我国 2020 后的减贫思路与政策转型。[2] 左停建议我国应结合国内外对解决相对贫困的相关经验，取其精华，去其糟粕，结合中国的特殊国情，实现扶贫和社会支持制定应该集中的政策，积极倡导"以发展为导向的社会支持"。[3]

这些研究从不同角度对我国 2020 年后的贫困治理问题进行了深入的分析，可以看到现有的研究主要集中在对贫困性质的变化、减贫战略的协调以及减贫转型创新等大方向上的讨论，更加倾向于宏观层面，而在具体的微观层面，尤其是宏观微观结合以及贫困治理战略的有效衔接方面的系统分析尚不足。基于此，本文拟从 2020 年后我国贫困治理的发展趋势、面临的挑战以及战略选择等方面来阐述 2020 年后我国的贫困治理问题。

第一节　2020 年后我国贫困治理的发展趋势

在总结精准扶贫战略及其实践的基础上，科学预测 2020 年后我国贫困治理面临的新形势和发展趋势，是提前做好制度设计、谋划好 2020 年后的减贫战略的基础。

一、贫困仍将存在，但标准和内涵会发生重要转变

精准扶贫政策实施以来，取得了巨大的扶贫成就，基本解决了我国的绝对贫困问题，也创新了我国的贫困治理理论，丰富了我国的贫困治理实践，是我国贫困治理体系现代化的一次重大创新，对于提高我国贫困治理能力具有重大意义。绝对贫困的消失并不意味着贫困的消失，可以预见，2020 年后我国的贫困问题仍将存在，小范围的绝对贫困难以避免，大范围的相对贫困会相随而生。人类社会发展这么快，经济社会的发达也远超以前的时代，但只要人类社会的分化不消失，贫困问题就会存在。2020 年后我国的贫困问题将主要是相对贫困问题，相对贫困将会呈现出多维度、多元化的新特点，贫困的标准也必然会随着社会经济的发展而不断提高，贫困人口将会从当前的"等靠要"的被动扶贫状态转向阿玛蒂亚·森所提到的对"能力"和"权利"的诉求，我国贫困治理的任务将发生相应改变。

---

[1]　张琦.减贫战略方向与新型扶贫治理体系建构[J].改革,2016(8):77-80.

[2]　高强,刘同山,沈贵银.2020 年后中国的减贫战略思路与政策转型[J].中州学刊,2019(5):31-36.

[3]　左停.反贫困的政策重点与发展型社会救助[J].改革,2016(8):80-83.

二、精准扶贫战略思想会进一步焕发光彩

精准扶贫战略思想是新时代我国贫困治理的基本指导思想，同时也是我国减贫工作的基本方略，既有很强的理论思想价值，又极具实践操作功用。十八大以来，精准扶贫战略思想指导我国的减贫事业取得了伟大成绩，截至 2020 年初，我国已减少 9900 万左右贫困人口，也为全世界减贫事业做出了巨大贡献。经过不断摸索和完善，精准扶贫已建立了动员体系、政策体系、投入体系、责任体系、监督体系以及考核体系等六大体系，为我国 2020 年如期实现全国脱贫攻坚任务以及全面实现小康社会提供了制度保障和坚实后盾，是我国新时代贫困治理新模式，是对社会主义本质要求的创新[1]，已被我国贫困治理实践和成效证明是最适合我国的贫困治理思想及模式。2020 年后精准扶贫战略思想会随着我国扶贫事业的发展而不断发展，它会在贫困治理实践中不断调整，不断完善自身，不断向前看，是新时代有活力、有生命力的贫困治理思想。2020 后我国的贫困治理实践，要继续坚持精准扶贫战略思想的指导，进一步消除贫困，让精准扶贫战略思想贯穿于我国的城乡贫困治理全过程，精准扶贫战略思想必将继续焕发光彩。

三、乡村振兴将成为农村贫困治理的重要保障

"产业兴旺、生态宜居、乡风文明、治理有效、生活富裕"是新时代乡村振兴的丰富内涵，十九大提出乡村振兴战略就是考虑到了 2020 年后我国的精准扶贫工作的延续，尤其是我国农村地区的返贫问题。产业扶贫的可持续发展是确保脱贫攻坚战胜利的最关键一招，产业兴则乡村兴，产业旺、则乡村旺，产业扶贫是实现全面小康社会宏伟目标的重要基石，当然也是后"2020 时代"农村贫困治理的重要抓手。2020 年我国解决绝对贫困之后，国家贫困治理的主战场仍然是广大农村地区，而要让农村贫困治理产生长效作用，只有大力发展农村产业，才能让农民有效摆脱贫困，乡村振兴的主要任务就是振兴乡村的产业。系统挖掘我国的乡村资源，吸引优势要素如人才、资金等流向农村领域，把农业、农村和农民的发展问题放在优先地位，全面全方位实现我国农村地区的经济、文化、社会等各方面的整体发展，真正按照新时代乡村振兴的要求建立相应的政策支持体系，完善各方面的保障机制，来实现乡村的振兴。乡村振兴了起来，农村地区能够成为"生态宜居"的好地方，能够成为"生活富裕"的新

〔1〕 胡建华，赖越.习近平精准扶贫思想的发展渊源、基本内涵和重大意义研究[J].广东行政学院学报，2018(3)：53.

场所，贫困问题自然而然会得到很好的缓解甚至根除，因此可以说，乡村振兴是 2020 年后我国农村贫困治理的重要保障。

四、贫困治理将更加注重城乡融合

将农村与城镇贫困问题相结合，全面统筹，分点化解，来思考 2020 年后消除绝对贫困后的贫困性问题是大势所趋。乡村振兴和城镇化战略是城乡融合的关键。现阶段的精准扶贫战略以农村贫困治理为主，城市精准扶贫涉及得较少，随着 2020 年后国家全面深入推进乡村振兴战略，原有的城乡关系将会重塑，农村的基本经营制度和农业的供给侧结构性改革将会得到深入稳固和推进，农耕文明将会得到提升，乡村治理体系将进一步完善，或许在不久的将来，我国的农村地区将成为乡风文明、人与自然和谐共生、生活比较富足的场所，农村的贫困人口将会减少，进一步拉平和城镇的差距，城乡融合的基础将会渐渐形成。另外，城镇化战略将不断提高我国的城市化水平，使毗邻城市的乡村地区受城市发展的辐射力，逐渐能够发挥其工商业、居住区及其他城市职能，不断完善配套的城市基础设施，成为城市与农村的联结纽带，发挥城乡融合的关键作用。可以预测，2020 年后城乡融合将加速发展，城镇化水平将显著提高。在这种背景下，2020 年后我国的贫困治理应该注重城乡融合，一方面是促进生产要素在城乡之间的合理流动和优化组合，促进城乡经济协调发展，另一方面是需要将城乡的贫困治理问题同等对待，尤其是社会保障权益的平等问题，社会保障制度的完善应该城乡同步发展。

五、贫困治理目标将更加注重向发展型需要转变

现阶段的精准扶贫仍然是以消除绝对贫困、解决基本生存问题的贫困治理，其目标就是为贫困群体提供生存所需的基本条件，注重的是贫困人口的生存需要。2020 年后，我国绝对贫困人口将消除，随着中国特色社会主义进入新时代，中国社会主要矛盾已经转化为人民日益增长的美好生活需要和不平衡不充分的发展之间的矛盾，这意味着贫困人口生存问题和贫困地区生产生活基础环境已得到根本解决，人民的主要需求已不再是简单的生存需要，还有追求美好生活的需要，这种需要是更高层次的需要，实现这一"人的需要"必须提高城乡个体发展能力。2020 年后的贫困治理也将更加关注"能力""权利"的实现状况，个体得到了发展，满足了其发展需要，贫困问题就自然而然得到了解决，这就是发展型需要。这也就意味着 2020 年后我国的贫困治理目标任务主要是解决相对贫困问题，促进不同城乡居民个体多维发展，改善其发展型需要。

六、贫困治理对象将更加注重面向特定群体

我国以前的扶贫开发主要还是面向各个区域的，具有鲜明的区域性特点，无论是 20 世纪 80 年代的扶贫开发试点和推进阶段，还是 20 世纪 90 年代中期以后的扶贫开发攻坚和新时期的巩固阶段，抑或是十八大至今的精准扶贫阶段，均是以区域扶贫为主。2020 年随着现有标准下的绝对贫困的消除，全国所有的贫困县也会摘帽，虽然未来我国的贫困治理不会马上消除区域性贫困，但区域性贫困将成为我国贫困问题的"少数"，即便未来提高贫困线标准，新增了贫困人口，基数恐怕也不会太大，届时贫困人口分布不会像现在一样呈区域分布的形态，散点分布将是"主流"，那么散点分布的表现主体将会是特定群体，贫困人口将呈现出更多的群体特征。2020 年后的贫困治理，群体贫困问题将会是治理的主要方面。

七、扶贫制度设计将更加注重长效保障式制度防贫

目前我国的扶贫制度设计是以脱贫任务为导向的，我国现行标准下绝对贫困基本消除后，未来还将出现少量的绝对贫困以及更多的相对贫困，贫困问题仍将长时间存在。但是那时的贫困问题不会像现在如此广泛，尤其是我国的农村贫困地区，基本可以消除那些集中连片和区域性贫困问题。当贫困人口的绝对数量减少之后，靠什么来治理贫困？这是我们必须思考的问题。根据阿玛蒂亚·森的贫困理论，绝对贫困问题消除之后，未来我国的贫困问题将不仅仅是纯粹的收入问题，更有可能的是涉及贫困人口的基本的公共产品供给、教育公平、医疗保障、养老保障以及生计权益保障等各方面的社会资源的是否公平配置问题。这些问题的应对最终归结为一个问题，那就是如何建立以防贫任务为导向的制度体系。建立和完善最基本的社会保障制度将是我国"后 2020 时代"实现贫困治理的最重要的长效治理机制，是提高脱贫质量和保证防贫减贫可持续性的最根本制度。其实，现阶段的精准扶贫战略，已经在不断摸索和完善我国的社会保障体系，"社会保障兜底一批"本身就是精准扶贫的重要脱贫措施之一，发挥了重要的作用。2020 年后，我国将在现有的扶贫战略和社会保障体系的基础上，应进一步将扶贫攻坚与最低生活保障制度有效衔接，将扶贫的工作重心逐步转移到提高贫困人口及其家庭的发展能力上，"按照兜底线、织密网、建机制的要求，全面建成覆盖全民、城乡统筹、权责清晰、保障适度、可持续的多层次社会保障体系。"[1]社会保障体系的完善，能够解决真贫困问题。可见，

〔1〕 中共中央，国务院.乡村振兴战略规划(2018—2022 年). 2018.

我国 2020 年后社会保障制度的发展与完善是未来贫困治理的基本内容。

第二节　2020 年后我国贫困治理将面临的挑战

要特别注意的是，统计学意义上绝对贫困的消失并不表示我国的贫困治理到此结束，相反，需更加细致耐心的脱贫攻坚战才刚刚打响，2020 年后的相对贫困、脱贫返贫、城乡差距、区域差距等问题等待着我国政府的进一步研究和解决，2020 年后我国的贫困治理仍将面临许多挑战。

一、消除绝对贫困仍将是我国减贫事业的艰巨任务

2019 年 3 月 7 日，习近平总书记在参加十三届全国人大二次会议甘肃代表团的审议时指出，贫困县摘帽后，也不能马上撤摊子、甩包袱、歇歇脚，要继续完成剩余贫困人口脱贫问题，做到摘帽不摘责任、摘帽不摘政策、摘帽不摘帮扶、摘帽不摘监管。这为 2020 年后我国贫困治理的战略及政策走向指出了新方向，同时也表明中央对我国的贫困现状有着清醒的认识，2020 年后我国仍会存在较多贫困问题，需要各级政府大力解决。美国经济学家杰弗里·萨克斯（Jeffrey D. Sachs）认为贫穷并非与生而来，私人市场力量可以与公共政策相互补充，加上更为和谐的全球治理体系，人类完全有能力在 2025 年消灭极端贫困，使贫困问题走向终结。[1] 依现在世界的情况看，这个论断过于自信了。从理论上分析，只要我国没有发展到共产主义社会，那么贫困就不会绝对消除。社会的分层分级会导致贫富差距，就会有富裕与贫困的区分，贫困问题就不可能消失，这也是为什么当今所有发达国家照样有大量贫困人口的原因，虽然发达国家的绝对贫困人口相对较少，但是其相对贫困、次生贫困问题仍然较多。同理，我国在 2020 年消除现行标准下统计学意义上的绝对贫困后，并不会马上消失绝对贫困问题的历史长河之中。2020 年后随着贫困标准线的提高，我国贫困人口将会新增，同时因为我国仍处于社会主义发展的初级阶段，现有的贫困标准线相对较低，因此未来随着社会经济的发展，贫困标准线的提高空间相对较大，我国的绝对贫困人口也可能会有较大增加。因此，消除绝对贫困仍将是我国未来减贫事业的艰巨任务。

---

〔1〕　Jeffrey Sachs D. The end of poverty：economic possibilities for our time〔M〕. New York：The Penguin Press，2005.

二、相对贫困问题相随而生

贫困不是简单的数据罗列，数据并不能完全表达贫困问题，贫困问题是一个国家的政治、经济在发展过程中必须去面对的一个过程，在这个问题里，贫困的各种特性不断泯灭重生，不同时间段都有不同的贫困定义，用以规范什么是贫困及什么程度的贫困。贫困并不是一成不变，并不会牢固地变成一个确定的可以用文字与数据来解说和概括的概念，也可以说，贫困是一个动态的过程，具有很多的不确定性，并且会受当时的很多环境等因素影响，并且贫困标准也不是一个确定的贫困线。因此，2020 年后我国的贫困问题会相应地体现出新特点——相对性及次生性，相对贫困问题会突出地表现出来，成为我国解决绝对贫困后的最突出的贫困问题之一。我国贫困治理的"最后一公里"效应凸显，在经济增长理论中，有种观点认为一国的经济增长对贫困问题有影响，经济增长所带来的减贫效应呈倒"U"字形，处于"最后一公里"的贫困人口从经济增长中受益的条件最为严苛，甚至经济增长会造成贫富差距悬殊、资源分配不均，进一步加剧相对贫困。那么面对相对贫困问题我们如何去应对、去解决，相对贫困和绝对贫困又有什么不同，相对贫困与现有的扶贫体系又会有哪些矛盾问题，具体对策如何，那都将是未来我国贫困治理的重点工作及重点关注问题，也是未来我国贫困治理的新挑战。

三、区域间的贫富差距依然突出

现阶段的精准扶贫，中央非常关心一些特定贫困区域，如"老少边穷""集中连片贫穷"等地区，这些区域的脱贫，对于我国解决绝对贫困问题意义重大。为什么这些区域会成为我国的集中贫困区域？根本原因在于我国区域间发展的极不平衡，2020 年后这些区域必定会实现脱贫，但并不意味着这些区域就能"一劳永逸"，完全摆脱贫困问题的困扰。实际上，随着我国经济的进一步发展，区域间发展不平衡问题依然没有得到根本缓解，东部沿海地区和中部大型城市发展相对较好，而中西部地区和东北地区的发展不如人意，尤其是在吸引人才方面有较大压力，现在的中西部地区出现了非常显著的"人口空心化"趋势，人才流动到了更为发达的地区，从长远看，这会从根本上拉大区域间的贫富差距。贫困治理关键靠的是政策，脱贫攻坚关键靠的是人才，但贫困问题产生的矛盾就在于人才总是跟随资源而动，优秀的人才会流动到经济更为发达的地区，相对而言，相对落后的地区在吸引人才方面必然会处于劣势。从表 10 - 1 全国居民的人均可支配收入来看，中西部地区与东部地区的收入差距仍然非常大，在这种情况下，落后的地区如何吸引优秀的人才落户，如何推动经济和产业的发展,拉近与更为发达地区的差距,这是需要系统谋划的重要问题。于国家而言,仍需进一步完善"西部大开发战略""中部崛起战略"以及加快"老区建设"并大力推动"一带一路",给予更多的政策优惠和资源,促使人才更多流向中部和西部地区,推动中西部经济的发展,有效缓解区域间发展的不平衡问题。

表 10 – 1 2013—2017 年全国居民按东、中、西部地区及东北地区分组的人均可支配收入

单位:元

组别	2013 年	2014 年	2015 年	2016 年	2017 年
东部地区	23658.4	25954.0	28223.3	30654.7	33414.0
中部地区	15263.9	16867.7	18442.1	20006.2	21833.6
西部地区	13919.0	15376.1	16868.1	18406.8	20130.3
东北地区	17893.1	19604.4	21008.4	22351.5	23900.5

资料来源:《中国统计年鉴 2018》

四、城乡之间的贫富差距仍然较大

由于资源、资本、技术、劳动力等各种要素的影响,虽然党和政府一直比较重视"三农"问题、重视农业和农村的发展,但我国的农村地区仍然是贫困的主要发生地。农村的资源、资本、技术以及人才等各种要素相对匮乏,而农村地区青壮年劳力大都外出务工,外出务工者有条件的话都在城市置业而不愿回到农村,或者通过求学谋取立足城市,这使得我国农村地区的"空心化"趋势日益加剧,这不利于乡村振兴战略的实施,不利于城乡融合发展。许多地方的农村"空心化"甚至已成为新常态,这充分反映了我国的城乡之间在公共物品的供给、资源配置、基础设施建设等方面还存在较大的差距,城乡之间的贫富差距仍然较为显著,优秀的人才都千方百计离开农村而不是留在农村地区。表 10 – 2 中所反映的城乡之间的收入差距成扩大之势,毫无疑问,在 2020 年后较长一段时间内,这个问题将会是我国乡村振兴的重要制约因素,城乡之间的贫富差距仍然会比较大。

表 10-2　2013—2017 年居民人均可支配收入及增长情况　　　　单位：元

年份	2013 年	2014 年	2015 年	2016 年	2017 年
全国居民	18310.8	20167.1	21966.2	23821.0	25973.8
城镇居民	26467.0	28843.9	31194.8	33616.2	36396.2
农村居民	9429.6	10488.9	11421.7	12363.4	13432.4

资料来源：《中国统计年鉴 2018》

五、脱贫后返贫现象多发

贫困问题是一个复杂的社会现象。贫困本身是一个动态概念，尤其是当我们将贫困治理的主要内容界定在解决绝对贫困上时，贫困人口收入的增加有时是暂时的，他们会因为政府或其他社会主体的补助或帮助而暂时拥有满足自身生产生活需要的物质生活资料，但一旦助其脱贫的主体抽身而去，那么在贫困人口自身不具备"造血"功能的情况下，这些贫困人口返贫的概率是非常大的。数据显示，我国农村返贫率大约维持在 20%，脱贫后仍然生活在贫困线周边的人是返贫风险的高发人群，防止返贫和继续攻坚同样重要。

六、"能力"贫困和"权利"贫困

无论何时的贫困标准线都不能全面反映真实的贫困状况，因为那只是贫困人口生存的最低指标，"贫困的最低生活定义中的每一过程几乎都有缺陷"[1]。但是如果完全摒弃这种方法，则对贫困的界定似乎又会显得无的放矢，有些学者试着从不平等、贫困感、价值判断等角度对"贫困"进行界定，并没有得到普遍认同。与传统的基于收入和支出来测量贫困问题的方法不同，阿玛蒂亚·森强调用权利的视角来看待贫困及贫困问题的产生。权利视角考察的是社会不同阶层对食物的控制和支配能力，而这种能力又是基于社会权利关系而得的，社会权力关系又决定于国家的政治经济制度和权力的配置，假若国家的政治经济制度和权力配置存在不合理之处甚至失败，则会导致贫困和贫困问题。阿玛蒂亚·森主要关注了个人的交换权利，认为个人的交换权利下降是导致贫穷和饥荒的直接原因，这种个人交换权利在现实当中往往表现为个人在社会政治经济层级机构中的地位，以及相应的经济地位等。阿玛蒂亚·森认为，贫困必须被

---

[1]　Rein M. Problems in the Definition and Measurement of Poverty[M]// Townsend D. The Concept of Poverty. London: Heinemann Educational Books, 1971: 62.

视为基本能力的被剥夺，而不仅仅是收入低下。[1] 因此要更加关注失业、缺医少药、缺乏教育、社会排斥等因素对贫困的影响，教育、财产、土地制度、精英主导社会等不公平也会造成"贫困制度陷阱"（institutional poverty trap）。[2]

第三节　2020 年后我国贫困治理的战略选择

可以预见，2020 年后我国现阶段实施精准扶贫战略所采取的运动式、集中式治理方式不会长时间存在，随着贫困的发生方式和贫困治理的发展趋势的变化，这要求我国政府采取相应的贫困治理政策和战略。

1. 继续实施精准扶贫战略

如前所述，精准扶贫战略不会因为 2020 年将全面实现精准脱贫、建成全面小康社会而过时，精准扶贫战略思想仍是我国贫困治理实践的基本指导思想。2020 年后，贫困的区域分布形态会向散点分布形态转变，这更加需要我国的贫困治理依然按照精准扶贫方略的要求，对扶贫对象实行精细化管理，对扶贫资源实行精确化配置，对扶贫对象实行精准化扶持，做到"六个精准"，坚持分类施策，因人因地施策，因贫困原因施策，因贫困类型施策。尤其是针对特定群体，更加需要精准扶贫方略。这些需要特殊帮助的人也是在贫困人口里所占比例较多的人群，他们因为丧失劳动力等种种原因，导致自己没有收入，即使有收入的情况下他们也可能无法自我生活。所以我们要针对各类不同的特定人群提供针对性的帮助，具体问题具体分析。用精准扶贫思想关注相对贫困问题，将相对贫困与绝对贫困区分开来，科学完善贫困标准，转变扶贫理念，建立相应的体制机制，防止相对贫困与次生贫困的发生。

二、加快推进乡村振兴战略

乡村振兴战略是我国未来农村贫困治理的基石，是农村地区长效脱贫的根本保证，长久性的改善农村扶贫体制和农民收入增加问题是必须面对，而农村农民的收入增加是解决这些问题的基础和关键所在。扶贫的关键是增收，即增加农民的收入，使农民生活更加平稳安定。若农民增加收入依赖的是除了农业性的收入外的政府补助及外出打工等外力性的收入，那么我国农民的增收问题就是不稳定不成功的，这种方法不是说无效，但它是短暂的，无法长时间解决

---

〔1〕　阿玛蒂亚·森. 以自由看待发展[M]. 任赜等译，北京：中国人民大学出版社，2013：85.

〔2〕　Engerman S, Sokoloff K. The Persistence of Poverty in the Americas: The Role of Insititutions[M]// Bowles S, Durlauf S N, Hoff K. Poverty Traps. Princeton and Oxford: Princeton University Press, 2006.

增收问题，并且缺失关键点产业性支持和内源性缺乏动机的问题，这是很难一直维持如此的。农民收入的增长问题应当建立在农民自身所劳动获取的产业收入，不能将其定位在不长久的政府补助的外在性的政策增收上。为此，要下大力气增加农民收入，充分激活农村自有资源，加快农业和农村产业的现代化，建立现代农村工业体系，激活农村综合体。这种内生的农民收入增长模式更加持久和可持续。一是全方位的利用农村自有的资源，扩大农民增收的手段。二是为农民提供强有力的产业支持，增加收入，消除贫困，建立一个具有独特特色和竞争力的现代农村产业体系。三是变革农业的传统模式，进行绿色现代化农业变革，发展农业现代化的道路和农业现代化的变革存在于同一道路上，农业发展的关键是令传统的以放养式的农业生产改变为绿色、高效、集约的现代化的生产模式。四是将可持续发展理念贯穿之中，建立具有现代化，科学化的农业生产基地。五是促进农村第一、二、三产业的全面整合，充分发掘和扩大其多维功能，促进农业的纵向扩展和横向一体化，坚决将农业的多元特性表现出来，使农业纵深达到应该具备的标准之上。

三、重点实施教育扶贫战略

2020 年后我国的农村地区因资源、环境及生产要素制约导致的外生性贫困将逐渐减少，而因发展意愿不强引发的内生性贫困仍将成为脱贫攻坚面临的主要问题。2020 年后我国的贫困治理更要注重"扶智与扶志"相结合，个人的发展意愿和自我实现的动力是贫困人口脱贫的重要内在力量，只有不断提升农村人口质量，才能更有效地预防贫困。阿玛蒂亚·森所讲的"可行能力"以及导致"能力贫困"的因素主要来自社会制度安排，社会制度的预设在一定时期内是一种相对固定的阶层固化。但这种安排并非"坚不可摧"，一方面可以通过不断改革来打破既得利益，也可以通过重设制度来调整阶层之间的流动；另一方面贫困人口也可以通过教育努力冲破社会制度预设和社会阶层固化，通过提升自己的能力来摆脱贫困。长效"摆脱贫困"，教育是最可行的方法之一。因此，2020年后我国应重点实施教育扶贫战略，将教育作为贫困治理的根本途径，树立教育扶贫战略思想，保障贫困人口受教育的权利，改善贫困地区办学条件，减免贫困人口学杂费，保证教育公平，普及高中教育，加强职业教育和高等教育投入，增加教师收入，完善教育公共服务体系。

四、实行城乡贫困治理新战略

中国城乡收入差距很大，2020 年后我国农村地区的减贫防贫任务依然会很重，但不能单单只注重农村贫困，当然也不可能向以城市贫困为重点转移。在城市贫困问题中，我国虽然现在认识到了城市扶贫的重要性，但由于缺少过往的一些经验，扶贫成果并不显著，至今我国也没有一个具体的城市扶贫的工作计划纲要。在我们还没有达到预期的摘帽目标前，我国还应该继续实行农村为主的扶贫路径。但在我们完成 2020 年的预期目标后，我国贫困治理思路和路径应做相应的调整，其中之一就是将农村和城市的扶贫工作有机地结合在一起，有的放矢，全面统筹。这就要求我们将城乡看作一体，实行统一的现代化的城乡贫困治理新战略。一是要转变理念，统筹城乡贫困治理，建立城乡贫困治理的体制机制；二是加强研究城市贫困问题，尤其是随着未来我国城镇化的发展以及大量农民进城后可能面临的贫困问题，事先制定防贫减贫政策和出台相关帮扶措施；三是要对西方发达国家走过的路进行借鉴学习，吸取他们的教训，将这些与 2020 年后我国的实际国情相结合，以更好地应对未来的城市贫困治理问题；四是要做好顶层设计，制定符合我国国情的有中国特色的社会主义城乡一体化扶贫制度和政策。

五、构建完善的社会保障体系

反贫困的关键是建立完善的社会保障体系，当贫困人口较少，整个社会集中到相对贫困上来时，国家的社会保障体系的完善与否就显得异常重要。当前精准扶贫工作本质上是通过政治和行政手段来开展工作的，这对于短期内贫困治理效果的显现具有非常重要的意义。但为保证贫困治理工作的连续性，甚至在未来消灭贫困，最根本还是需要从法律和制度层面来推动国家社会保障体系的完善。

一是充分发挥我国社会救助体系的作用。在精准扶贫的背景下，社会救助实质上是兜底精准扶贫，它的主要功能就是做好全社会的基本保障，因此社会救助侧重于"输血"和兜底保障。当出现贫困或相对贫困问题时，社会救助制度可以提供给贫困人口最基本的生存需要，也可以对社会救助对象的诉求进行有效回应。社会救助不但可以有兜底属性，也可以做到对贫困人口的发展诉求进行回应。另外，社会救助体系一旦完善，其制度化的救助行为能够发挥更大的作用，使得我国的贫困治理能够走向制度化的贫困治理，提高贫困治理的可持续性。

二是实施积极的社会救助政策。以脱贫攻坚战取得的巨大成就为基础，进一步完善我国的社会救助政策，可以在整个社会层次实现救助托底、政策干预的目标。政策干预的最大目标是考虑如何更好地预防贫困的发生，可以加强精准识别、精准预防，对可能陷入贫困的低收入群体，提前介入，开展救助干预，先期进行政策干预，提升其就业能力，防止其走向贫困，在基本生活保障和就业帮扶之间建立有效衔接机制，提升可能陷入贫困的低收入群体的工作技能，预防其进入贫困。一旦干预无效，贫困人口仍然走入了贫困，则实施社会救助，根据制度安排进行兜底保障。

六、特定贫困群体精准治理

2020 年后我国的贫困治理对象将更加注重面向特定群体。一是解决空巢老人的贫困问题。随着越来越多的子女在外地工作，空巢老人独自在家的贫困问题越发严重，应该实行子女与社会共同养老的扶贫机制，推广社区养老和居家养老。开发养老基金，让子女每年打进定额的养老基金，联合政府给予的一些补助基金，应该可以基本上解决空巢老人的贫困问题。二是通过减少精神贫困来帮助光棍、懒汉。精神扶贫要结合多种方面，通过心理上的治疗，将正常人的心理问题植入他们的心理，减少他们的自卑感，提高他们的自信心，将家庭观念树立到他们三观之中，培养他们自力更生的生活理念，告诉他们政府并不能帮助他们一生，建立懒惰可耻的生活理念，让他们自己亲身参加政府的扶贫工作，让他们了解到扶贫的艰辛和那些贫困人民与他们的不同，刺激他们的羞耻心，让他重视自身扶贫。三是对患有精神疾病的人群加以特殊关照，不仅仅是医疗问题还有贫困问题。开展"医院治疗、社区康复"计划活动，对各级医院的精神院系加以补助和政策支持，并社会寻求帮助，用以帮助精神病患者减少自己的医疗支出甚至是免费治疗。缓解社会人群对精神病患者的偏见问题，解决那些精神病问题并不严重的精神病人群的就业问题。四是对残疾类的特殊群体加以分类，针对不同种类进行扶贫。关注残疾人的身体和心理问题，强化社区的作用，对残疾人进行相应的特殊培训，解决他们的就业问题，形成自给自足的扶贫机制，将那些较为严重的残疾人的医疗费用和生活费用结合到一起，通过政府、社会等多方面的援助来帮助这些人，通过两种不同的方式进行残疾人群的扶贫工作。五是解决孤儿的早期教育生活等问题。对孤儿的领养工作进行更加严格的划分与实施，联合社会爱心人士基金会等社会援助解决早期儿童的教育生活问题，令其少有所养。

七、建立长效减贫机制

建立长效减贫机制是脱贫减贫、防止返贫的关键所在。2020 年后的贫困治理尤其需要将这个问题摆在突出的位置，政治推动的运动式贫困治理不能长久运行，最重要的脱贫减贫还是要靠长效机制发挥作用，以上各大战略的实施对于 2020 年后我国的长效减贫都能够发挥重要作用，除此之外，还要根据现在精准扶贫实践的情况，继续创新性地完善、探索建立一些长效的防贫减贫机制。

一是要建立新的贫困人口和群体的精准识别机制。2020 年后贫困县和贫困村全面脱贫并退出历史舞台之后，我国应以什么形式来认定贫困问题？主要有两个方面：贫困标准线和贫困群体。二是要强化"三位一体"的大扶贫格局，积极完善扶贫资金投入机制。拓宽筹资渠道是 2020 年后贫困治理的重要内容，坚持专项扶贫、行业扶贫、社会扶贫的"三位一体"大扶贫格局，鼓励行业资金、信贷资金和社会帮扶资金积极参与到贫困治理实践中，加强专项扶贫和行业扶贫的资源整合，进一步完善信贷扶贫激励政策。三是要坚决发挥市场机制的作用，逐步减少行政机制的影响。动态的贫困治理依靠行政机制能起到很好的资源调配作用，但常态化的贫困治理还是要依靠市场机制发挥作用来调节资源的配置，市场机制应该在资源配置中起基础性作用。四是要完善第三方评估机制。2015 年以来的精准扶贫第三方评估发挥了重要作用，但也存在不少问题，2020 年后需继续坚持贫困治理第三方评估，发挥社会监督作用。五是要构建减贫与发展国际合作机制。在贫困治理领域加强与世界各国的联系与合作，争取国际社会的支持与援助，学习发达国家和国际组织在世界减贫领域的成功经验，也为国际社会贡献中国减贫方案和中国智慧，与世界一道就有效缓解人类贫困问题做出相应的努力，努力打造人类命运共同体。

参考文献

（一）中文文献

[1] 中共中央宣传部.习近平总书记系列重要讲话读本[M].北京：人民出版社，2016.

[2] 中国中央党史和文献研究院.习近平扶贫论述摘编[M].北京：中央文献出版社，2018.

[3] 中共中央宣传部.习近平新时代中国特色社会主义思想学习纲要[M].北京：学习出版社/人民出版社，2019.

[4] 中国中央党史和文献研究院.习近平关于"不忘初心、牢记使命"重要论述选编[M].北京：党建读物出版社/中央文献出版社，2019.

[5] 中共中央，国务院.乡村振兴战略规划（2018—2022年）.2018.

[6] 中共中央国务院关于打赢脱贫攻坚战的决定.2015.

[7] 俞可平.治理与善治[M].北京：社会科学文献出版社，2000.

[8] 罗西瑙.没有政府的治理[M].南昌：江西人民出版社，2001.

[9] 哈肯.协同学：大自然成功的奥秘[M].凌复华译.上海：上海译文出版社，2005.

[10] 讷克斯.不发达国家的资本形成问题[M].谨斋，译.北京：商务印书馆，1966.

[11] 阿玛蒂亚·森.以自由看待发展[M].任赜，于真，译.北京：中国人民大学出版社，2002.

[12] 张铭，陆道平.西方行政管理思想史[M].天津：南开大学出版社，2008.

[13] 陆汉文，黄承伟.中国精准扶贫发展报告（2016）[M].北京：社会科学出版社，2016.

[14] 左常升.中国扶贫开发政策演变（2001—2015年）[M].北京：社会科学文献出版社，2016.

[15] 张磊.中国扶贫开发政策演变（1949—2005）[M].北京：中国财政经济出版社，2007.

[16] 郑宝华，张兰英.中国农村反贫困词汇析义[M].北京：中国发展出版社，2004.

［17］王诗宗.治理理论及其中国适用性［M］.杭州：浙江大学出版社，2009.

［18］朱善利，梁鸿飞.产业选择与农民利益——宁夏固原扶贫与可持续发展研究［M］.北京：经济科学出版社，2010.

［19］杨顺勇.电子商务［M］.上海：复旦大学出版社，2006.

［20］许丽霞，刘续.电子商务［M］.北京：阳光出版社，2014.

［21］贾康，苏京春.新供给经济学：理论创新与建言［M］.北京：中国经济出版社，2015.

［22］张万宽.公私伙伴关系治理［M］.北京：社会科学文献出版社，2011.

［23］覃志敏.社会网络与移民生计的分化发展——以桂西北集中安置扶贫移民为例［M］.知识产权出版社，2016.

［24］王飞."互联网＋"战略背景下重庆市电商精准扶贫之路［J］.重庆经济，2016(3).

［25］孙昕，起建凌，谢圆元.电子商务扶贫问题及对策研究［J］.农业网络信息，2015(12).

［26］朱文胜.精准扶贫与金融创新：从个案研究到一般分析［J］.西南金融，2017(3).

［27］筑梦.电商精准扶贫看看成县是如何做的［J］.新农业，2016(8).

［28］易义斌，苏宏振，汪燕.农村电子商务扶贫模式初探——基于揭阳市军埔村电商精准扶贫的调查［J］.中国商贸，2015(21).

［29］陈阳山.江西于都：电商＋扶贫"的实践与探索［J］.中国财经，2016(2).

［30］谢玉梅，徐玮，程恩江，等.基于精准扶贫视角的小额信贷创新模式比较研究［J］.中国农业大学学报(社会科学版)，2016(5).

［31］郑瑞强，张哲萌，张哲铭.电商精准扶贫的作用机理、关键问题与政策走向［J］.理论导刊，2016(10).

［32］李丹青."互联网＋"战略下的电商精准扶贫：瓶颈、优势、导向——基于农村电商精准扶贫的现实考察［J］.当代经济，2016(12).

［33］王文艳，余茂辉.电商精准扶贫面临的问题与对策［J］.农业与技术，2016(11).

［34］王嘉伟."十三五"时期特困地区电商精准扶贫现状与模式创新研究［J］.农业网络信息，2016(4).

［35］黄云平，冯秋婷，张作兴，等.发展农村电子商务推动精准扶贫［J］.理论视野，2016(10).

［36］谢圆元，起建凌，孙昕.农村电子商务——基于SWOT分析［J］.农业网络信息，2016(5).

［37］李祥，曾瑜，宋璞.民族地区教育精准扶贫：内在机理与机制创新［J］.广西社会科学，2017(2).

［38］杨海平.基于精准视阈的教育扶贫策略探究［J］.经济研究导刊，2016(29).

［39］侯峰.关于教育扶贫的对策研究——以滨州市为例［J］.亚太教育，2016(30).

[40] 王嘉毅，封清云，张金.教育与精准扶贫精准脱贫[J].教育研究，2016，37(7).

[41] 伍洪.金融精准扶贫：理论内涵、现实难点与有关建议的思考[J].中国国际财经(中英文)，2018(5).

[42] 高天跃.贵州民族地区金融精准扶贫的难点及对策研究[J].黑龙江民族丛刊，2016(4).

[43] 江春，赵秋蓉.关于构建我国普惠金融体系的理论思考——国外金融发展如何更好地减缓贫困理论的启示[J].福建论坛(人文社会科学版)，2015(3).

[44] 王静.关于金融精准扶贫难点及对策的研究[J].金融经济，2018(6).

[45] 聂伟，龚紫钰.十八大以来精准扶贫研究进展与未来展望[J].中国农业大学学报(社会科学版)，2018(5).

[46] 么晓颖，王剑.金融精准扶贫：理论内涵、现实难点与有关建议[J].农银学刊，2016(1).

[47] 陈啸，吴佳.我国金融精准扶贫协同治理模式研究[J].中国行政管理，2018(10).

[48] 王君.普惠金融与金融精准扶贫的关系研究——基于湖南湘西州的实践[J].武汉金融，2017(3).

[49] 王静.关于金融精准扶贫难点及对策的研究[J].金融经济，2018(6).

[50] 陆岷峰，吴建平.长尾理论指导下的"互联网＋普惠金融"发展路径研究[J].长春金融高等专科学校学报，2016(6).

[51] 朱文胜.金融精准扶贫理论探讨与实践探索——兼论黄冈大别山模式构建与功能拓展[J].金融经济，2017(1).

[52] 吴志成.西方治理理论述评[J].教学与研究，2004(6).

[53] 李熠煜.当代中国公民社会问题研究评述[J].北京行政学院学报，2004(2).

[54] 余军华，袁文艺.公共治理：概念与内涵[J].中国行政管理，2013(12).

[55] 刘奕，韩雪.云时代公共危机事件的跨界合作治理——基于政府与非营利组织合作的视角[J].北华大学学报(社会科学版)，2014，15(6).

[56] 韩兆柱，张丹丹.整体性治理理论研究——历程、现状及发展趋势[J].燕山大学学报(哲学社会科学版)，2017，18(1).

[57] 李波，于水.参与式治理：一种新的治理模式[J].理论与改革，2016(6).

[58] 陈剩勇，徐珣.参与式治理：社会管理创新的一种可行性路径——基于杭州社区管理与服务创新经验的研究[J].浙江社会科学，2013(2).

[59] 陈剩勇，赵光勇."参与式治理"研究述评[J].教学与研究，2009(8).

[60] 孙远太.政府的贫困治理能力及其提升路径[J].开发研究，2015(3).

[61] 郭佩霞，邓晓丽.中国贫困治理历程、特征与路径创新——基于制度变迁视角[J].贵

州社会科学，2014(3).

[62] 林闽钢，陶鹏.中国贫困治理三十年回顾与前瞻[J].甘肃行政学院学报，2008(6).

[63] 赵慧珠.走出中国农村反贫困政策的困境[J].文史哲，2007(4).

[64] 李小云，张雪梅，唐丽霞.我国中央财政扶贫资金的瞄准分析[J].中国农业大学学报（社会科学版），2005(3).

[65] 胡建华，赖越.习近平精准扶贫思想的发展渊源、基本内涵和重大意义研究[J].广东行政学院学报，2018(3).

[66] 汪三贵，吴子豪.论中国的精准扶贫[J].贵州社会科学，2015(5).

[67] 全承相，贺丽君，全水海.产业扶贫精准化政策论析[J].湖南财政经济学院学报，2015，31(1).

[68] 葛志军，邢成举.精准扶贫：内涵、实践困境及其原因阐释——基于宁夏银川两个村庄的调查[J].贵州社会科学，2015(5).

[69] 唐丽霞，罗江月，李小云.精准扶贫机制实施的政策和实践困境[J].贵州社会科学，2015(5).

[70] 祝慧，莫光辉.农村精准扶贫的实践困境和路径创新探索[J].农业经济，2017(1).

[71] 胡伟斌，黄祖辉，朋文欢.产业精准扶贫的作用机理、现实困境及破解路径[J].江淮论坛，2018(5).

[72] 梁晨.产业扶贫项目的运作机制与地方政府的角色[J].北京工业大学学报（社会科学版），2015，15(5).

[73] 李小云.我国农村扶贫战略实施的治理问题[J].贵州社会科学，2013(7).

[74] 刘建生，陈鑫，曹佳慧.产业精准扶贫作用机制研究[J].中国人口·资源与环境，2017(6).

[75] 徐翔，刘尔思.产业扶贫融资模式创新研究[J].经济纵横，2011(7).

[76] 张琦，冯丹萌，史志乐.十三五期间开展精准扶贫工作的思考[J].中国国情国力，2015(9).

[77] 李志萌，张宜红.革命老区产业扶贫模式、存在问题及破解路径——以赣南老区为例[J].江西社会科学，2016，36(7).

[78] 池永文.恩施州文化产业扶贫开发对策研究[J].湖北民族学院学报：哲学社会科学版，2015，33(6).

[79] 马楠.民族地区特色产业精准扶贫研究——以中药材开发产业为例[J].中南民族大学学报：人文社会科学版，2016，36(1).

[80] 李荣梅.精准扶贫背景下产业扶贫的实践模式及经验探索[J].青岛农业大学学报（社会科学版），2016，28(4).

[81] 吴金忠, 林令波, 刘艳青. 农村经济组织的金融配套次序[J]. 金融发展研究, 2015(1).

[82] 杨皓翔. 关于推进中国农村合作经济组织发展的思考[J]. 河北学刊, 2013, 33(6).

[83] 孙光慧. 民族地区金融服务与特色产业精准扶贫耦合模式探索[J]. 西北民族大学学报（哲学社会科学版）, 2016(3).

[84] 李博, 左停. 精准扶贫视角下农村产业化扶贫政策执行逻辑的探讨——以 Y 村大棚蔬菜产业扶贫为例[J]. 西南大学学报(社会科学版), 2016, 42(4).

[85] 欧阳琦. 国内外贫困治理理论、政策比较研究[J]. 中外企业家, 2015(25).

[86] 佟德志. 当代西方治理理论的源流与趋势[J]. 人民论坛, 2014(14).

[87] 许汉泽, 李小云. 精准扶贫背景下农村产业扶贫的实践困境——对华北李村产业扶贫项目的考察[J]. 西北农林科技大学学报(社会科学版), 2017, 17(1).

[88] 刘贝, 刘军, 刘小燕. 湘潭市雨湖区产业扶贫现状及对策分析[J]. 湖南农业科学, 2017(3).

[89] 廉超. PPP 模式助推精准扶贫、精准脱贫[J]. 贵州社会科学, 2017(1).

[90] 刘北桦, 詹玲. 农业产业扶贫应解决好的几个问题[J]. 中国农业资源与区划, 2016.

[91] 周庆智. 论中国社区治理——从威权式治理到参与式治理的转型[J]. 学习与探索, 2016.

[92] 陈赛平. 金融精准扶贫的困境与对策研究[J]. 现代商贸工业, 2017(8).

[93] 郭小卉, 康书生. 金融精准扶贫模式分析——基于河北省保定市的案例[J]. 金融理论探索, 2018(2).

[94] 蔡军. 金融精准扶贫存在哪些问题[J]. 人民论坛, 2019(18).

[95] 陈啸, 吴佳. 我国金融精准扶贫协同治理模式研究[J]. 中国行政管理, 2018(10).

[96] 王信. 健全机制细化措施力争江西金融精准扶贫工作取得新突破[J]. 金融与经济, 2016(9).

[97] 王青松, 李瑶瑶, 许陈丹. 湖南武陵山片区金融扶贫政策分析[J]. 合作经济与科技, 2019(14).

[98] 徐云松. 金融精准扶贫问题研究——基于贵州省修文县的思考与探索[J]. 区域金融研究, 2016(2).

[99] 王彦青. 金融支持脱贫攻坚实践[J]. 中国金融, 2016(4).

[100] 李春明. 精准扶贫的经济学思考[J]. 理论月刊, 2015(11).

[101] 李伶俐, 周灿, 王定祥. 金融精准扶贫的现实困境与破解机制：重庆个案[J]. 农村金融研究, 2018(1).

[102] 杨瑞宏. 党建引领创业帮带脱贫治本——石城县推行"八大机制"培育创业致富带头人的实践与探索[J]. 老区建设, 2019(13).

[103] 鄢红兵.创新"金融+"实施精准扶贫———当前我国金融扶贫的难点及对策[J].武汉金融 2015(9).

[104] 颜明杰,彭迪云.农村金融精准扶贫成效的评价——基于江西农户的调查[J].江西社会科学,2018,38(5).

[105] 李锋.金融精准扶贫研究综述[J].时代金融,2018(36).

[106] 王宏新,付甜,张文杰.中国易地扶贫搬迁政策的演进特征基于政策文本量化分析[J].国家行政学院学报,2017.

[107] 谭贤楚,胡容.精准扶贫中的"易地扶贫搬迁":制约因素与社会影响——基于湖北省A县的实证[J].湖北民族学院学报(哲学社会科学版),2018,36(3).

[108] 鲁能,何昊.易地移民搬迁精准扶贫效益评价:理论依据与体系初探[J].西北大学学报(哲学社会科学版),2018.

[109] 龙彦亦,刘小珉.易地扶贫搬迁政策的"生计空间"视角解读[J].求索,2019(1).

[110] 孙永珍,高春雨.新时期我国易地扶贫搬迁安置的理论研究[J].安徽农业科学,2013.

[111] 郭俊华,张含之.新时代我国易地搬迁精准扶贫要处理好的十大关系[J].福建论坛(人文社会科学版),2019(8).

[112] 张海龙,杨艳,贺刚.精准扶贫背景下易地扶贫搬迁模式的适用性分析——基于长阳土家族自治县的调查研究[J].产业与科技论坛,2018,17(3).

[113] 吴伟,周五平.易地搬迁扶贫模式存在的问题及对策研究——以湖北省鹤峰县易地搬迁模式为例[J].农村经济与科技,2018,29(5).

[114] 宋安平.湖南易地扶贫搬迁的成效、问题及政策研究[J].湖南社会科学,2018(5).

[115] 郭俊华,赵培.西北地区易地移民搬迁扶贫——既有成效、现实难点与路径选择[J].西北农林科技大学学报(社会科学版),2019,19(4).

[116] 张磊.广西实施扶贫移民搬迁问题及对策研究[J].市场论坛.2017(2).

[117] 苏勤,林炳耀,刘玉亭.面临新城市贫困我国城市发展与规划的对策研究[J].人文地理,2003.

[118] 丁四保.我国城市贫困问题的分析与对策研究[J].开放导报,2006(2).

[119] 丁越峰,向家宇.风险社会时代的中国城市贫困问题研究[J].湖南社会科学,2014(2).

[120] 姚迈新.中国城市扶贫:经验分析与发展路向[J].广东行政学院学报,2017(29)

[121] 李秀辉,张世英.PPP:一种新型的项目融资方式[J].中国软科学,2002(2).

[122] 王灏.PPP的定义和分类研究[J].都市快轨交通,2004(5).

[123] 赖丹馨,费方域.公私合作制(PPP)的效率:一个综述[J].经济学家,2010(7).

[124] 孙学工,刘国艳,杜飞轮,等.我国PPP模式发展的现状、问题与对策[J].宏观经济

管理,2015(2).

[125] 董再平.中国 PPP 模式的内涵、实践和问题分析[J].理论月刊,2017(2).

[126] 朱守鹏.PPP 模式在我国的发展历程、运用困境与对策研究[J].工程经济,2016(6).

[127] 汪三贵,曾小溪.后 2020 贫困问题初探[J].河海大学学报(社会科学版),2018(2).

[128] 何秀荣.改革 40 年的农村反贫困认识与后脱贫战略前瞻[J].农村经济,2018(11).

[129] 周扬,郭远智,刘彦随.中国县域贫困综合测度及 2020 年后减贫瞄准[J].地理学报,2018(8).

[130] 李小云,许汉泽.2020 年后扶贫工作的若干思考[J].国家行政学院学报,2018(1).

[131] 王立剑,代秀亮.2020 年后我国农村贫困治理:新形势、新挑战、新战略、新模式[J].社会政策研究,2018(4).

[132] 郑长德.2020 年后民族地区贫困治理的思路与路径研究[J].民族学刊,2018(6).

[133] 莫光辉,杨敏.2020 年后中国减贫前瞻:精准扶贫实践与研究转向[J].河南社会科学,2019(6).

[134] 谷树忠.贫困形势研判与减贫策略调整[J].改革,2016(8).

[135] 魏后凯.2020 年后中国减贫的新战略[J].中州学刊,2018(9).

[136] 张琦.减贫战略方向与新型扶贫治理体系建构[J].改革,2016(8).

[137] 高强,刘同山,沈贵银.2020 年后中国的减贫战略思路与政策转型[J].中州学刊,2019(5).

[138] 左停.反贫困的政策重点与发展型社会救助[J].改革,2016(8).

(二)英文文献

[1] Pollitt C. Joined – up Government:A Survey[J]. Political Studies Review, 2003,(1):34 – 49.

[2] Speer J. Participatory Governance Reform:A Good Strategy for Increasing Government Responsiveness and Improving Public Services[J]. WorldDevelopmen, 2012(8):2379 – 2398.

[3] Lewis O. The Culture of Poverty[J]. Scientific American, 1966,(4).

[4] Solinger D J. Labour Market Reform and thePlight of the Laid – off Proletariat[J]. China Quarterly, 2002, 170(170):304 – 326.

[5] Bank W. Public – Private Partnerships Reference Guide:Version 2. 0. http://ppp. worldbank. org/public – private – partnership/library/public – private – paatnerships – reference – guide – version – 20

[6] Sachs J. The end of poverty:economic possibilities for our time, New York:Penguin Press, 2005.

[7] Rein M. Problems in the Definition and Measurement of Poverty[M]// Townsend P. The Concept of Poverty. London：Heinemann Educational Books，1971.

[8] Engerman S, Sokoloff K. The Persistence of Poverty in the Americas：The Role of Insititutions [M]// Bowles S, Durlauf S N, Hoff K. Poverty Traps. Princeton and Oxford：Princeton University Press，2006.

（三）其他文献

[1] 习近平.携手消除贫困促进共同发展[N].人民日报，2015-10-17(002).

[2] 郑智航.中国政府越发强调从人权角度看待贫困问题[N].光明日报，2016-10-18 (016).

[3] 明海英.以信息化促进农村教育发展[N].中国社会科学报，2016-03-11(006).

[4] 刘永富.以精准发力提高脱贫攻坚成效[N].人民日报，2016-01-01(007).

[5] 余吉玲.贫困与反贫困问题研究——以平凉市少数民族贫困片带扶贫开发为例[D].兰州大学，2011.

[6] 张爱琼.农村精准扶贫问题研究[D].昆明：云南财经大学，2016.

[7] 王玉倩.山区移民搬迁扶贫开发模式研究巧[D].保定：河北农业大学，2012.

[8] 中国国际扶贫中心.世界各国贫困标准研究.2010.

[9] 中国改革信息库.国务院关于印发《国家八七扶贫攻坚计划》的通知[EB/OL].[2017-05-30]. http：//www. reformdata. org/content/19940415/5801. html.

[10] 国务院扶贫开发领导小组办公室.建立精准扶贫工作机制实施方案[EB/OL]. http：// www. cpad. gov. cn/art/2014/5/26/art_50_23765. html.

[11] 国家统计局.2013年国民经济和社会发展统计公报[EB/OL]. http：//www. gov. cn/gzdt/ 2014-02/24/content_2619733. htm.

[12] 中国农村扶贫开发纲要（2011—2020年）[EB/OL].中华人民共和国人民政府网： http：//www. gov. cn/gongbao/content/2011/content_2020905. htm(2017-06-19).

[13] 十三五规划纲要(2016—2020)[EB/OL]新华网：http：//www. sh. xinhuanet. com/2016-03/18/c_135200400_3. htm(2017-06-19).

[14] 中国电子商务研究中心.2019年第三季度B2C电商平台市场消费报告.[EB/OL]. (2019-10-29). http：//www. 100ec. cn/detail-6531965. html.

[15] CNNIC.第44次中国互联网络发展状况统计报告[EB/OL].(2019-08-30)http：// www. cac. gov. cn/2019-08/30/c_1124939590. htm.

[16] 国家计算机病毒应急处理中心.第十五次全国信息网络安全状况暨计算机和移动终端病毒疫情调查分析报告[EB/OL].(2016-12-27). http：//www. cverc. org. cn/head/ diaocha2015/report2015. pdf.

图书在版编目（CIP）数据

贫困治理与精准扶贫／胡建华著. —长沙：中南大学出版社，2020.4

ISBN 978 – 7 – 5487 – 3990 – 6

Ⅰ. ①贫… Ⅱ. ①胡… Ⅲ. ①扶贫－研究－中国 Ⅳ. ①F126

中国版本图书馆 CIP 数据核字（2020）第 036951 号

贫困治理与精准扶贫

胡建华 著

□责任编辑	浦　石	
□责任印制	易红卫	
□出版发行	中南大学出版社	
	社址：长沙市麓山南路	邮编：410083
	发行科电话：0731 – 88876770	传真：0731 – 88710482
□印　　装	长沙市宏发印刷有限公司	

□开　　本	710 mm×1000 mm 1/16　□印张 12.75　□字数 240 千字	
□版　　次	2020 年 4 月第 1 版　□2020 年 4 月第 1 次印刷	
□书　　号	ISBN 978 – 7 – 5487 – 3990 – 6	
□定　　价	78.00 元	